어쩌면 가장 위험한 이야기

어쩌면 가장 위험한 이야기

첨단 과학기술과 편의주의가 인도한 인류세의 풍경

초판 1쇄 발행	2019년 12월 10일

지은이	박병상
편집	김영미
표지디자인	정은경

펴낸곳	이상북스
펴낸이	송성호
출판등록	제313-2009-7호(2009년 1월 13일)
주소	10546 경기도 고양시 덕양구 향기로 30, 106-1004
전화번호	02-6082-2562
팩스	02-3144-2562
이메일	beditor@hanmail.net

ISBN 978-89-93690-68-2　(03300)

이 도서의 국립중앙도서관 출판예정도서목록(CIP)은 서지정보유통지원시스템 홈페이지
(http://seoji.nl.go.kr)와 국가자료공동목록시스템(http://www.nl.go.kr/kolisnet)에서
이용하실 수 있습니다. (CIP제어번호: CIP2019047888)

* 이 도서는 한국출판문화산업진흥원의 '2019년 출판콘텐츠 창작 지원 사업'의 일환으로 국민체
　육진흥기금을 지원받아 제작되었습니다.

어쩌면 가장 위험한 이야기

첨단 과학기술과 편의주의가 의도한 인류세의 풍경

박 병 상

이상북스

브라질의 대통령이 바뀌자 기다렸다는 듯 아마존이 타들어간다. 시베리아는 이미 남한 면적 4분의 1에 달하는 한대림을 산불로 잃었고, 한반도의 수십 배에 달하는 아마존의 열대우림 곳곳에서는 검은 연기가 솟구친다. 시베리아는 번개가 원인이었다는데 아마존은 방화 냄새가 풀풀 난다. 원인이 무엇이든 규모가 문제다. 지구촌 곳곳의 걷잡지 못하는 산불. 어떤 묵시록을 전하려는 듯하다.

양양에서 간성까지 강원도를 간헐적으로 태우는 산불은 최근 규모를 키웠다. 다채로운 활엽수가 가득했던 산림이 소나무 위주로 단순해지며 재앙은 확대되었는데, 해마다 로스앤젤레스를 태우는 산불도 원인이 비슷하다고 전문가는 주장한다. 산림이 건조해져 부분적으로 발생하던 산불의 규모가 커지고 횟수가 증가하는 이유는 생태계가 단조

로워진 현상과 무관하지 않다. 탐욕스러운 개발이 끼어들면서 생태계는 단순해졌다.

2019년 여름 시베리아와 알래스카의 한대림을 한순간에 잿더미로 만든 화재는 심상치 않았다. 지구온난화로 녹아내린 동토 밖으로 스멀스멀 배출되던 메탄가스가 화재를 걷잡지 못하게 키웠으리라. 억겁의 세월 동안 나무와 동물의 사체를 무수히 묻은 한대림은 뜨거워지면서 위기에 휩싸인다. 차가운 지압 아래에서 토탄으로 변한 유기물은 독일의 산업을 키웠지만 막대한 오염물질과 온실가스를 배출했다. 천연가스로 변한 러시아의 유기물은 아랍의 유정 못지않은 부를 일부 계층에게 안겼지만 통제할 수 없는 화마를 불러들였다.

열대우림은 적지 않은 산소를 지구의 대기에 내놓는다. 정확한 수치를 추산하지는 못하지만 전문가는 아마존 열대우림이 대략 지구상 산소의 10퍼센트 이상을 생성하고 5퍼센트의 이산화탄소를 흡수하는 걸로 추정한다. 10퍼센트에 불과하더라도 이번 화재가 지구촌에 미치는 영향이 미미할 리 없다. 대기권의 산소가 10퍼센트 줄어든다면 생태계는 괴멸할 것이다. 이산화탄소 흡수량이 5퍼센트 줄어들면 심화되는 지구온난화가 더욱 치명적으로 다가올 게 틀림없다.

1970년대부터 본격적으로 파헤쳐졌더라도 여전히 세계 생물상(生物相, 특정 지역 안에 서식하는 모든 식물종과 생물종)의 4분의 1 이상을 품은 아마존 열대우림은 대통령이 바뀌며 대규모로 타들어가기 시작했다. 머지않아 소 방목지와 콩 경작지로 변할 것이다. 브라질은 이미 미국을 제치고 유전자 조작 콩의 최대 수출국으로 등극했다. 유럽 국가들이 아마존 개발을 염려하자 브라질의 신임 대통령은 내정간섭이라며 불쾌해했다.

지구 산소의 4분의 3은 바다에서 생성되지만 드넓은 대양보다 식물성플랑크톤이 풍부한 대륙붕이 주로 담당한다. 밀물과 썰물이 교차하는 조간대에서 특히 활발한데, 광활한 우리 갯벌이 대표적이다. 그러나 이제는 예전 모습이 아니다. 대부분 매립되었거나 매립 중이고, 매립이 예정되어 있다. 갯벌을 매립한 자리를 이산화탄소 배출이 극심한 화력발전소와 공업단지, 휘황찬란한 비행장과 초고층빌딩숲이 떠들썩하게 차지했다.

2018년 폭염에 놀란 마음은 시뻘겋게 타버린 2019년 유럽과 인도의 여름을 예사롭지 않게 바라본다. 티베트고원의 눈이 여름에 녹아내리면 동북아시아는 폭염의 고통을 받는다. 그 일대 제트기류가 약해진 탓이라는데, 예년에 없던 일이다. 북극을 감싸는 제트기류가 헐거워지면 그 아래 위도 국가들은 혹한을 맞는다. 걸핏하면 벌어지는 최근 현상이지만 예전엔 없었다. 그런데도 주말이면 아스팔트 도로는 끝없이 막힌다. 승용차와 카라반을 끌고 휴가 떠나는 인파로 넘친다.

2018년 12월 24차 유엔기후변화협약 당사국 총회가 열린 폴란드 카토비체에서 "어른들은 무엇보다 아이들을 사랑한다고 떠들면서 우리 눈앞에서 미래를 빼앗아간다!"고 목소리를 높인 스웨덴의 16세 소녀는 "사실을 있는 그대로 말하지 않는 어른 같지 않은 어른"들을 향해 '녹색 성장'이나 '지속가능 성장'이라는 허울 좋은 말 잔치에서 그치지 말고 절박한 마음으로 행동하라고 요구했다. 그레타 툰베리다. 청소년들에게 기대는커녕 절망감을 안긴 어른들은 그레타 툰베리를 노벨평화상 후보에 올리지만 그는 남들 휴가 떠나는 금요일이면 국회의사당 앞에서 1인 시위에 나선다.

툰베리의 행동에 자극을 받았는지 유럽의 일부 시민들이 '멸종저항' 행동으로 모여 섬뜩한 운동에 나섰다. 영국 의회에 난입해 시위를 벌이고 프랑스 파리의 박물관 앞에 붉은 물감을 뿌렸다. 정부에 책임 있는 정책을 촉구한 것이지만 세상은 꿈쩍하지 않는다. 3기 신도시를 구상한 대한민국 정부는 전기료 누진제 완화로 폭염에 대비한다. 사실 입시에 눌려 사는 우리 청소년 중 기후변화를 걱정하며 행동하는 청소년은 드물다. 취업이 걱정의 전부인 대학생들도 마찬가지다. 기후변화는 어렵사리 구한 일자리를 보호해 주지 않을 텐데.

이제 홀로세를 지나 '인류세'에 돌입했다는 주장이 2000년대 초에 처음 나왔다. '현세' 다시 말해 홀로세는 1만 1700년 전 플라이스토세 빙하기가 끝난 무렵부터 안정적으로 이어졌지만 인류가 기술을 손에 쥔 이후 상황이 바뀌었다. 과학과 만난 기술이 거대해지면서 안정된 환경이 무너졌다. 이제 바뀐 지형은 돌이킬 수 없다. 파울 크뤼천은 홀로세에서 인류세(Anthropocene)로 접어들었다고 말한다. 오존층 연구로 1995년 노벨화학상을 받은 그의 말에는 내일을 걱정하지 않는 오늘이 불안하다는 뜻도 있으리라.

쥐라기에서 백악기 사이 대략 2억 년 동안 번성하던 거대 동식물은 한순간에 사라졌다. 이른바 '대멸종'으로, 거대한 운석이 지구에 충돌한 이후 1만 년이라는 짧은 기간에 사라졌다고 학자들은 추정한다. 지구 생태계의 생물종 75퍼센트 이상을 삽시간에 사라지게 만든 대멸종은 지금까지 다섯 차례 발생했다. 감당할 수 없는 자연재해가 원인이었다. 생물종 75퍼센트의 멸종이라면 개체 대부분이 사라졌을 텐데,

얼마나 고통스러웠을까?

홀로세 말기는 인간이라는 단 한 종이 지층을 지배했다. 다른 종의 안정을 방해하며 홀로 번성한 인간은 자신의 종말을 스스로 재촉한다. 100만 년 전 존재를 드러낸 후 자연과 합일하며 생존했지만 교만해지면서 제 꾀에 걸려 넘어졌다. 경작과 가축화로 다른 생물을 억압한 지 1만 년 만에 자신의 생존 기반마저 허물어버렸다. 여섯 번째 대멸종의 징후가 흉흉하건만 인류세 지층의 주인공은 반성을 모른다. 과학기술로 위기를 극복하겠다고 벼른다.

대멸종 이후 인간이 진화해 생태계에 다시 등장할 리는 없다. 확언컨대 인류세 다음 지층에 인류의 화석은 등장할 수 없다. 인간은 물론 같이 생을 누리던 생물종들도 일제히 자취를 감출 가능성이 높다. 인간은 현재의 파국을 진정시킬 수 있을까? 과학기술이 대안을 제시할까? 자본과 국가의 연구비를 받으며 거대해진 과학기술은 역진을 거부하는데, 파국을 앞둔 인류와 생태계를 돌이킬 수 있을까?

마이크로플라스틱과 초미세먼지가 세포막을 통과하는 세상에서 살아남을 생물은 거의 없을 것 같다. 인간이 퍼뜨리는 방사능은 이 세포 저 세포를 투과하며 유전자를 건드린다. 어쩌면 이미 대멸종의 단계로 접어들었는지 모르는데, 이 파국은 거대 과학기술이 이끌었다. 자본과 권력에 굴종할수록 거대해지는 과학기술은 이익을 편취하면서 피해는 외부화하며 인류세 출범의 원흉이 되었다.

손재주의 영역인 기술과 호기심의 영역인 과학이 씨줄과 날줄이던 소박한 시절은 지나갔다. 산업자본과 권력의 이익에 경쟁적으로 복무하는 과학기술은 소비자와 다음 세대에 피해를 전가했다. 지역에서 자급하던 에너지가 자본과 권력에 독점되며 생태계에 방사능이 만연하게 되었고 마이크로플라스틱과 초미세먼지가 하늘과 땅, 그리고 우주와 바다 밑까지 오염시켰다. 할머니의 약손을 거세한 생명공학은 유전자를 조작하고 배아를 여성 몸 밖으로 꺼내 시험관에 집어넣었다. 다음 세대는 합성될 것인가? 그 전에 인류는 종말을 고할지 모른다.

여전히 과학기술이 우리의 내일을 행복으로 안내하리라 기대하는가? 파국으로 가는 징후가 흉흉하더라도 언제나 그랬듯 과학기술이 나서서 극복할 방법을 제시하리라 믿는가? 안타깝게도 그리 생각하는 사람들이 대부분이다. 자본이 제공하는 편의에 분별없이 중독된 세상에서 다음 세대의 생존공간은 위축되기만 하는데, 생활의 관성에서 벗어나길 거부하는 우리는 막연히 과학기술에 기댈 뿐이다. 과학기술이 인류 종말의 위기를 극복하게 해줄 수 없는 이유가 널렸건만.

인류세를 막을 수는 없다. 이미 그런 상황이 지났다. 다만 인류세의 마지막 혼돈, 대멸종의 도가니에서 조금이라도 멀어질 대안마저 포기할 수는 없기에, 자식들과의 행복한 시간을 조금이라도 연장하고 싶기에, 과학기술에 기대려는 사람들에게 절박한 마음을 성급하게 전하고 싶었다. 늦기 전에 우리의 삶을 바꿔보자고. 거대과학이 끊임없이 제공하는 신기루를 외면하고 현실을 극복할 삶을 반성적으로 모색해 보자고. 그래서 그간 여기저기 써왔던 글들을 모아 재편집했다. 넋두리로 비칠지언정.

2019년에서 2020년으로 넘어가는 겨울
하늘이 비좁아진 아파트단지 한구석에서 박병상

제 3 장　　　**절망으로 몰아가는 핵발전소**

-

제 4 장   전대미문의 거대과학

제1장

허상 속의 생명과학

돈을 앞세우는
생명공학의 묵시록

1998년 《리메이킹 에덴》이란 책이 번역·출간되었다. 생명공학자인 저자 리 실버는 머지않아 맞춤형 아기가 태어날 것이라 확신했고, 그는 교수직을 그만둔 뒤 생명공학 회사를 차렸다는 후문이 들렸다. 자궁 착상 전 배아의 유전자를 검사해 태어날 아기에게 적합한 직업을 권하는 것은 물론 걸리기 쉬운 질병까지 파악해 양호한 유전자로 교환하는 시대가 열릴 것이라고 일찌감치 예측한 리 실버는 책에서 한술 더 떴다. 그는 인간의 이기적인 욕망을 법으로 차단할 수는 없을 거라 점치며 우수한 유전자를 선별해 받은 계층과 돈이 없어 열등한 유전자를 교환하지 못한 계층이 구별되고, 결국 세월이 지나 인간은 두 종으로 분리될 것이라고 주장했다. 게다가 많은 이들이 결혼을 외면하거나 결혼을 해도 아이를 낳지 못할 것이라고 덧붙였다.

미국을 중심으로 인간 염색체 내의 모든 염기서열(유전정보)을 밝혀 내기 위한 '게놈프로젝트'가 시행돼 2003년 완성되었고, 생명공학은 염색체에 나열된 유전자의 지도를 그리는 데 몰두한다는 소식이 들리는 가운데 2018년 11월, 염려하던 사건이 터졌다. 중국의 남방과기대학교의 허젠쿠이 교수가 유전자가위 기술을 통해 에이즈에 감염되지 않는 아기를 태어나게 했다고 발표한 것이다. 그는 인간 초기 배아에서 에이즈 바이러스 감염과 관계된 유전자를 변형시켰다.

그리고 2019년 1월 22일, 우리나라 산업자원부는 '규제샌드박스' 운운하며 생명공학 기업들이 염원해 오던 유전체 분석을 통한 맞춤형 건강증진 서비스를 허용했다. 산업자원부 장관은 "개인의 유전체를 분석해 질환의 발병 확률을 통계적 방법으로 예측"하는 기술을 개발한다면 국가 경쟁력을 확보할 것이라고 장담했다. 이는 10여 년 전에도 들었던 말이다. 물론 모든 유전체가 대상은 아니다. 대부분 노인성질환인 심혈관계 질병과 파킨슨병, 그리고 암을 포함한 13개 질병에 대해서만 유전자 검사를 허용했다. 이 13개 항목 중 어느 하나에 문제가 있다는 소견을 듣는 노인의 기분은 어떨까? 의사에게 매달리고 싶지 않을까? 그 의사가 영리 병원 소속이라면? 상상을 뛰어넘는 돈을 준비해야겠지.

침소봉대하는 신기류

1990년 4월, 로스앤젤레스 근교에 사는 메리 아얄라는 마흔을 훌쩍 넘긴 나이에 막내 멜리사를 낳는 수고를 감내했다. 메리는 출산 전 진단을 받고 태아가 당시 고등학교를 막 졸업한 자신의 딸 아니사와 골수조직의 형질이 맞는다는 걸 알았다. 맞지 않았다면 낙태하고 다시 임신할 생각이었다. 멜리사의 언니 아니사는 골수성백혈병이었는데, 부모와 형제, 친지 중에서도 골수조직이 맞는 이를 찾을 수 없었다. 2년 동안 백방으로 뒤져도 이식 가능한 골수를 찾을 수 없었던 아니사의 부모는 최후의 수단을 강구하기로 했다. 수술한 지 10년이 넘은 정관을 복원한 45세의 아버지와 아이 낳기 부담스러운 42세의 엄마가 임신을 시도한 것이다.

아이의 골수가 아니사와 맞을 확률은 25퍼센트에 불과했고, 맞는다 해도 아니사가 치유될 확률은 당시 70퍼센트에 지나지 않았다. 의료진은 생후 14개월인 멜리사의 척추에 주사바늘을 꽂아 골수 빼내 아니사에게 이식했다. 1996년 멜리사가 여섯 살이 되었을 때 해피엔딩으로 마무리된 아얄라 가족을 미국의 전 언론이 주목했지만, 모두 흔쾌해한 건 아니었다. 혹시 있었을지 모를 실패에 대한 두려움 때문이 아니었다. 치료를 위한 '도구'로 생명을 잉태한 게 아닌가.

아얄라 가족과 같은 사례가 더 있는지는 알지 못한다. 하지만 앞으로 어떻게 될까? 돈벌이 앞에 윤리는 설 자리를 잃어가는데, 충분한 연구비 덕분에 맞춤형 치료기술이 확립되고 줄기세포로 맞춤 골수조직을 안정적으로 확보하는 세상이 도래한다면 아얄라 가족의 이야기는 특별하지도 특별히 불편하지도 않게 될 것이다. 인류의 질병 치료 범위는 불치병이나 난치병을 뛰어넘을 태세다. 언필칭 수백조 달러의 부가가치를 창출한다는데, '바이오헬스케어'를 선창하는 자본은 치료의 범위를 얼마든 확장할 것이다.

지하철 출입문 가까이에 부착된 성형외과 광고는 승객들을 유혹한다. 광고에 등장한 모델의 미모는 상당하다. 광고판을 임대한 성형외과 의사는 미의 개념을 어떻게 정리하고 있을까? 성형외과 병원 문을 노크하는 남녀는 고객일까, 환자일까? 환자란 정상에서 벗어나 치료를 요하는 대상일 텐데, 성형외과 의사는 상담자에게 어떤 모습을 '정상'으로 제시할까?

한편에서는 '키 크는 약' 광고가 극성이다. 식품의약품안전처의 허위·과장 광고 단속 엄포에도 아랑곳없다. 효과와 안전성은 나중에 생각하고, 남보다 키가 커야 제 아이가 장차 성공할 거라는 모종의 자기암시는 어떤 심리의 소산일까? 10여 년 전 한 잡지에서 "당신의 아들을 193센티미터, 딸은 170센티미터로 키우겠다!"는 광고를 보았다. 성장판이 닫히지 않은 나이라면 성장호르몬을 처방하라는 유혹이었다. 193센티미터와 170센티미터 이하의 아들딸들을 낙오자로 모독한 것인데, 성장호르몬이 개발되지 않았다면 상상할 수 없는 일이었다. '인도주의실천의사협의회'는 호르몬 처방을 남용하는 태도를 개탄했지만, 요즘은 자청하는 환자, 아니 고객이 넘칠지 모른다. 눈을 질끈 감으면 '용한 의사'가 되어 환자들이 몰려오는데, 어찌 외면할 수 있겠는가.

고혈압 기준을 낮추면 제약회사들의 수익이 급증한다. 주가도 솟구친다. 키가 작으면 질병일까? 작전이 필요했다. 성장호르몬을 개발한 기업이 키가 작다는 이유로 차별과 서러움을 받은 사람과 큰 키 말고는 특별할 게 없지만 승승장구한 이들을 비교해 시나리오를 작성했다. 뒷받침할 자료는 과학자들이 편집했지만 그 비용은 제약회사가 제공했다. 제약회사와 과학자의 작전은 미국에서는 일상적이라고 한다.[1] 결국 발육이 예외적으로 늦거나 낮은 아이들에게 처방하기 위해 미국 정부의 보조금을 받고 개발한 성장호르몬이 남용되기 시작했다. 과학자를 동원해 100명 중 3퍼센트 안에 들지 못하면 '저성장증후군'으로 규정하자 '작은 키'는 치료 대상이 되었다.

인간 체세포 복제배아줄기세포에 집착하기로 타의 추종을 불허하는 차병원의 연구팀이 2009년 국가생명윤리위원회의 연구 승인을 받았다. 10년이 훌쩍 지난 요즘 "파킨슨병, 뇌졸중, 척수손상, 당뇨병, 심근경색 및 근골격 형성 이상을 치료하기 위한 면역적합성 인간체세포 복제배아줄기세포의 확립과 세포치료제 개발"은 어느 정도 성과를 보이고 있을까? 당시 국가생명윤리위원회는 관대하게도 질병명이 구체적으로 언급되면 과도한 기대를 유발할 수 있다는 지적에만 그쳤는데, 언론은 미국이 줄기세포 연구에 매진하면 우리가 뒤처질 거라며 조급해했다. 사실 당시 미국은 우리보다 조용했다.

황우석 박사가 시도한 방식과 비슷한 그 연구가 승인된다면 "인간 난자의 무분별한 사용, 인간 복제의 가능성 등을 둘러싸고 엄청난 사회적 논란을 불러일으킬 것"으로 우려한 언론도 있었지만, 목소리가 작았다. 대부분의 언론은 "우리나라가 윤리적·규제적 역풍을 맞는 사

---

1   피터 괴체, 《위험한 제약회사》, 윤소하 역(공존, 2017).

이 선진국들은 오히려 관련 연구를 더욱 독려"한다고 주장했다. 물론 그 근거는 지금도 명확하지 않다. 대부분의 국가에서는 윤리 논란이 뜨겁고 의회의 반대도 만만치 않다. 당시 미국 정부도 연구 지원에 난색이었다. 그래서 체세포핵 이식보다 실용 가능성이 높고 안전한 성체 줄기세포 연구에 집중했다. 제정신이라면 가능성이 희박한 비윤리적 연구에 매진할 까닭이 없었다.

한 유력 일간지는 생명도 돈벌이에 활용하자는 취지였는지 "복제 줄기세포를 여러 장기 세포로 분화시킬 수 있다면 병들거나 손상된 장기를 기계 부품처럼 바꿔 끼우는 게 가능하다"고 상상했지만, 지나쳤다. 아니 점입가경이었다. "지금이라도 체세포복제배아줄기세포 분야를 국가적인 기간사업으로 선정, 모든 인재를 총 동원하여 21세기 대한민국 차세대 성장 동력원으로 만들어내는 역량"을 모으자고 선동한 것이다. 그들이 원한 "윤리적 문제를 최소화하면서 얻어지는 막대한 의학적·의료적 가치"는 도대체 무엇일까?

규제 풀린 생명공학의 악몽

할리우드의 영화배우 안젤리나 졸리는 2013년경 유방암과 난소암 환자에게 나타나는 두 개의 유전자 중 하나가 자신에게 있다는 걸 알았다. 그런 경우 70세까지 유방암 발생률 70퍼센트, 난소암 발생률 25퍼센트라는 의사의 말을 듣고 졸리는 유방과 난소 제거 수술을 받았고, 지금 건강하다. 유방암과 난소암에 걸리지 않는 여성에게는 그 유전자가 당연히 없을까? 유방암이나 난소암은 유전자가 원인일까? 유전자의 발현은 환경과 밀접한데, 다른 요인은 없을까? 음식이나 스트레스가 끼치는 영향은?

규제샌드박스 덕분에 13가지 노인성질환을 파악하는 우리 기술이 세계를 석권하고, 예상대로 외화가 모여든다면, 해당 기업은 13가지 질환의 분석으로 만족할까? 산업자원부를 집요하게 움직여 분석 범위를 확대하지 않을까? 그런데 생각해 보자. 노인성질환은 생각보다 돈벌이가 만족스럽지 않을 것 같다. 돈이 많은 노인이면 몰라도 대부분의 노인들은 질병 치료에 쓸 돈이 충분하지 않다.

그러나 자식 이야기가 되면 달라진다. 아이의 질병을 태어나기 전에 파악할 수 있다면? 리 실버가 예상한 세상이 실현될 수 있을 법하다. 다만 그를 위해 법과 제도가 바뀌어야 한다. 우리의 법도 유럽처럼 초기 배아의 유전체 분석을 허용하지 않는다. 그런데 배아 분석을 허용하라는 목소리가 거세다. 국회의원들까지 뜻을 모았다. 그러나 그들이 내세운 당위성은 차라리 천박했다. 황우석 전 교수의 논리처럼, 특허를 먼저 확보한 국가에게 권리를 빼앗긴다는 것이다. 무슨 권리를 말하는 걸까? 치료할 권리? 유전자를 변형할 권리? 부가가치를 창출할 권리? 그리고 기술을 먼저 확보하면, 대한민국은 부자가 될까? 꼭 그래야 하나?

돈벌이를 앞세우는 순간 생명은 존엄성을 잃는다. 유전자가위 기술이 분위기를 바꾸었는지 이제 배아줄기세포 이야기는 잠잠해졌지만 언제 다시 요동칠지 모른다. 황우석 사태 이후 고양된 생명윤리는 언제 퇴색될지 모른다. 배아줄기세포만이 아니다. 우리나라를 포함해 많은 국가들의 유명 연구소에서 개발 경쟁에 뛰어든 성체줄기세포 연구 역시 기대만큼 불치병과 난치병 연구에 기여하지 못하고 있다. 특별한 경우에 적용할 수 있는 예외적인 치료를 위해 실험실 연구를 몰두해야 하는 현실에서 국가성장 동력은 언감생심일 따름이다.

생명윤리학자들은 '미끄러운 경사길 이론'을 거론한다. 얼마 지나지 않아 13가지 노인성질환을 뛰어넘은 연구가 진행되리라는 상상은 차라리 애교에 가깝다. 배아를 분석한 의사가 "당신 아기는 야구선구로 키우는 게 좋겠지만 투수보다 유격수가 어울리겠다"고 조언하거나 "이런! 담배를 피우면 40세 이전에 폐암으로 사망할 확률이 80퍼센트가 넘는다"고 경고한다면 우리는 어떻게 할까? 이 정도는 약과일지 모른다. "스카이 대학에 입학하려면 최첨단 기억력 유전자로 바꿔야 한다"고 은근히 권하는 상술이 득세할지도 모른다. 리 실버가 예견한 '리메이킹 에덴'이다. 이것을 20여 년 전 제레미 리프킨은 《바이오테크 시대》에서 '제2의 창세기'라며 우울해했다.

사고를 미연에 방지하는 사회적 안정망이 보이지 않는다. 엄밀히 살피면 성체줄기세포 연구도 문제가 많은데 배아줄기세포 연구라니. 밑도 끝도 없이 퍼붓는 연구비와 무관하게 기실 성공 가능성이 거의 없는데, 우리 사회는 성과부터 부풀린다. 게다가 정작 질병의 원인에 대해서는 별 관심이 없는 것 같다. 줄기세포로 치료하겠다는 질병은 대개 노화와 관련된 것인데, 그렇다면 노화가 질병이란 말인가? 이렇게 가다가는 외모 수려한 젊은이를 기준으로 환자 여부를 판단하게 되는 건 아닌지 모르겠다. 나이가 들어도 의학의 힘으로 젊은 피부와 건강한 뼈로 다시 태어날 수 있는 미래가 도래할지 모른다. 그런 단꿈으로 생명공학 연구에 매달리고 있는 건 아닐까? 우리는 연구 내용도 모르면서 세금만 낸다.

산자부의 규제샌드박스 발표를 듣고 '건강권실현을위한보건의료단체연합'은 성명서를 발표했다. 유전체 분석으로 영리 목적의 건강증진 서비스 사업을 허용한다면 장차 건강관리 부분 전체가 영리화될 것이라 예견하며, 의학적 근거가 없는 '공포 마케팅'을 강력히 비판했다. 이것은 현 정부가 선언한 의료정책에도 역행하지 않던가. 전국을 개발 소용돌이로 몰고갈 거대 사업의 '예비타당성 면제'에 이어 '제2의 하느님'을 창조할 규제샌드박스는 어떤 내일을 예고할까? 초미세먼지와 마이크로플라스틱이 하늘과 땅을 오염시키는 요즘, 다가올 인류세의 묵시록이 두렵다.

생태적 가치를 위협하는
유전자 조작 농산물

현재 세계 시장에서 바나나가 사라질 위기에 처했다고 한다. 대형 마트의 식품매장은 물론이고 아침저녁으로 자동차들의 속도가 낮아지는 길거리 좌판마다 흔해빠졌지만 사실이란다. 바나나의 불치병인 파나마병을 일으키는 푸사리움 옥시스포룸의 가장 최근 변종인 TR4 곰팡이가 창궐하며 사라질 위기라고 한다.

막 변태한 수십만 개체의 두꺼비들이 초여름마다 한꺼번에 이웃 구봉산에 오르는 것으로 유명한 청주 '원흥이 방죽'이 요사이 변고를 맞은 모양이다. 봄이 다가오는데 성체 두꺼비들이 산란장에 모습을 드러내지 않는다는 거다. 농사용 저수지에 넘치듯 모습을 드러내던 두꺼비가 약속이나 한 듯 나타나지 않는 원인이 원흥이 방죽과 구봉산 주변의 대규모 주택 개발에 있다면, 바나나의 위기는 유전다양성이 매우 협소해졌다는 데 있다. 이윤 추구에 최적화된 단일 품종을 광범위하게 심은 결과라고 전문가는 주장한다.

"농지 확충 명분으로 새만금 갯벌을 죽이더니, 농사짓겠다는 농민들을 한사코 죽이려 드는" 정부의 모순적 태도를 문규현 신부가 개탄한 적이 있다. 평택의 곡창지대에 미군부대가 들어서는 것을 반대하는 농민들을 탄압하던 2006년 무렵이니 벌써 기억에서 희미한 과거지사다. 평택의 곡창지대는 지금 아스팔트와 철근시멘트로 매립 완료되었다. 그곳에 들어선 군부대 주둔지는 최고급 호텔 뺨치는 시설로 기네스북에 오를 판인데, 그 끝을 볼 수 없을 정도로 광활했던 새만금 갯벌은 시방 어떻게 되었나? 제방 끝막이 공사로 바닷물 유통이 차단된 2006년 사형이 언도되었다. 그러나 사망이 예고되었어도 배수갑문에서 바닷물이 흘러들어 여전히 갯벌의 흔적을 드러내는데, 농지 전환 소식은 감감무소식이다. 해마다 수십조 원에 달하는 음식 쓰레기가 넘치는 세상이니 더 이상의 식량 생산은 불필요해 그런 것일까?

그럴 리 없다. 대형 마트 지하 식품매장의 할로겐 조명 아래 산해진미가 쌓여 있지만 대부분은 수입 농산물이다. 그런데 그것이 딱 1주일 치라고 한다. 수입이 1주일 이상 중단되면 우리의 먹거리 시장에 문제가 생길 수 있다는 것인데, 그럴 리 없으니 걱정하지 말까? 어쨌든 현재 이 땅에는 음식이 남아돈다. 자동차와 핸드폰 팔아 쌀 사 먹으면 된다는 발상의 소산이다. "진정한 독립은 식량 자급부터"라는 프랑스 드골 대통령의 언설을 우리 정부의 경제부서와 거대 자본은 한사코 외면한다.

요즘 농업은 아기자기하지 않다. 무거운 농기계로 땅을 갈고 수확하는 녹색혁명이 마을에서 자급자족하던 농업을 몰아낸 지 이미 오래다. 석유로 가공하는 화학비료와 농약이 필수인 녹색혁명은 관개(灌漑)에 의존하는 단작이다. 넓은 농토에 한두 품종의 농작물을 심어 대량으로 재배한다. 1960년대 보편화된 녹색혁명은 기대 이상의 소출을 보였지만, 이제 어느 나라나 사양길로 접어들었다. 녹색혁명을 지배하는 농화학 다국적기업과 국제 곡물기업은 큰돈을 벌어들이지만 땅과 생태계는 생기를 잃었다. 농민과 생태계의 건강이 파탄 났는데, 소비자는 무얼 얻었나? 곡물 사료가 변한 고기를 폭식하는 제1세계는 성인병에 허덕이고 제3세계는 여전히 굶주리고 있다.

기아로 고통 받는 제3세계 사람들을 지원하겠다는 녹색혁명의 거룩한 명분은 충족되지 않았다. 녹색혁명이 저물어가자 다국적기업은 다시 표정을 관리한다. 기후변화에 이은 기상이변이 녹색혁명의 한계를 거듭 노출시키자 유전자 조작으로 식량을 증산하겠다고 나선 것이다. 흔히 GMO(genetically modified organism)라고 칭하는 유전자 조작 농작물을 생산하겠다는 말이다. 유전자 조작 농업 역시 다국적기업의 돈벌이와 무관하지 않은데, 다국적기업의 논리를 뒷받침해 주는 생명공학자들은 유전자 조작 농산물과 그 농산물로 가공한 식품으로 장차 닥칠 식량 위기를 거뜬히 넘어설 수 있으리라고 장담한다.

유전자는 살아 있다. 바이러스처럼 분자의 질량이 적은 유전자일수록 생명력을 쉽게 제거할 수 없다. 유전자 조작은 바이러스 유전자를 주로 활용한다. 생태계로 빠져나간다면 다른 생물의 유전자를 조류인플루엔자처럼 감염시킬 수 있다는 뜻이다. 감염 즉시 드러나지 않았다고 안심할 수 없다. 세계의 곡창지대에서 광범위하게 재배한 유전자 조작 농산물이 세계적으로 소비된 이후 문제가 드러난다면? 우리는 에이즈나 조류독감 이상의 위험에 휩싸일 수 있다.

식량 위기를 부추길 유전자 조작

유전자 조작을 굳이 '유전자 변형'이라고 고집하는 과학 잡지가 특집을 마련한 적이 있다. 유전자 조작 농산물을 연구하는 생명공학자의 주장을 근거로, 앞으로 지구촌의 인구가 증가해 100억 명 가까이 되어도 유전자 조작 농산물 생산으로 식량이 부족하지 않을 것이라는 내용이었다. 과학에 대한 부정적 시각을 경계해 온 그 잡지는 유전자 조작 농산물이 환경이나 인체에 해를 미치지 않도록 과학기술계에서 얼마나 애를 쓰는지 전하려는 목적을 숨기지 않았다.

그 과학 잡지의 특집에 필진으로 참여한 '작물유전체기능연구사업단' 단장도 잡지의 의도에 화답했다. "유전자 변형 작물 개발을 반대하는 여론에 밀려서 우리 정부가 이 연구에 늦게 지원해 못내" 아쉬웠던 그는 부가가치가 연간 15조 원에 달하는 이 기술을 갖지 않는다면 우리 식탁은 외국의 손에 넘어갈 것이라고 하며 "해외 시장 공략을 위해 발굴한 유전자가 국제 특허를 얻는 것"이 우리 과학계가 당면한 과제라고 덧붙였다. 나아가 세계 최초로 벼 유전자를 속속들이 밝혀낸 우리 과학기술이 드디어 "세계 종자 시장에서 우위를 차지하기 위한 출발"을 했다며 박수갈채를 보냈다.

과학 잡지의 예견은 현실이 되려는가? 이명박 정권에서 사라질 뻔했던 농촌진흥청은 배은망덕의 길에 나섰다. 농민들의 요구 덕분에 조직이 살아남았다는 사실을 망각하고, 2016년 이전부터 관련 연구팀을 지원하며 유전자 조작 벼 생산으로 유기농민을 위협하는 데 앞장선 것이다. 식용이 아닌 산업용 쌀이라서 괜찮다는 논리를 폈지만 근거가 약했다. 유전자 조작 벼를 심은 논은 일반 벼가 자라는 논과 아주 가까웠다.

벼도 꽃이 있고 꽃 속의 암술과 수술은 대부분 자가수분한다. 하지만 반드시 자가수분에 의존하는 것은 아니다. 벼 꽃가루는 가벼워서 바람에 쉽게 날린다. 그런데 시궁쥐나 차단할 정도로 허술한 1미터 안팎의 철망 울타리로 벼 꽃가루의 이동을 막을 수 있다는 말인가? 농촌진흥청 담당 연구원은 철망 울타리 앞에서 당당하기 그지없었다. 그는 유전자 조작 벼의 유전자가 일반 벼에 퍼져 한바탕 난리를 치렀던 미국의 사례를 몰랐을까? 우리나라를 포함한 여러 국가에서 수입거부를 선포한 사건이라 모를 리 없건만, 자신들이 연구하는 유전자 조작 벼는 안전하다고 장담한다. 사람이 직접 먹지 않으므로 괜찮단다. 근거는 제시하지도 않고서 말이다.

농촌진흥청의 무모함에 질린 농민과 소비자단체가 모여 분명한 목소리를 낼 수밖에 없었다. 그러자 놀랐는지 농촌진흥청은 황급히 대화의 자리를 마련했고, 농민단체의 요청으로 관계 연구자들과 마주 앉을 기회를 부정기적으로 가졌다. 역시나! 우리 농민 사회와 농촌 현실을 고민한 적 없어 보이는 그들의 태도에 적잖게 실망해야 했다. 외국에 넘어간 식량주권에 대한 문제의식이 희박한 그들은 우리의 식량 자급률이 소비의 4분의 1에 미치지 못하는 현실을 안타까워하지 않았다. 유전자 조작 농산물의 연구개발로 돈벌이에 나서야 한다는 데 의견의 일치를 보이는 우리 과학자들. 농업을 연구하는 그들의 공감 영역에 농민은 없었다.

우려했던 재앙의 징후는 결국 드러나기 마련이다. 미국의 주류 언론이 그 징후를 보도하기 시작했다. 유전자 조작 농산물의 유전자가 잡초에 옮겨가 농장이 타격을 받고 있다는 소식을 2010년 6월 7일 미국의 〈월스트리트저널〉이 공식화한 것이다.

다른 생물종의 유전자를 생명공학이라는 과학기술로 강제로 옮겨 놓은 농산물에 대해 많은 과학자들이 개발 당시부터 우려를 표시해 왔다. 조작된 유전자가 생태계에 교란을 일으킬 경우 돌이킬 수 없는 재앙으로 연결될 수 있기 때문이었다. 1975년 캘리포니아 아실로마에 모인 과학자들은 유전자 조작 연구에 앞서 생명안전 의식을 요구하며 연구실에 갖추어야 할 시설 기준을 마련했지만 이후 생명공학계는 초심을 잃었다. 연구가 진행될 때 위험성이 드러나지 않았다는 이유를 들었지만 사실과 달랐다. 다국적기업에서 유전자 조작 농산물을 재배해 세계로 공급하면서 비롯된 일이다. 의도된 무관심이라고 해석할 수 있다.

최초의 유전자 조작 농작물은 1994년 세상에 나온 토마토였다. 소비자는 완숙된 붉은 토마토를 구입하지만 농부는 녹색일 때 딴다. 붉은 상태에서 따면 소비자의 손에 들어갈 즈음 물러터질 가능성이 높기 때문인데, 생명공학은 그 기간을 더 연장하고 싶었나 보다. 대부분의 토마토가 트럭과 선박으로 운반하는 기간이 길어질수록 상품성을 잃어가는데 유전자 조작 토마토는 달랐다. 붉은 상태에서 수확을 해도 6개월이나 무르지 않았다. 영하로 떨어지는 겨울에도 몸이 얼지 않는 북극권의 물고기에서 유전자를 찾아 조작해 넣었기 때문이라고 했다. 누구를 위한 유전자 조작일까? 필시 생산자도 소비자도 아닐 것이다. 농부에게 저렴한 가격으로 대량 구입해 세계 곳곳으로 운송해 오래도록 팔아 큰돈을 벌어들이는 다국적기업의 이해에 호응한다.

경쟁에서 승리하고 싶은 자본은 효율성을 지지한다. 공정이 단순해야 효율성이 높아지는데, 농토에 다양한 농작물을 심으면 높은 효율성을 기대하기 어렵다. 다양한 농작물을 심는 것은 자급자족하던 농촌의 오랜 모습이지만 자본이 원하는 농업은 아니다. 자본이 지원하는 농업 혁명은 자급자족하는 농촌을 염두에 두지 않는다.

녹색혁명이 선도한 농작물은 지역적 단작을 유발했다. 비교우위 농업이라는 논리로 어떤 지역은 마늘을 심고 어떤 지역은 배추만 심는다. 녹색혁명이 개량한 씨앗과 달리 유전자 조작은 지역을 넘어 세계적 단작으로 귀결된다. 유전자 조작 콩은 미국과 브라질과 아르헨티나에서 주로 생산하고, 유전자 조작 옥수수는 미국에서, 유전자 조작 유채는 캐나다에서 세계의 물량을 책임지는 식이다. 거대 자본이 개입한 결과다. 현재 세계 각 지역에서 재배하는 목화도 대부분 유전자 조작 농작물이다. 문제는 이 유전자 조작 농작물들의 유전자가 매우 단순해 환경변화에 취약하다는 사실이다. 유전자 조작 농작물을 심는 농부는 재배하는 방법을 마을 어른에게 묻지 않는다. 씨앗을 판매한 회사에 문의해 그때그때 화학비료와 농약을 뿌려야 한다.

현재 유전자 조작 토마토는 시장에서 사라졌다. 오래도록 무르지는 않지만 상처가 생기면 금방 상하고 맛이 변했기 때문이라고 한다. 하지만 시민단체들은 소비자들이 외면한 결과라고 생각한다. 학자들이 초기부터 우려했던 대로, 다시 말해 유전자가 조작되어 토마토에 들어온 이질 유전자가 미처 생각하지 못했던 유전형질을 발현하자 소비자들이 외면한 결과라는 것이다. 판매량이 미미했던 유전자 조작 토마토가 사람이나 생태계에 어떤 문제를 일으켰는지 알려진 바는 없다. 이제 퇴출되었으니 일단 걱정은 접어두자. 하지만 현재 우리 식탁은 안심할 수 있는 수준이 아니다. 유전자 조작 농산물이 어디 한두 가지인가. 게다가 유전자 조작 농산물이 생태계를 교란하고 먹는 이의 건강을 해칠 수 있다는 연구결과가 속속 밝혀지고 있다.

유전자 조작 감자를 먹은 쥐의 장기가 위축되고 유전자 조작 옥수수를 먹은 나비의 수명이 절반으로 준 고전적 연구에서 그치지 않는다. 유전자가 조작된 브라질너트를 먹고 알레르기가 발생한 일은 소비자 개인의 사정이 아니다. 유전자 조작 면화의 잎사귀를 먹은 양이 질산중독으로 죽어나가자 빚에 몰린 농민 수천 명이 자살한 인도의 사례도 생명공학자들을 당혹스럽게 했다.

그러나 무엇보다 큰 문제는 유전자 조작 농작물로 인한 생태계의 교란이다. 세계적 환경단체인 그린피스나 시에라클럽 들에서 누누이 밝혔어도 소극적이었던 〈월스트리트저널〉이 결국 보도할 수밖에 없을 정도로 생태계의 교란 상태가 심각해졌다.

"죽음을 생산하는 기업"이라는 오명을 안고 있는 몬산토는 2016년 9월 독일 제약회사 바이에르에 팔렸다. 660억 달러에 매각되었다고 언론은 전했는데, 그 후폭풍으로 주가 하락을 감내해야 하는 바이에르가 유전자 조작 콩을 포기할 수 있을까? 그럴 가능성은 낮다. 문제의 콩은 몬산토에서 오랫동안 독점 생산하던 '라운드업'이라는 제초제에 내성을 갖도록 유전자를 조작했다. 모든 식물을 말라죽게 만드는 라운드업을 뿌려도 유전자를 조작한 그 콩은 끄떡없으므로 잡초를 쉽게 제거할 수 있어 돈을 더 벌어들일 수 있다고 몬산토는 대대적으로 광고했다. 그런데 웬걸, 콩에 들어간 유전자가 문제를 일으켰다. 라운드업에도 끄떡없는 유전자가 잡초로 이동한 것이다! 그러니 맹독성 라운드업을 아무리 많이 뿌려도 소용이 없었다. 잡초는 더욱 늘어날 테고 농부들의 손해도 이만저만이 아닐 텐데, 소비자는 괜찮을까?

〈월스트리트저널〉은 이미 10년 전에 유전자 조작 농산물을 심는 농장의 40퍼센트가 타격을 입을 것이라고 예측했다. 그런 농작물을 수입하는 우리의 처지는 어떤가. 지구촌에서 재배하는 콩과 옥수수의 4분의 3 이상이 몬산토가 개발한 유전자 조작 농산물이라는 사실을 잊으면 안 된다. 수확량이 위축되면 투기자본이 지배하는 국제시장은 가격을 올릴 것이 뻔하다. 곡물 무역은 현물을 거래하지 않는다. 선물거래에 의존하므로 소문에 민감하다. 공급보다 수요가 많다는 소문은 콩과 옥수수의 가격을 치솟게 만들 텐데, 우리의 콩 자급률은 10퍼센트 미만이고 옥수수는 1퍼센트 이하다. 우리나 미국이나 대부분의 국가들이 옥수수와 콩을 가축 사료로 사용한다.

다행히 우리 농토에는 유전자 조작 농작물을 심지 않는다지만 제도는 언제든 바뀔 수 있다. 시민의 감시가 약해지는 순간 바뀔 가능성을 배제할 수 없다. 우리 농업생명공학연구소도 유전자 조작 농작물을 남부럽지 않게 연구하고 있지 않은가. 지금 우린 유전자 조작 농산물이 없으면 먹을 게 없나? 당연히 그렇지 않다. 일부 다국적기업의 이익에 충성하는 유전자 조작 농작물 대신 전통 씨앗을 심어 자급자족하려 노력한다면 머지않아 우리 식탁에서 유전자 조작 농산물을 몰아낼 수 있다는 뜻이다. 다음 세대의 건강을 생각하는 소비자의 강력한 행동이 뒷받침된다면 얼마든 가능하다. 우리는 알게 모르게 유전자 조작 농작물을 꽤 먹고 있을 테지만 아직 이렇다 할 건강의 문제는 발생하지 않았다. 앞으로도 안심할 수 있을까? 그 방면 전문가들은 그리 긍정적인 대답을 준비하고 있지 못하다. 나중에 문제가 드러날 경우, 그땐 돌이킬 수 없을 것이라는 대답을 내놓고 있다.

조작된 유전자는 생태계에 잘 퍼진다. 유전자 조작의 특징이 그렇다. 중금속을 잘 흡수할 거라 생각된 어떤 올챙이의 유전자가 우리 임목육종연구소의 생명공학자에 의해 현사시나무에 옮겨진 적이 있다. 다행히 담당 연구자가 그 조작된 유전자가 다른 식물로 이동할 수 있는 위험성을 경고했다. 1998년의 일이다. 봄철 꽃가루 알레르기가 있는 사람들은 계속 더 주의해야 하게 되었지만, 어쨌든 다행히 그 연구는 현실화되지 못했다. 유전자 조작 농산물에 들어간 이질 유전자가 음식을 통해 사람 몸에 들어와 사람의 유전자 발현을 불안하게 할 가능성은 없을까? 독립 연구자들은 그 가능성을 배제하지 않는다. 유전자 조작 농작물을 독점 생산·공급하는 다국적기업은 그 확률을 무시하지만, 평생 농산물을 먹어야 하는 소비자로서는 안심할 수 없는 노릇이다.

유전자 조작 유채의 이질 유전자는 꽃가루에 실려 종종 일반 유채에 들어간다. 제초제를 뿌려도 끄떡없도록 조작된 콩의 유전자가 엉뚱하게 잡초로 옮겨가 농민들의 손실이 커진 미국의 사례는 예외적 현상이 아니다. 게다가 유전자 조작 농작물이 위험을 초래하기도 한다. 유전자 조작 감자를 먹인 실험용 쥐의 뇌와 심장이 수축되고 면역기관이 비대해지는 현상은 1998년 영국 로웨트연구소의 아파드 푸스타이 연구팀에서 그치지 않았다. 2012년 프랑스 칸 대학의 세라리니 교수의 연구는 치명성을 재확인했다. 게다가 그 치명적 위험성은 여러 유전자 조작 농작물에서 거듭 확산되어 먹이사슬을 통해 전파된다. 유전자 조작 옥수수를 먹인 닭의 폐사율이 그렇지 않은 닭에 비해 두 배 가까이 높은 현상이 사람으로 이어지지 않는다고 확신할 수 없다. 유전자 조작 사료를 먹인 가축의 고기나 계란이나 우유는 괜찮을까?

우리 정부는 유전자 조작 농산물을 식용으로 수입하지 않겠다고 철석같이 약속한다. 현실은 어떤가? 전북 김제평야 근처에 심은 유전자 조작 벼가 산업용이라고 주장하면서도 구체적으로 어떤 용도인지 농촌진흥청은 분명히 밝히지 않는다. 산업용을 식용으로 둔갑시키지 못하도록 감시하거나 처벌하는 제도는 물론 확보하지 않았다. 유전자 조작 농산물을 가장 많이 개발해 온 미국은 유전자 조작 밀도 개발했지만 자국민에게는 보급할 계획이 없다. 우리나라의 산업용 유전자 조작 벼는 생산량이 얼마 되지 않으므로 걱정하지 않아도 된다고 한다. 과연 그럴까? 꽃가루가 바람을 타고 이동하는데?

목화 잎 먹고 죽은 양들의 묵시록

우리 생각과 달리 과학기술은 허점이 많은 분야다. 돈벌이부터 생각할수록 그 정도가 심하다. 경쟁력에 몰두하며 놓치는 부분이 많은 탓이다. 어느 분야든 성급한 연구 성과를 완벽하다고 주장할 과학자는 없다. 자본의 이익을 위해 개발한 농작물, 그 농작물로 가공한 식품의 현실은 어떤가? 문제가 드러나지 않았으니 안전할까? 의약품은 나름대로 정한 객관적 안전기준에 의거해 검증하지만, 10년 이상 안전이 확인되는 경우는 절반에도 미치지 못한다. 유전자 조작 농산물은 안전 신화가 강조될 뿐이다.

특정 해충을 죽이도록 유전자를 조작한 옥수수와 감자가 세계로 확산된 이후 곤충과 쥐가 죽어 나간다면? 생태계는 걷잡을 수 없게 무너질 수 있다는 증거가 된다. 인간도 예외일 수 없다. 메론향 돼지고기를 유전자 조작으로 생산하면, 그 고기를 즐겨 먹은 사람의 몸에서 메론향이 날 가능성을 무시할 수 없다. 메론향 소변을 보는 아이를 낳는 상상은 만화 소재로 불가능하지 않다.

2007년 7월 한국방송공사에서 방영한 "위험한 연금술, 유전자 조작 식품"이라는 제목의 〈환경스페셜〉 313회는 인도 남서부 와랑가 지방 농촌마을의 비극을 적나라하게 보여주었다. 늘 그래왔듯 목동은 수확을 마친 목화밭에 양을 데려가 잎을 먹였는데, 양들이 갑자기 죽어 나가는 게 아닌가! 질산중독이었다. 재산 목록 1호인 양들이 피고름을 흘리며 죽어가자 농부들의 자살이 이어졌다. 이 사건의 원인은 유전자 조작이었다. 유전자를 조작한 목화의 잎을 먹은 양이 만 마리 이상 희생되었고 목동 1500명이 스스로 목숨을 끊었다. 해충을 몰아낼 거라던 유전자 조작 목화는 "죽음의 씨앗"이었다.

유전자 조작 목화씨를 개발해 판매한 몬산토는 책임을 지지 않았다. 물론 몬산토의 과학자들은 목화씨를 개발하며 인도의 목동들이 양에게 목화 잎을 먹일 것이라는 생각을 하지 않았을 것이다. 유전자 조작의 불확실성은 목화에서 그칠 리 없다. 외부 유전자를 농작물 유전자의 특정 위치에 정확하게 넣어야 하는데, 그것은 쉽지 않은 일이다. 어느 지점에 어떻게 넣어야 원하는 형질만 발현되고 부작용이 없을지 역시 사전에 예측하기가 어렵다.

유전자는 홀로 발현하는 것이 아니다. 개체의 건강 상태에 따라 발현 정도도 사뭇 다르다. 기후변화 시대에 들어선 우리는 종잡을 수 없는 환경변화를 실감한다. 많은 유전 형질이 유전자들의 상호작용으로 다양하게 발현된다. 상황에 따라 유전자들이 이합집산해 형질을 발현하는 경우가 다반사이기 때문이다. 한때 어느 벤처기업에서 이른바 '유방암 유전자'를 찾아주겠다는 광고를 했지만, 우리 과학은 사람의 유방암에 관계하는 유전자가 몇 개인지, 그 유전자가 개체와 환경과 어떤 관련을 갖고 발현하는지 알지 못한다.

〈환경스페셜〉에서는 2004년 영국의 BBC가 유전자 조작 옥수수 사료를 먹은 닭이 그렇지 않은 닭보다 폐사율이 두 배 높다고 보도했다고 전했다. 유전자 조작 감자를 먹인 쥐에게 치명적인 문제가 발생한다고 발표한 1998년 영국 아파드 푸스타이 박사의 주장은 2006년에 사실로 증명되었다. 덩치가 30배나 커서 헤엄도 잘 치지 못하는 유전자 조작 연어를 먹어도 될까? 아마도 현재 우리 식탁에 올라오는 것으로 의심되는 유전자 조작 콩과 옥수수와 감자는 언제까지 우리와 후손의 안전을 보장할 수 있을까?

원산지가 막연히 '외국산'이라고 표시된 수입 가공식품에는 유전자 조작 농산물이 섞이지 않았을까? 시민단체는 의구심을 버리지 못하고 있다. 그렇다면 우리 땅은 안전할까? 농림부는 식용이든 사료용이든 판매용 유전자 조작 농산물은 아직 심지 않는다고 공언하지만, 미덥지 않다. 앞으로 심을 수 있다는 말로 들린다. 그리고 허용되는 순간 영악한 자본은 유전자 조작이라는 용어를 회피하리라. '병에 걸리지 않는' 또는 '해충 피해가 없는' 씨앗이라고 광고할 텐데….

기후변화에 무력한 유전자 조작 농산물

일본의 강제점령기 시절, 일제가 쌀을 수탈해 가 저장해 둔 보리마저 떨어지면 무척 배가 고팠다고 어려서 할머니께 들었다. 권정생 선생은 《우리들의 하느님》에서 가뭄이 심했던 시절의 비극을 회상했다. 이삭이 채 여물기 전, 거지들이 몰려들어 움켜쥔 보리를 허겁지겁 입에 털어 넣었다는데, 그만 배를 움켜쥐고 죽어갔다는 게 아닌가. 장사도 못 지낸 시체가 여기저기 흩어져 있었다는 그 시절에서 두 세대 이상 훌쩍 지난 요즘, 패스트푸드에 길든 아이들은 할아버지 세대의 어릴 적 고통에 공감하지 못한다.

지금은 손이 가지 않는 간식이지만, 군대 졸병 시절엔 감춰둔 건빵을 고참이 가져가면 참 원통했다. 아무도 건드리지 않는 서랍에 숨겨 둔 과자를 훈련 뒤 꺼내 보았더니 쥐가 쏠았고 오줌까지 묻혔다. 그 과자를 버리며 황망했던 심정이란. 일과 후 핸드폰 사용이 허용된 요즘 군인은 중복이면 점심 때 한 마리가 온전하게 들어간 삼계탕을 먹는다고 하니, 그런 황망함에 공감할 리 없을 것이다. 사병에게 곧잘 자신의 건빵을 건네주던 군종 장교가 훈련 중에는 그것을 감춰두고 혼자 먹었다고 털어놓았던 시절, 배고픔은 명예 실추보다 견디기 어려웠다. 그런데 배고픔은 먼 옛날의 기억일 뿐일까?

배추 작황이 형편없어 김치가 '금치'일 때, 단골 식당조차 김치 추가를 꺼려할 때, 지분거린 김치를 남기고 일어서는 젊은이가 밉살스러웠다. 뷔페식당의 산해진미에 익숙한 요즘 젊은이들은 우리의 식량자급률에 관심이 있을까? 쌀을 포함해도 고작 20퍼센트 남짓이라는 사실에 경각심을 느낄까? 온종일 고개를 숙이고 스마트폰을 들여다보는 젊은이들이 지구온난화에 촉각을 곤두세울 것 같지 않다. 기상이변으로 홍수와 가뭄이 빈발하면서 우리나라에 식량을 수출하는 국가의 작황이 예년 같지 않다는 소식을 자신의 일로 걱정할 것 같지 않다.

물론 걱정하는 젊은이가 전혀 없는 건 아닐 것이다. 우리나라에 곡물을 주로 수출하는 미국에 가뭄이 심화됐다는 소식을 듣고 교정에 게릴라 경작을 감행한 대학생들이 눈길을 끈 적이 있다. 귀농학교를 개근한 뒤 안정된 직장을 걷어차고 귀농의 길로 들어서는 청장년층이 해마다 늘어난다. 하지만 버리는 음식에 민감하지 않은 대부분의 시민들은 세계 식량의 추이와 우리의 자급 현황에 별 관심이 없다. 굶주리는 지역의 고통에 안타까워하더라도 남의 일일 뿐이다.

많은 사람들의 관심은 여론이 된다. 여론이 우리의 경각심을 끌어 올리면 정책 대안을 모색하게 이끌 텐데, 아직 절박함은 감지되지 않고 정책적 움직임은 미약하기만 하다. 우리나라에 '식량안보연구재단'이란 게 있다. 민간단체다. 민간이라도 걱정을 한다고 하니 다행일까? 그런데 연구 방향이 이상하다. 농작물의 유전자 조작을 전폭 지지할 뿐 아니라 촉구하는 그 재단의 취지는 식량 위기의 본질과는 거리가 멀다.

식량안보연구재단은 유전자 조작 농산물을 찬성하기로 마음을 바꾼 어떤 환경운동가를 내세우지만 근시안이다. 파이프 끝만 보고 있다. 식량 생산과 유전다양성, 그리고 석유의 관계를 파악한 생명공학자가 유전자 조작 농산물의 위험성을 지적한다는 사실에는 눈을 감는다. 미국산 유전자 조작 농산물의 수입을 막는 유럽을 향해 무역장벽이라고 하는 것은 다분히 의도적이다. 유전자 조작 농산물의 위험성을 문제 삼는 유럽의 주장을 감추지 않던가. 유전자 조작 농산물이 유기 농산물을 오염시키는 사례가 늘어나며 유럽은 강고해졌다. 문제가 드러난 이후에는 돌이킬 방법이 없으므로.

'non GMO' 표시가 중요하다

안줏거리로 친구가 가져온 미국산 유기농 치즈의 포장에 'non GMO'라는 표시가 버젓하다. 미국엔 공식 'GMO 표시제도'가 없는데,

임의 표시인가? 그런데 작은 글자들이 더 보였다. 들여다보니 "non GMO 식품이 유전자 조작 식품보다 안전한 건 아니"라고 토를 달았다. 고발을 염려한 것일까? 미국 법규를 모르니 궁금하지만, 의식 있는 소비자라면 유전자 조작이 아니라는 표시에 주목할 것이다. 어찌되었든 그 치즈를 생산한 기업과 판매한 상점은 소비자의 선택권을 존중해 주었다.

미국의 임의 표시와 달리 우리나라는 공식적으로 표시를 한다. 하지만 예외가 하도 많아 소비자가 유전자 조작 식품을 피하기 어렵다. 소비자의 선택권이 존중되지 않는다. 우리 유기농산물로 식품을 가공하는 기업이 'non GMO' 표시를 하려 해도 버겁다. 표시와 달리 극히 일부만 GMO 성분이 발견되어도 "5년 이하의 징역 또는 5000만 원 이하의 벌금형"이라고 으름장을 놓기 때문이다.

우리나라는 옥수수 같은 유전자 조작 농작물을 많이 수입하는데, 대부분 사료용이거나 식용유 가공용이다. 하지만 일부는 가공해서 먹을 수 있는데, 유전자 조작 표시를 찾기 어려운 이유는 무엇일까? 가공 과정에서 유전자가 제거되기 때문이라고 한다. 추출된 기름만 있으므로 표시 의무가 없다고 한다. 도심 곳곳에 성업 중인 커피 전문점에 비치된 시럽 역시 옥수수로 만들었지만 당 성분만 있으므로 유전자 조작 농산물로 만들었다고 표시할 의무가 없다.

대부분의 공장식 축산업에서는 옥수수와 콩이 적당히 섞인 사료를 먹이는데, 원료는 대부분 유전자 조작 농산물이다. 요즘은 연어를 비롯한 양식 어류에게도 유전자 조작 사료를 준다. 그 가축과 어류는 결국 사람이 먹는데, 유전자 조작 사료를 주었는지 소비자는 파악하지 못하는 상황이다. 유전자 조작 사료에 대해 식품의약품안전처에 문의하면 어떨까? 고기와 우유와 계란에 조작된 유전자가 포함되지 않았다고 답할 것이 분명하다.

당분이 들어간 음료에도 유전자 조작 여부를 표시하지 않는데, 가공식품에 표시하지 않는 이유는 무엇일까? 가공 과정에서 유전자가 변성되어 과학적 검증이 부정확하기 때문이라는 답변이 준비돼 있을 것이다. 과학적 검증이 가능해도 표시를 면제한다. 유전자 조작 농산물의 양이 가공식품의 3퍼센트 미만이거나 가공식품 재료 중 다섯 번째 이하이므로 제외한다고 설명할 것이다.

'비의도적 혼입률'이란 개념이 있다. 선박이나 트럭에 이전에 실었던 유전자 조작 농산물이 남아 있으면 의도하지 않아도 유전자 조작 농산물이 섞일 가능성이 있다는 개념이다. 우리나라는 3퍼센트 이하를 양해한다. 그러므로 가공식품에 유전자 조작 성분이 3퍼센트 이하로 검출되어도 식품의약품안전처는 표시를 면제한다. 소비자보다 수출업자와 가공식품 기업을 배려하는 셈이다.

유럽은 비의도적 혼입률이 0.9퍼센트이고 그 기준을 과학적으로 검증한다. 그런데 우리는 왜 2001년의 조항을 고집하고 있을까? 시민사회나 정치권에서 개정을 요구하지 않았다고 대답할 것이다. 표시제도를 논의하는 회의에 시민단체도 포함되었다는 점을 강조하겠지만 충분한 토의 없이 표결로 밀어붙였다는 사실은 생략할 게 틀림없다. 정부에서 연구비를 받는 학자들과 정부 산하 기관들, 그리고 정부 입김에서 자유롭지 못한 기관이 다수인 위원회에서 2001년 당시 식품의약품안전청이 준비한 조항에 순응했다는 사실도 숨길 것이다.

미국과 캐나다에서 유전자 조작으로 빨리 자라는 연어를 개발했다. 한·미 FTA가 체결되었으니 수입을 막기 어려운데, 연어는 표시 대상이 아니다. 소비자는 유전자 조작 연어를 구별할 수단이 없다. 얇게 썰어 말끔하게 포장된 훈제연어를 마트에서 만날 뿐이다. 반면에 미국의 버몬트 주는 유전자 조작 여부를 표시하겠다고 발표했고, 미국 의회는 막지 않았다. 버몬트 주의 사례를 따르는 주가 이어질 추세라는데, 우리는 모르쇠다.

선택권을 위한 표시제도를 요구하는 시민단체의 요구에 식품의약품안전처는 "non GMO 표시를 하면 유전자 조작이 마치 못 먹을 음식처럼 인식될 수 있고, 소비자가 유전자 조작 농산물을 꺼려 비싼 비유전자 조작 가공식품이 많이 유통되면 물가가 상승할 수 있다"고 한다. 기획재정부도 소비 양극화를 부를 것이라고 화답했다는데, 산업통상자원부는 통상 마찰부터 걱정했다고 한다. 자국의 소비자와 생태계의 건강은 정부의 몫이 아닌가 보다.

유전자 조작 농산물이 안전할까? 직·간접적으로 먹기 시작한 지 이제 20년이다. 우리나라에 드물던 질병이 최근 증가했다면서 유전자 조작 식품을 본격적으로 먹은 시기와 일치한다는 자료를 제시하며 통곡하는 책이 2015년에 등장했다.[2] 하지만 유전자 조작 농작물이 기후변화에 몹시 취약하다는 사실은 여전히 부각되지 않는다.

---

2 오로지, 《한국의 GMO 재앙을 보고 통곡한다》(명지사, 2015).

농산물은 상품이 아니라 나눔이다

동서양을 막론하고 식량은 상품이 아니라 이웃과 나누는 음식이었다. 대면사회, 얼굴을 아는 이웃과 생활의 모든 면을 함께 나누던 시절에는 돈벌이와는 거리가 있었지만 농산물의 품종이 다양하고 안전했다. 그러나 생산자와 소비자가 누구인지 서로 알 수 없는 요즘에는 그렇지 않다. 한낱 상품으로 전락했다. 가난해도 자급자족하는 지역은 자본에 예속되지 않았지만 몇 안 되는 농·축산물로 획일화하자 그만 주권을 잃었다.

일반적으로 열대우림은 단일 품종을 드넓게 심는 '플랜트 농업'에 아주 취약하다. 땅 위의 생태계는 다채롭고 풍부하지만 땅속은 영양분이 척박한 만큼 유전자 조작 농산물이 들어오면 생태계가 파멸된다. 유전자 조작 콩을 심은 아마존 일원이 그렇다. 땅속 생태계가 괴멸되는 데 그치지 않았다. 땅과 물이 맹독성 제초제에 오염되니 생수를 구할 수 없는 원주민들은 죽거나 터전에서 내몰릴 수밖에 없다.

세계는 식량자본에 예속돼 있다. 식량자본을 손에 쥔 자들이 식량을 적시에 적량 공급하지 않으면 외화가 부족한 국가는 굶주릴 수밖에 없다. 식량가격은 폭등하고 굶주리는 사람들은 폭동을 일으키지만 다국적기업은 큰돈을 벌어들인다. 1993년 우리나라는 유난스레 느슨한 기준치보다 무려 130배 이상 고독성 농약으로 오염된 밀을 수입했지만 무슨 영문인지 수출국에 되돌려 보내지 못했다. 내 돈 주고 머리 조아리며 식량을 수입해야 하는 우리에게 남은 시간은 충분하지 않다.

유전자 조작 농작물을 전 세계에 획일적으로 심었다고 치자. 이후 그 농작물의 작황이 곤두박질친다면? 지구촌의 수많은 사람들이 굶주려야 한다. 콩이 그렇다. 우리는 두부를 참아야 한다. 옥수수가 그렇다. 옥수수 당분을 넣는 가공식품들이 사라질 것이다. 가공식품의 절반 이상에 옥수수 성분이 들어간다. 대부분 유전자 조작 옥수수일 것이다. 우리나라는 주곡인 벼의 유전자를 조작했다.

안전을 되뇌며 내놓는 유전자 조작 농산물은 에덴동산의 사과다. 유럽에는 방사선 조사 식품에 이어 유전자 조작 농산물이 시장에서 사라졌다고 한다. 회원이 많은 시민단체에서 불매운동을 언질하자 식품회사에서 백기를 들었기 때문이란다. 우리도 그런 불매운동이 가능해야 하는데, 아쉽게도 식품회사를 움직일 만큼 집요하게 행동하는 시민단체가 드물다. 잠시 불붙었던 불매운동도 지속되지 않으니 무시당하기 일쑤다.

결국은 소비자의 행동

피곤할 때 입 언저리에 물집이 생기는 사람이 있다. 바이러스 때문이다. 사람의 유전자 속에 가만히 숨어 있다가 저항력이 떨어졌을 때 증식하면서 증상이 나타난다. 입 언저리에 물집이 생겨 낙담하는 사람은 거의 없다. 반면에 에이즈에 감염된 사람은 매우 낙심할 것이다. 신묘한 약품이 세상에 나온 현실이지만 에이즈는 여전히 두려움의 대상이다. 에이즈도 바이러스에 의해 발병한다. 오랜 세월 가까이해 온 바이러스는 대개 치명적이지 않다. 입술을 터뜨리는 바이러스처럼 면역이 생겼기 때문이다. 그러나 최근에 침투한 바이러스는 다르다. 미처면역력을 갖추지 못했기 때문에 바이러스는 마구 증식한다. 사스와 메르스, 그리고 에이즈 바이러스가 그렇다.

바이러스는 대개 숙주의 유전자 사이에 삽입돼 숨죽이다 때를 보아 증식한다. 조용히 있을 때는 무생물로 보이지만 숙주 생물의 면역력이 떨어지면 존재를 과시한다. 사람에게 치명적인 바이러스는 망가베이 원숭이 몸에 있던 에이즈뿐이 아니다. 소에 있던 홍역과 결핵, 돼지에 있던 인플루엔자, 개에 있던 백일해, 닭에 있던 말라리아와 조류인플루엔자 같은 외래 바이러스도 마찬가지였다. 사람의 몸에 침투하자 치명적 질병으로 둔갑했다. 감염 초기에는 무서웠지만 나중에 백신을 개발해 예방이 가능해진 바이러스도 많다.

두드리면 열린다. 거세게 두드릴수록 빨리 열릴 터! 시민단체의 힘이 부족하다면 소비자가 직접 나설 수 있다. 제철 제고장 농산물을 구매하는 소비자가 생활협동조합을 중심으로 늘어나고 있다. 종교인들이 앞장설 수도 있다. 창조질서를 어지럽히는 존재가 유전자 조작 농산물이 아닌가! 유전자 조작 농산물을 거부하는 운동을 종교계가 중심이 되어 적극적으로 펼치면 어떨까? 유전자 조작 벼로 자국민을 위협하는 행태에 대한 분노를 넘어 모든 유전자 조작 농산물이 시장에서 철수되도록 행동할 수 있을 텐데. 들불처럼 불매운동을 전개하면 상황은 바뀔 수 있다.

사람은 생물이고 생물은 먹어야 산다. 먹을거리를 생산하는 농업은 먹는 이의 건강을 염두에 두는 것이 당연하다. 스위스는 FTA를 무산시키며 미국의 요구를 거부했다고 한다. 우리 후손을 생각하면 우리도 어서 대책을 세워야 한다. 소비자의 깨어 있는 자세가 필요하다. 안 먹을 권리를 위해 지금보다 명료한 표시제도를 요구하는 행동은 물론 유전자 조작 농작물과 그 농작물이 들어간 식품을 거부해야 한다. 대부분 미국에서 수입하고 있으니 원산지를 잘 살펴야 한다. 소비자의 능동적인 행동은 미국 자본도, 거기에 예속된 우리 정부도 어찌하지 못한다. 무엇보다 중요한 건, 제철 제고장의 유기농산물 직거래를 운동 차원에서 활성화하는 것이다. 제철 제고장 유기농업으로 기아와 포식을 완충하는 것이 가장 분명한 대안이다.

돌아온 매머드는 행복할까?

평생 삽과 돈으로 사람을 부렸던 어떤 개신교 장로가 유구했던 4대 강을 10미터가 넘는 철근콘크리트 보로 틀어막으며 '강 살리기'라고 언명하자, 국무총리 이하 장·차관과 행정고시 출신 고위 공직자들이 '아멘!'을 외쳤다. 그러자 민심이 재판을 걸었다. 사법부에 판단을 의뢰한 것인데, 우리 법관들은 고발 자격을 운운하며 법리 검토조차 거부했다. 어려서부터 공부를 유난히 잘해 영재라 받들어졌던 이들이 오로지 삽자루 아래 웅크렸다.

　행정고시와 사법고시 못지않게 문이 좁은 이른바 '기자고시'를 통과한 이들 중 일부는 과학부를 담당한다. 그들은 운이 없다. 정치부와 경제부는 힘 있고 돈을 가진 이들과 친해질 수 있고 사회부는 무척 바쁘더라도 보고 배우는 게 많다. 문화예술을 전방위로 경험할 수 있는 문화부는 재미라도 있는데 과학부는 전혀 아니다. 대부분 인문계 출신인 기자가 과학부에서 특종을 만들어내기는 버겁다. 보도자료의 내용도 어렵지만 해당 사안에 대해 질문을 하는 것도 질문에 대한 답을 이해하기도 어지간한 노력 없이는 쉽지 않다. 그래서인지 과학 기사는 대부분 보도자료의 내용을 건조하게 전할 따름이다.

황우석 교수는 달랐다. 그의 번지르르한 설명은 머리에 쏙쏙 들어왔다. 전문적인 내용을 생략하는 대신 기자들이 원하는 핵심, 성공적인 실험이 이어진다면 그 부가가치가 반도체 이상 커질 것이라고 콕 짚어 장담하지 않았나. 드디어 과학부에서 특종이 쏟아지기 시작했다. 이제 과학부에 제시하는 보도자료에 이론은 생략된다. 가슴 설렐 정도의 성과 예상으로 과포장될 뿐이다. 과학이 앞장서서 선동하는 시대가 열린 것이다.

"형광송사리가 개발됐어요!" 2010년, 과학부 기자들은 일제히 희소식을 날렸다. 물론 취재한 건 아니다. 늘 그랬듯 보도자료에 충실한 것이었다. 국내에서 최초, 세계적으로도 제브라피시 이후 두 번째라니 가슴 벅찰 준비를 하라고 시청자를 독려하듯 기자는 형광 조명을 비치면 스스로 붉은 빛을 내는 형광송사리를 호들갑 떨며 소개했다.

"이게 유전자 변형 기술을 이용해 개발된 형광송사립니다! 여러분!" 기자는 말을 더듬었다. 마침내 마이크 앞에 모습을 드러낸 개발자가 말한다. "바다 송사리의 세포 골격과 근육의 수축이완에 관여하는 유전자 조절부위 영역을 산호의 형광단백질을 융합시켜 형광송사리를 만들었습니다."

무슨 소린지 영 모르겠다는 표정의 기자들 앞에 개발자의 지도교수가 나타나 점잖게 "형광송사리를 바닷물에 집어넣으면 환경호르몬과 같은 해양 오염물질의 농도에 따라 색깔이 달라지기 때문에 저희가 쉽게 육안으로 오염 정도를 판별할 수 있습니다!"라고 덧붙였다. 곧 일반에 공개할 예정이라고 했는데, 10년 가까이 지난 지금까지 동네 수족관에서 보이지 않는 그 형광송사리 관련 보도는 특종 자격이 있었을까?

생명까지 주무른 '국정농단'

초야에 파묻혀 지내는 건 아니지만 예전처럼 열정적으로 현장을 누비지 않은 지 10년 이상 지났다. 2004년과 2005년의 이른바 '황우석 사태'의 여파가 잠잠해지면서 현장보다는 일상에서 원고를 쓰며 서생의 본령에 침잠하려 노력해 왔는데, 기억을 소환해야 할 소식이 들렸다. 청와대 발 국정농단이 드러나며 세상이 뒤숭숭하더니 의구심을 일으키던 엉뚱한 뉴스의 실마리가 풀린 거다. 거참, 역시 '최순실 국정농단'이었다니. 황우석 사태의 교훈은 어디로 갔나? 맥이 빠졌다.

황우석 전 교수의 논문이 거짓이라는 사실이 드러났건만 여전히 많은 사람들이 체세포 핵이식 배아줄기세포가 획기적인 의료 성과로 이어지리라 기대하고 있다. 현실은 어떤가? '황우석 사태' 이후 근 15년이 넘었지만 성과는 나타나지 않았다. 기능을 잃은 세포조직을 건강하게 치료하려면 면역거부반응은 물론 부작용 없는 세포를 배아줄기세포로 만들어야 하는데 아직 불가능하다. 앞으로 가능할까? 기대하기 매우 어렵다. 여전히 생명윤리 문제가 심각한 만큼 어떤 국가나 자본도 연구투자를 꺼린다.

황우석 전 교수는 자신의 실험실에서 만들었다고 죽 주장해 왔지만, 그는 다른 연구소에서 다른 방식으로 만든 배아줄기세포를 쥐의 복강에 넣어 '테라토마'(teratoma)를 얻었고 그 테라토마 사진을 조작해 논문을 작성했다. 그것이 발각되어 씻을 수 없는 국가적 망신을 초래한 지 15년이 지난 요즘, 새삼스레 언급하고 싶지는 않지만 당시 조명된 테라토마를 따져볼 필요가 있다. 테라토마는 과학기술로 통제할 영역 밖의 암세포라는 점을 잊으면 안 되기 때문이다.

'테라'는 컴퓨터 저장장치 용량의 크기인 '테라바이트'를 염두에 두면 이해가 쉽겠다. '토마'는 암의 의학용어인 '튜머'(tumor)와 같은 말이다. 황우석 전 교수의 연구팀이 쥐의 복강에 배아줄기세포를 주입하자 오만 가지 테라토마, 다시 말해 암세포로 변했다는 뜻이다. 따라서 특정 세포로 안정적으로 분화시키는 연구가 선행되지 않으면 결코 배아줄기세포는 임상에 적용할 수 없어야 한다.

체세포 핵을 냉동하지 않은 난자에 넣어 얻을 수 있으리라 기대했던 황우석 전 교수 방식의 배아줄기세포와 불임클리닉에 보관된 잔여 냉동 배아를 사용해 얻는 배아줄기세포 모두 많은 노력에도 불구하고 현재까지 치료에 적용할 수 있을 만큼 안정적으로 분화된 배아줄기세포는 없다. 때문에 세계의 어떤 연구자도 이 연구에 목을 매지 않는다. 그런데 우리나라는 예외인가 보다. 황우석 전 교수가 운영하는 수암연구소도 호시탐탐 기회를 엿보리라 생각하는데, 예전부터 그 연구에 집요하게 매달렸던 차병원에서 결국 최순실을 앞세웠나 보다.

배아로 만드는 줄기세포에 대한 윤리 문제는 어제오늘 거론된 일이 아니다. 적어도 20여 년 전부터 윤리학이나 철학뿐 아니라 인문학·법학·종교학·의학·생물학 등 다양한 측면에서 배아줄기세포의 윤리적 타당성을 논의했고, 그 타당성을 확신할 수 없어 실용적 기대감으로 연구에 미련을 두던 국가들도 기대를 접어야 했다.

막대한 연구비가 다시 투자된다면, 황우석 전 교수가 한때 호언했듯이 국가의 흥망을 주도할 정도로 막대한 부가가치를 창출할 수 있을까? 가능성은 물론 희박하다. 과학은 마술이 아니다.

배아줄기세포 연구와 같은 생명공학은 후손의 생명을 재료로 삼는다. 부가가치 여부와 관계없이 후손에게 재앙을 안길 가능성이 높다. 따라서 배아줄기세포 연구, 특히 체세포 핵이식을 염두에 둔 배아줄기세포 연구는 생명윤리 차원에서 통제되어야 마땅하므로 전문가들의 오랜 논의 끝에 관련법이 제정되었다. 그런 상황에서도 정권의 비호 아래 특정 병원이 체세포복제줄기세포 연구 등의 특혜를 받았다니. 비록 일부였지만 대통령 비선실세의 마술에 힘입어 부가가치를 꿈꾸는 과학자가 여전히 존재한다는 사실이 안타깝기 그지없었다.

매머드의 자리

시민단체에 의해 황우석 사태의 주요 기획자로 지목된 박기영 순천

대학교 교수가 문재인 정권 초기에 잠깐 등장했다가 예의 '마녀사냥' 타령을 남기고 슬며시 사라졌다. 그 뉴스를 보며 씁쓸했던 기억이 지워지지 않는데, 우연일까? 황우석 박사가 다시 뉴스 전면에 부상했다. 역시 즐거운 뉴스는 아니었다. 과학계의 진흙탕 싸움을 만천하에 알렸으므로.

황우석 박사와 진흙탕 싸움을 하는 상대방은 황우석 사태 이전부터 배아줄기세포 연구를 선도한다고 자화자찬하던 전 마리아생명공학연구소 연구원, 현 제주대학교 교수 박세필 박사다. 예전엔 단짝이라 믿을 만큼 친밀했는데, 그렇게 보였는데, 아니었나 보다.

체세포 핵을 이식한 난자로 배아줄기세포를 만들려다 실패하고는 성공했다고 거짓 논문을 발표해 국제적 망신을 자초한 황우석 전 교수와 달리, 불임클리닉에 냉동 보관된 배아로 줄기세포를 유도한 박세필 박사는 제주대학교로 자리를 옮겼다. 이후 승승장구, 자랑스러운 연구 성과를 올리고 있나 했는데 소문을 듣자니, 제주 흑돼지를 복제하고 소의 배아줄기세포를 확보했다고 한다. 멸종 위기와 무관한 흑돼지를 왜 복제했는지 알 수 없지만, 소의 배아줄기세포로 난치병 치료 가능성을 내세운다는 소문도 들린다. 많이 듣던 타령이다. 그런데 소의 배아줄기세포로 사람을? 아니면 소를? 여전히 아리송하다.

매머드 복제 연구 성과를 놓고 법적 공방을 벌인 두 과학자는 일반인은 물론이고 그 방면에 상식이 있는 과학자도 선뜻 이해하기 어려운 진실공방에 휩싸였는데, 요즘 왠지 조용하다. 그런데 두 과학자는 왜 다툰 걸까? 진실보다 감정이 앞선 건 아니었을까? 과학자는 연구로 자신의 성과를 주장해야 옳건만 실체를 확인할 수 없는 매머드 복제 기술의 소유권이 이들 분쟁의 핵심이었다. 황우석 전 교수가 제공한 체세포로 박세필 교수가 매머드 배아를 확보했다면 그 기술의 소유권이 누구에게 귀속되는 건지 그 법적 요건은 모르겠지만, 희한한 건 법원까지 간 그 세포가 엉뚱하게도 생쥐에서 나왔다는 사실이다. 복잡하다기보다 투명하지 못한 연구 과정이 도무지 이해난망이다.

매머드를 복제하면 멸종된 동물이 환생하는 걸까? 매머드 복제의 이론적 가능성을 많은 국내외 과학자들이 타진하고 있고, 자금을 동원해 복제에 열과 성을 바치는 과학자가 더러 있다고 한다. 교수 자리를 잃은 뒤 생명공학연구소를 운영하는 황우석 박사도 그중 한 명인가 보다. 그런데 시베리아 동토에 매립된 매머드를 온난화되는 세상에서 굳이 복제해야 할까? 성공한다면 어느 공간에 풀어놓아야 할까? 매머드가 사라진 이유를 진흙탕 싸움을 하는 두 과학자는 고민하지 않았다. 매머드가 복원을 원할까? 또 난자와 자궁을 제공해야 할 코끼리는 어떨까?

인간의 무자비한 개발로 인해 서식처가 사라지고 있는 코끼리가 정말 매머드의 배아를 임신할 정도로 유전적으로 가까운지도 알 수 없다. 그런데 거기에 생쥐는 왜 끼어든 걸까? 덩치의 차이가 상상 이상인데, 생쥐를 이용해 매머드 복제를 시도할 수 있다는 말일까? 복잡한 최신 이론을 소개하는 한 과학 칼럼니스트는 코끼리와 유전적으로 비슷한 생쥐의 난자를 활용할 가능성을 점친다. 코끼리 난자를 구하기 어려우니 생쥐 난자에 코끼리 난소 조직을 넣어 코끼리 난자를 흉내 낼 수 있도록 한 뒤 그 난자에 살려낸 매머드의 체세포 핵을 이식하는 방법이라는 것이다. 성공하면 코끼리가 매머드를 임신하게 만들 수 있다는 가정이다.

길다. 매우 복잡하다. 그 방면 전문 과학자는 수긍할지 몰라도 웬만한 생물학자도 이해하기 어렵겠다. 성공 가능성은 아무도 장담할 수 없다. 어려운 과정이 수도 없이 도사려 있을 것이다. 지금은 신기루 같은 가능성을 나열하는 단계에 불과하지만, 숱한 시행착오 끝에 모두 성공하더라도 과정마다 희생이 잇따를 게 분명하다. 연구 과정에서 필연적인 생쥐의 희생은 아무도 안타깝게 생각하지 않겠지만 코끼리의 희생을 무시할 여론은 없을 것이다. 게다가 과학자들의 설득으로 동원된 연구투자비의 규모가 실로 막대할 것이 틀림없다. 설마 국가 자금은 아닐 테고, 거액을 투자한 자본은 복제된 매머드를 어떻게 활용하고 싶어 할까?

2015년 1월 국립공원관리공단 종복원기술원에서 태어난 반달가슴곰 KM-53은 그해 10월 지리산에 방사되었는데, 2017년 6월 지리산에서 90킬로미터나 떨어진 김천시 수도산에서 발견되었다. 주민들과 곰 모두의 안전을 위해 포획하여 지리산에 방사했으나 한 달 뒤 KM-53은 다시 수도산에서 발견되었다. 이렇게 지리산에 풀어놓은 반달곰이 몇 차례 김천 수도산으로 이동한 것을 황급히 지리산으로 되돌려 보내는 일이 반복되었다. 지리산국립공원이 겨우 터 잡은 반달곰을 수용하지 못할 정도로 좁은 건 아니지만, 수많은 등산객과 거주민을 피하고 싶었던 반달곰은 자동차가 질주하는 아스팔트에 진저리치며 수도산으로 피신했던 것일지도 모른다. 지리산은 시방 작은 동물들까지 로드킬로 희생시키는 아스팔트로 사분오열돼 있다.

반달곰도 제대로 수용하지 못하는 우리의 생태계는 점점 황폐해지고 있다. 분별없는 개발뿐 아니라 지구온난화, 미세먼지, 대기오염, 방사능 증가는 모든 생물에게 치명적이다. 인적 드문 시각 자동차의 불빛과 사람의 땀과 화장품 냄새를 용케 피하며 안정된 터전을 찾아 나서지만, 자연의 이웃에게 허용된 공간은 비좁기만 하다.

소백산에 방생한 여우 대부분은 멧돼지용 올무와 덫에 희생되었다. 힘겹게 연구해 어렵게 복원의 성공궤도에 가까이 가던 황새는 박근혜 정부에서 연구 지원을 외면해 실패로 돌아설 위기에 몰렸다. 아파트 단지 개발을 위해 전국 농촌 지역의 맹꽁이와 금개구리를 대충 조성한 대체 서식지로 옮겼지만 아직까지 생존하고 있는지는 누구도 돌아보지 않는다. 예산도 제도도 뒷받침해 주지 않기 때문이다. 골프장을 위해 나무를 잃은 숲에는 하늘다람쥐의 터전도 사라졌고, 골프장을 잇는 숲 사이의 아스팔트는 로드킬을 일상화했다. 자신만의 놀이와 이익을 위해 생태계를 허무는 인간은 멸종 위기 동물의 복원을 운운할 자격이 없다. 하물며 이미 멸종된 동물의 복제라니, 터무니없다.

형광송사리라니

벌써 20여 년 전 일이다. 1997년 국토해양부로부터 몇 해 동안 얼마나 많은 연구비를 받았는지 밝히지 않은 한 연구자가 보통 미꾸라지보다 36배나 빨리 자라는 이른바 '슈퍼미꾸라지'를 개발해 과학부 기자들의 주목을 받은 적이 있다. 그런데 이후 그 미꾸라지는 언론에서 사라졌다. 기자들은 더 이상 취재를 하지 않았다. 당시 보도자료에 기댄 언론의 기사들은 슈퍼미꾸라지가 식량문제를 즉각 해결하리라고 둥둥 띄웠다. "한 마리에 400그램이나 하는 이 슈퍼미꾸라지 한 마리면 온 가족이 배부를 수 있습니다!" 이런 식이었다. 그런데 그 교수가 자랑하던 슈퍼미꾸라지는 시방 어디에 있는가?

안전성 심사기관의 승인을 거쳐 해양환경 감시용으로 활용하겠다고 발표했던 2010년의 형광송사리. 바다에 사는 송사리가 있다는 걸 보도를 보고 알았는데, 환경 감시를 위해 송사리에게 산호의 유전자를 꼭 넣어야 했을까? 형광물질이 없는 송사리나 형광물질을 가진 산호를 활용할 수는 없었을까? 슈퍼미꾸라지가 발표되었을 때 많은 사람들이 슈퍼미꾸라지에 포함된 변형된 유전자가 안전할까 걱정했는데, 형광송사리는 어떤지 모르겠다. 안전성 승인을 전제했지만, 그 승인기관이 어디이고 누가 심사하는지, 생태적 안전성도 조사하는지 밝히지 않았다. 형광송사리를 환경 감시를 위해 활용한다고 하다가 뜻하지 않게 생태계에 형광 유전자를 전파하게 되는 건 아닐까?

생명공학자들은 '유전자 변형' 또는 '유전자 재조합'이라는 용어를 선호하지만 사실상 형광송사리는 돌연변이의 산물이다. 세계의 시민단체들은 과학자가 만든 돌연변이를 '유전자 조작'이라고 한다. 어떤 원인으로 몸 안의 유전자가 변하든, 감염이나 먹이를 통해 외부의 유전자가 몸 안에 들어오든, 부모에게 물려받지 않은 유전자는 돌연변이 유전자일 수밖에 없다. 대부분의 돌연변이 유전자는 개체와 환경에 위험을 초래한다. 송사리에 이식된 산호의 유전자도 마찬가지다. 페튜니아의 파란색 유전자를 카네이션이나 장미에 쉽게 집어넣지 못했듯 산호 유전자 역시 송사리에게 투입하기가 쉽지 않았을 텐데, 그런 유전자는 생태계로 빠져나가 다른 생명체를 오염시킬 수 있다. 형광송사리를 잡아먹은 다른 물고기에서 형광 현상이 생길 가능성을 배제할 수 없음은 물론 정말 우려되는 것은 그러한 수준을 넘어서는 데 있다. 조작된 유전자가 독감바이러스처럼 생태계에 만연한다면 어쩔 것인가?

자연스러울 때 아름답고 건강한 생명

특정 제초제에 대한 저항성 유전자가 퍼지는 '수평이동'의 대상에 산호의 형광 유전자도 포함될 수 있다. 송사리를 먹은 우럭과 광어와 강섬돔이 식탁에 오른 뒤 어떤 일이 벌어질지 우리는 알지 못한다. 당연히 우리 몸에, 우리 아이의 몸에 형광이 발현하는 걸 원하지 않지만, 그보다 더 중요한 것은 그 유전자로 인해 암이나 유전병이 생길 수도 있다는 것이다.

형광송사리로 해양환경의 오염도를 조사한다고? 그보다는 그런 생물 없이 해양환경을 지킬 수 있는 방법을 찾는 것이 더 중요하지 않을까? 분명 거액일 과학자의 연구비 획득을 정당화하기 위한 보도자료와 그것을 무책임하게 재생산해 배포하는 언론 보도의 문제성을 되돌아봐야 하지 않을까?

비동결이든 동결이든, 체세포 핵이식 배아든 냉동잔여 배아든, 생명윤리에 대한 검토가 결여된 배아줄기세포 연구는 후손의 입장에서 매우 위험할 뿐 아니라 비윤리적이다. 국가의 부가가치를 내세우든, 연구자의 연구 성과를 내세우든, 후손의 생명이 재료가 되기 때문이다. 게다가 성공 가능성이 매우 낮으므로 실용적이지 못하다. 10년도 지난 일을 다시 들춰내는 것이 내키지 않지만, 줄기세포 연구자들이 기대하는 세포조직의 치료는 일시적 효과에 그치거나 환자마다 그 방법이 다를 가능성이 매우 높다. 따라서 부가가치와 관계가 없다. 치료하겠다는 세포조직은 노화 현상일 경우가 대부분인데, 노화는 치료의 대상이 아니기 때문이다.

게다가 작업장에서의 안전사고와 교통사고 그리고 드물지만 전쟁터에서 발생하는 젊은이의 세포조직 손상은 기존 의료기술로도 치료할 수 있다. 물론 모든 사고는 예방이 우선되어야 한다. 결국 이러한 정황을 모를 리 없는 차병원 관계자의 집요한 비동결난자 연구 욕심이 최순실의 국정농단과 엮여 있다는 의혹은 재발 방지를 위한 조치 차원에서 그칠 수 없는 일이므로 반드시 규명되어야 했다. 그러나 잠잠하다. 후손을 희생하게 하는 연구는 인류의 종말을 선도할지 모르는데!

유전자가
교정의 대상인가

"질병이란 무엇인가?" 청운의 뜻을 품고 의과대학에 진학한 학생들은 질병을 어떻게 생각할까? 황우석 전 교수의 연구 부정이 드러나기 이전, 의과대학 학생들에게 줄기세포의 한계에 대해 강연할 기회가 있었다. 의학 전공자가 아닌 강사의 강의에 시큰둥했던 학생들은 내 질문의 의도를 짐작하려고도 하지 않았지만 의술에 대한 자부심만은 대단했다. 장차 자신들은 인간 질병의 95퍼센트 이상을 치료할 거라고 했다.

비슷한 시기에 과학기술부 산하 '응용세포연구단'의 단장이던 문신용 서울대학교 의과대학 교수에게 같은 질문을 했다. 1985년 우리나라 최초로 시험관아기 시술을 성공으로 이끈 문 교수는 "나이 들수록 자신 있게 치료할 수 있는 병이 없다는 생각이 들면서 환자에게 친절하기로 했다"고 연구단의 윤리위원에게 고백했다.

파문 직전, 아니 스스로 신부직을 던진 이후에도 사제의 자세를 잃지 않았던 이반 일리치는 "병원이 병을 만든다!"고 천명했다. 그는 사람의 평균수명 연장은 의료 수준이 아니라 영양 상태와 개인 위생의 증진과 밀접하다는 점, 그리고 날이 갈수록 증대하는 의료비의 대부분은 효과가 의심스런 치료행위 때문이라는 점을 날카롭게 지적했다. 실제로 대부분의 다국적 제약회사는 환자보다 정상인에게 판매하는 약으로 더 많은 이윤을 거둬들인다. 불안을 팔아 돈을 버는 기업이라는 비난을 피하지 못하는 상황이다. 제약회사가 원하는 질병은 무엇일까?

우리 사회에서는 큰 키와 멋진 외모를 자랑하는 이들에게 '우월한 유전자'를 가졌다는 표현을 종종 한다. 2017년 9월 일본 유전학회는 우성 또는 열성이라는 표현을 자제하기로 결정했다는데, TV 오락 프로그램이나 신문 기사에는 여과 없이 '우월'하다는 표현이 등장한다. 큰 키에 잘생기면 우월하다는 건가? 내 아이가 공부를 잘하면 흐뭇하지만, 그렇다고 내 아이가 그렇지 않은 아이들보다 우월한 걸까? 성적이 낮으면 키가 작은가? 키 크고, 잘생기고, 돈 잘 벌고, 성격 좋은 사람은 TV 드라마에나 나올 법한 인물 아니던가?

2003년에 완료된 '인간 유전체 연구'는 인간의 유전자 수가 생각보다 적다는 사실을 확인했다. 과학자들이 유전자에 의한 현상이라고 파악한 경우의 수보다 훨씬 적었기에 잠시 혼란이 있었지만, 학계가 기존 학설을 수정하는 토대를 마련했다. 이제 "하나의 유전자가 하나의 단백질을 형성한다"는 가설은 거론할 수 없다. 면역에 관계하는 단백질은 유전자의 수보다 훨씬 많다. 면역 현상에 따라 여러 유전자가 다양하게 이합집산하며 발현한다. 면역뿐만이 아니다. ABO혈액형처럼 하나의 유전자가 표현형의 발현에 관계하는 경우도 있지만 키와 몸무게처럼 다양한 유전자가 두루 관계하는 경우가 훨씬 많다. 지능이나 외모에는 몇 개의 유전자가 관여할까? 그걸 모두 파악한다면? 의학은 인간의 질병 개념을 확장한 후 치료라는 명분으로 개인의 능력을 획기적으로 개선하는 데까지 나아갈까?

농작물이나 원예작물, 그리고 몇몇 가축의 경우를 제외하고 인간의 유전자를 개선 또는 향상시키려는 시도는 아직까지 없다. 사람의 유전자가 어떤 염색체에 어떻게 배열돼 있는지 과학자들이 열심히 지도를 그리며 밝혀내고 있지만 아직 명확하지 않다. 명확해지더라도 유용할 것으로 기대하지 않는다. 유전자 교환 과정이 정교하지 않아 숱한 실패가 예상되기 때문이다.

가위로 유전자를 편집하다

여학생이 많은 대학의 정문 앞에 하얀 가운을 입은 의료진들이 좌판을 깔았다. 의료진이라기보다 제약회사 영업부 직원일지 모르는 그들은 성관계 이전이라면 두 차례, 이후라면 세 차례 접종해야 항체가 충분히 형성된다는 자궁경부암 백신을 홍보하고 있었다. 주로 미국계 다국적 제약회사가 판매하는 그 백신의 가격은 대학생이 감당할 수준을 훌쩍 넘었다.

우리나라의 여성 암 발생률 5위인 자궁경부암에 대한 걱정을 백신으로 없앤다면 비용이 아깝지 않을 수 있겠다. 이른 나이에 성관계를 시작하거나 성관계 상대가 많을수록 감염되기 쉽다는 '인유두종바이러스'(HPV)는 남녀 생식기나 항문 주변에 흔히 기생하는 까닭에 남성에게도 접종을 권장한다. 이 백신을 접종하면 20년 동안 80퍼센트 이상 자궁경부암 발생을 예방한다는데, 백신을 맞고도 자궁경부암이 발생한다면? 그저 운 나쁜 20퍼센트에 속하게 됐다고 여기거나 상대 남성을 의심하겠지.

2012년부터 자궁경부암 백신을 '국가필수예방접종 지원사업'에 포함해 13-16세 여성에게 처방해 온 일본 정부는 이듬해 접종을 권장하지 말라는 지침을 지방자치단체에 내렸다. 550만 건의 접종 결과 1968건의 부작용이 발생한 이후의 일이다. 팔과 다리의 마비에서 간질까지 다양하고 심각하게 발생한 부작용이 일본에 국한할 리 없다. 우리 식품의약품안전처는 운동장애와 떨림 증상과 같은 부작용이 14건 발생했다고 2015년 국회에 보고했다. 하지만 우리나라 여성에 대한 자궁경부암 백신의 정확한 접종 실적은 제시하지 않았다.

많은 연구를 통해 밝혀진 자궁경부암은 HPV가 원인 중 하나인 건 분명하지만 그 바이러스에 감염되었다고 반드시 암으로 이어지는 건 아닐 것이다. 결국 바이러스에 대한 면역력이 떨어져 암으로 진전되었을 가능성이 높다. 그러므로 노화로 인한 병증이 아니라면 자궁암백신 접종보다 면역력을 높이는 생활습관이 더 중요할 텐데, 일본이나 우리나 사후 처방에 주력한다. 자본의 이익을 깨알처럼 챙기려는 습관의 발로라고 평한다면 지나친 걸까?

　그나저나 우리나라 60대 여성에게 특히 많다는 관절염을 생명공학으로 치료할 수 있을까? 윤리적 문제가 없는지 살펴보는 심의회의에서 한 연구 희망 과학자가 자신에게 충분한 연구비를 지속적으로 제공하면 관절염 유전자를 찾아내 이후 발본색원할 수 있다고 확신했다. 벌써 10여 년 전 일인데, 관절염 유전자를 찾아냈다거나 관련 치료법과 의약품이 개발되었다는 소식을 여태 듣지 못했다. 설마 식품의약품안전처가 2019년 만우절을 앞두고 판매금지를 명한 코오롱생명과학의 '인보사'가 그 연구의 결과물은 아니겠지? 인체 유래 유전자를 분리·정제했다고 광고했다던데, 혹시 그런 걸까?

　문제의 관절염 유전자는 여성에게 국한된 것일까? 그렇다면 그 유전자는 X염색체에 위치해야 맞다. X염색체가 아니라면 비슷한 관절염이 남성에게도 여성만큼 발생해야 하는데 왜 우리나라의 60대 이상 여성에게 관절염이 집중되는 걸까? 유전자가 문제라면 더 젊은 여성이나 남성에게도 동일한 증세가 눈에 띌 정도는 있어야 하는데, 왜 드문 걸까? 연구비 신청자는 이 질문에 제대로 답변하지 못했지만, 윤리적으로 문제가 없는 연구라고 판단한 심의의원들이 연구비 수령을 허용했다. 그리고 우리나라 60대 이상 여성들은 여전히 관절염에서 자유롭지 못하다.

　관절염 유전자를 찾아낸다면? 고통의 원인이므로 없애면 될까? 그게 쉽지 않다. 해당 유전자가 위치한 DNA염기서열에 정확하게 접근해 파괴하는 산뜻한 기술이 없다. 부작용이 많고 비용도 적지 않아 환자에게 적용할 수 없었는데, 2011년 '크리스퍼 유전자가위' 기술이 출현하며 사정이 바뀌었다. 아직은 가능성에 그치고 있지만 기대가 커졌다. 관련 과학자들이 생물학의 역사를 크리스퍼 유전자 가위 이전과 이후로 나눌 수 있다고 평가할 정도로 정확성이 획기적으로 향상되었기 때문이다.

'크리스퍼 유전자가위'는 물론 아주 미세한 가위로 유전자를 자르는 기술이 아니다. 유전자와 효소가 연출하는 '합성생물'의 일환이다. 그간 연구로 밝혀진 생명공학의 기술을 총동원해 세상에 없는 생물체, 다시 말해 합성생물이 세상에 모습을 드러내기 시작했는데, 유전자를 없애거나 새로운 유전자를 삽입하는 크리스퍼 유전자가위가 그 기술의 선도에 나섰다. 유전자가위 기술이 보편화되면 관절염 때문에 동네 정형외과에 북적이는 노인들이 획기적으로 줄어들까? 어디 관절염뿐이랴!

막대한 비용을 쏟아 수만 번을 실험해 단 한 차례 성공하더라도 성공한 사례를 선발해 양산하는 유전자 조작 기술은 정교하지 않을 뿐 아니라 부작용이 많았다. 그래서 다국적 농화학 기업이 주로 농작물에 적용해 상업화했을 뿐 인체에 적용할 수 없었다. 하지만 유전자가위는 달랐다. 성공 확률이 눈에 띄게 향상되었을 뿐 아니라 실험 시간을 대폭 줄였으며 비용도 다른 연구보다 현저히 적게 든다.

미생물학 교과서는 두 손을 모아 떠올린 바닷물에 지금까지 존재한 인류의 모든 수보다 더 많은 박테리오파지가 있다고 주장하는데, 박테리오파지는 박테리아에 침투하는 바이러스를 말하고 박테리아는 일반적으로 세균을 뜻한다. 지구상의 박테리오파지는 존재하는 박테리아의 3분의 2를 매일 죽일 정도라는데, 왜 우리는 허구한 날 세균 감염을 걱정하는가? 생물의 진화는 오묘하다. 박테리아는 자신을 감염시킨 박테리오파지의 핵심 DNA 염기서열을 몸속의 특정 RNA에 기록해 놓는다고 한다. 그래서 다시 들어오면 기록된 RNA를 파악한 뒤 박테리오파지의 DNA를 파괴해 죽인다는 것이다.

2011년 미국의 한 과학자는 덴마크의 낙농업자가 확인한 현상을 응용해 유전자가위 기술을 개발했고, 그 기술은 상업화되었다. 세균이든 농작물이든 심지어 사람의 유전자든, 21개 염기서열로 구성된 핵심 DNA를 파악해 그 서열을 기록한 RNA를 관련 회사에 주문해 대량으로 구입할 정도다. 유전자가위 기술 개발 5년 만의 성과다. 이제 유전자가위 기술은 세균이든 농작물이든 원예작물이든 가축이든 DNA 염기서열을 실수 없이 찾아가 유전자의 기능을 파괴하는 단계에서 그치지 않는다. 파괴한 부분에 새로운 DNA 서열을 삽입해 유전자를 교체하는 기술을 적용하는 시대가 열린 것이다.

유전자는 편집 대상인가

유전자가위 기술은 다양한 상상력을 자극한다. 말라리아를 옮기는 모기의 핵심 유전자를 파괴해 불임을 유도하면 해마다 수백만 명의 희생을 막을 수 있지 않을까? 말라리아뿐 아니라 댕기열병과 같이 모기가 전달하는 여러 질병에서 인류가 해방될 수 있겠다. 하지만 모기가 박멸 대상일까? 수천 종에 달하는 모기 중 일부만 없애는 것이니 생물권에 별 이상 없을 거라고 확신한다지만 정말 그럴까? 얽히고설킨 생태계의 그물, 그 그물의 변화무쌍함을 우리는 거의 모르는데, 까짓 인류에게 나쁘다고 여겨지는 한두 종 정도는 없애도 무방한 걸까? '나쁘다'와 '좋다'는 판단을 편의를 앞세우는 인간이 독점해도 좋을까? 유전자가위 기술로 특정 모기가 결국 사라진다면, 인간이 합리화하며 발본색원하려는 질병과 곤충은 과연 말라리아와 댕기열병, 모기에서 그칠까?

바나나는 나무가 아니다. 뿌리로 퍼뜨리는 다년생 풀이다. 다년생 바나나 작물을 바싹 자르면 다수의 뿌리가 드러나는데, 그 뿌리를 하나하나 뜯어내 심어 재배하면 다시 싱싱한 바나나가 무더기로 매달린다. 그런데 이 바나나들은 유전적으로 완전히 동일하다. 전 세계의 바나나가 '캐번디시' 품종인데, 유전적 다양성이 결여된 탓에 곰팡이를 비롯한 미생물에 쉽게 감염된다. 1960년대까지만 해도 비교적 흔했던 '그로미셸' 품종은 곰팡이 감염으로 작물계에서 사라졌고 캐번디시 품종도 위기에 놓였다고 한다. 유전자가위 기술로 바나나의 곰팡이를 물리칠 수 있을까? 그런 기대로 연구하는 과학자가 있지만, 바나나에 곰팡이가 급속히 퍼지는 것이 곰팡이에 약한 유전자가 있기 때문이라고 판단하는 건 단견이다. 지나친 단작으로 유전적 다양성이 사라진 데 그 근본 원인이 있다. 유전자가위 기술로 새로운 품종을 아무리 개발해도 단작을 거듭한다면 곰팡이 감염은 피할 수 없을 것이다.

심장이나 콩팥과 같은 장기 이식을 기다리는 환자가 현재 우리나라에 3만 명에 가깝지만 기증자는 그 10분의 1에도 못 미치는 게 현실이다. 이들을 위해 돼지와 같은 다른 종의 장기를 대신 이식할 수 있을까? 지금까지 국내외에서 많은 연구를 거듭했지만 면역거부로 실패를 반복했다. 유전자가위 기술이 이를 해결해 줄 수 있을까? 우리 연구자들이 면역거부에 관계하는 유전자 두 가지를 밝혔다지만, 면역에 어떤 유전자가 어떻게 관여하는지 아직 정확하게 파악한 건 아니다. 다른 종의 장기를 사용하려면 면역 관련 유전자의 기능을 파괴하는 데에서 그치면 안 된다.

돼지의 장기에 언제 들어와 공생하게 되었는지 모르는 '내인성 레트로바이러스'가 있다. 그런 공생 현상은 돼지뿐 아니라 사람에게도 마찬가지로 나타나는데, 진화 과정에서 들어왔을 내인성 레트로바이러스는 대략 돼지 전체 유전자의 5퍼센트에서 10퍼센트가 될 것이라고 학자들은 예상한다. 그리고 그 바이러스 중 어느 하나라도 인체에 들어온다면 돌이킬 수 없는 문제를 일으킬 수 있다고 과학자들은 경계한다. 치명적 질병이 되어 인류 사회에 창궐할 수 있다는 것이다. 아무리 정교해도 유전자가위 기술로 모든 레트로바이러스를 파괴할 수는 없다. 사람에게 유해한 내인성 레트로바이러스를 꼼꼼하게 찾아내 선택적으로 파괴한다면 가능할까? 그 일련의 연구에 따를 필연적 어려움과 비용은 차치하고 안전을 확신하지 못한다면, 인류는 끔찍한 부작용으로 인해 13세기 유럽을 죽음의 공포로 몰아넣은 페스트 창궐과 같은 악몽을 피할 수 없을 것이다.

2017년 8월 우리나라의 한 연구자가 유전자가위 기술을 태아에 적용해 '비대성 심근경색증'을 근원적으로 치료할 수 있는 계기를 만들었다고 우리 언론이 일제히 반색했다. 나아가 우리나라의 시대착오적 생명윤리 관련법 때문에 치료 기술을 확보해도 현실에 적용할 수 없다고 한탄했다. 연구 결과를 얻어 특허를 출원하는 국가에 특허권이 독점 부여되기 때문이라고 했다. 그 기술로 치료할 불치병과 난치병 분야가 다양한데 생명윤리가 발목을 잡으니 우리 의료기술이 한없이 뒤처지고 국가의 부가가치를 높일 기회도 그만큼 잃어버리는 것인가?

우리 연구자의 업적을 계기로 일부 국회의원들은 생명윤리 관련법의 개정을 요구했고, 주무 부처인 보건복지부를 대신하는 듯 과학기술정보통신부가 화답했다. 과학학술지 〈네이처〉에 비대성 심근경색증 관련 연구를 투고해 주목받은 기초과학연구원 김진수 유전체교정연구단장은 프레스센터에서 "유전자 교정 기술 도입 및 활용을 위한 법제도 개선 방향"을 주제로 열린 과학기술한림원 원탁토론회에서 "기회가 있으면 생명윤리학자를 찾아가 밤을 새서라도 토론하겠다"는 소신을 밝혔다. 그는 유전자 결함으로 발생하는 수많은 사람들의 질병을 유전자 가위 기술로 치료할 수 있기 때문이라고 전망했는데, 과연 그럴까? 그가 주도하는 유전체교정연구단은 막대한 국가 연구비를 사용한다. 그런데 유전자를 '교정'한다니, 유전자가 무슨 큰 죄라도 졌나 하는 생각마저 든다.

인체 내에서 체세포를 치료하려면 유전자가위를 특정 위치로 정확하게 접근시켜야 한다. 사람 몸을 구성하는 100조 가까운 세포는 동일한 유전자를 가진다. DNA 염기서열도 같다. 비대성 심근경색증에 관계하는 유전자가 심장에 국한하는 게 아니다. 그런데 몸으로 들어간 유전자가위는 심장에 있는 문제의 DNA 염기서열만 건드리지 않을 것이다. 타 세포에 접근하지 않아야 부작용을 피할 것이므로 반드시 심장 세포의 DNA 부위로 정확하게 보내야 하는데 그게 쉽지 않다. 앞으로 열심히 연구하면 가능할 것이라고 주장하겠지만 실용화는 먼 이야기다. 불치병과 난치병의 치료가 멀지 않았다는 호언장담은 지나쳤다. 황우석 사태를 보라. 무모한 호언이 부정의 규모를 마구 키웠다. 그 호언은 환자와 정치인과 언론을 현혹했고, 우리 과학은 돌이키기 어려운 망신을 자초했다.

체세포의 질병은 많은 경우 노화에 의한 것이다. 그런데 노화가 질병일까? 노화를 유전자가위 기술로 치료하면 노화가 진정될까? 감염에 의한 체세포 치료는 유전자가위와 당장 관련성이 적은데, 선천적 유전병은 가능하다고? 부작용을 무릅쓰고 치료에 나설 수야 있겠지만 감당할 수 없는 비용이 문제겠다. 유럽 최초로 승인된 유전자 치료제 '글리베라'는 1인당 100만 달러가 필요하다고 한다. 미국 식품의약국에서 승인한 암세포 치료제는 47만 달러가 필요하다고 추정되는데, 유전자가위로 치료를 기대하는 질병의 양상은 환자마다 다르다. 아직 유전자가위로 분명하게 치료할 수 있는 질병은 없다. 있더라도 기존 치료법으로 충분하다고 생명윤리학자는 주장한다.

유전자보다 환경을 먼저 살펴야

식물생리학을 전공한 생명윤리학자 전방욱은 자신의 책 《DNA 혁명 크리스퍼 유전자가위》에서 치명적 위험성을 지적한다. 체세포 치료를 목적으로 환자의 체내로 투입한 유전자가 그 자리에 가만히 있지 않는다는 거다. 환자가 회복되어 생존하는 동안 투입한 유전자가 환자의 생식세포로 전이된다면? 회복 이후 2세를 낳는다면? 장차 인류 사회에 어떤 일이 벌어질까? 전에 없던 유전자가 인류 사회에 퍼져나갈 수 있다는 의미다. 많은 씨앗을 남기는 농작물과 많은 알을 낳는 곤충도 유전자가위의 주요 연구 대상인데, 합성생물이 늘어날 생태계는 온전할 수 있을까?

뜻하지 않게 다음 세대에 영향을 주는 유전자가위에 의한 치료는 유전자 교정과 성격이 다르다. 연구자들이 즐겨 사용하는 '유전자 증강도 아니다. 유전자가위 기술을 배아에 적용하자는 차라리 망상에 가까운 신기루 같은 제안도 나온다. 태어날 아이의 유전자를 치료해 후손에게 불치병과 난치병이 나타나지 않게 하겠다는 뜻인가? 끔찍한 우생학이다.

유명해지고 싶은 연구자의 영웅심리였을까? 2015년 중국의 중산대학에서 유전자가위 기술로 지중해성빈혈을 일으키는 유전자를 편집해 많은 논란을 일으켰다. 대부분의 연구자들이 자제하고 있는 인간 배아를 대상으로 한 연구여서 더욱 아연실색하게 만들었다. 파장이 걷잡을 수 없으니 윤리와 안전 문제를 확실하게 통제할 수 있을 때까지 연구를 중단하자고 과학자 사회에서 호소했지만, 귀 담아 듣지 않은 연구자가 돌출한 것이다.

중국 연구진은 생육이 불가능한 배아를 사용해 빈혈을 일으키는 유전자를 정상 유전자로 바꿔치기하는 데 성공했다고 하지만 돈벌이에 몰두하는 세상의 과학연구는 그 단계에서 그칠 리 없다. 장차 아기로 태어날 배아의 유전자를 교환하는 기술로 이어질 가능성을 크게 높였고, 영국은 이미 2012년 2월에 시험관 아기와 동물복제 연구의 선두 주자답게 연구를 허용했다. 무엇을 예고하는 걸까?

영국은 유산의 원인이 되는 유전자를 인간 수정란 단계에서 밝히기 위한 연구를 허용한 것이지만, 그 여파는 어디까지 이어질까? 유전자 편집에 사용한 수정란이 태아로 자라는 걸 금지했다지만 그 연구가 성공한다면 서슬 퍼런 금지 조항이 느슨해지지 않을까? 유전자를 교환하면 애초 불임이던 임산부가 드디어 임신할 수 있게 되었다는 과장 광고가 뒤따를 수 있다. 그리고 그 단계에서 그치지 않을 것이다. 이미 호사가들은 유전자 증강을 예고한다. 초록색 눈동자를 가진 아기를 원하는가? 지능이 뛰어난 아기는 어떤가?

시작 단계인 중국의 연구 정확도는 불충분했다. 시도한 연구 중 일부만 성공했고 엉뚱한 부위에서 돌연변이가 발생했다고 하니 안전성도 확보된 상태가 아니다. 세계적인 우려와 비난의 목소리가 한때 소용돌이쳤고 중국 당국도 긴장했는지 연구자의 지위를 박탈했다고 한다. 유전자 편집에 대한 윤리적 논의와 사회적 합의가 불충분하기 때문에 양식 있는 의학자들은 정확도가 더욱 높아지고 반복해서 같은 결과가 나올 때까지 임상에 적용하는 걸 반대한다. 당연한 이야기다. 그러나 생명공학의 숱한 경험을 미루어 예상하건대, 자본이 치료효과를 광고하기까지 연구비는 하염없이 들어갈 것이 틀림없다. 그 연구비는 대부분 세금일 테고.

2018년 1월 8일, 과학학술지 〈네이처〉와 〈사이언스타임스〉는 유전자가위로 편집한 세포에서 면역거부반응이 발생할 수 있다는 스탠포드대학교의 연구 결과를 심층 보도했다. 자연의 조화를 뒤흔들 생명공학 기술의 위험성이 드러난 셈인데, 과학자 사회의 경각심으로 이어지지 않았다. 이러다 인간 자신은 물론 생태계까지 파국으로 이어지게 만드는 건 아닐까? 게다가 비윤리적이다. 사고가 빈발하는 낭떠러지를 그대로 두고 병원 시설을 개선하거나 신약을 연구하는 것이 타당할까? 환자에게 유전자 교정 운운하며 부가가치를 점치고, 생물 집단의 타고난 유전 다양성을 획일화하는 유전자가위 기술은 우리를 어떤 세상으로 안내할까?

무조건 좋거나 나쁜 유전자는 없다. 현재 환경에 불리한 유전자라도 바뀐 환경에서는 유리한 경우가 많은데, 당장 나쁘다고 바꾸면 나중에 위험을 초래하거나 돌이킬 수 없는 낭패를 당할 수 있다. 수정란이나 배아일 때 장래 유리할 거라 믿고 편집한 유전자가 태어난 뒤 해가 된다면? 그 치료와 보상의 범위는 우리의 생각의 틀을 뛰어넘는다. 치료와 보상이 불가능하다는 말이다.

유전자는 환경에 따라 발현이 좌우된다. 유전자를 편집하기보다 현재 우리가 잘 적응하고 있는 환경을 보전하는 것이 무엇보다 중요한 이유가 그 때문이다. 절벽 아래 최첨단 병원을 준비하는 것보다 절벽에서 떨어지지 않도록 환경을 개선해야 한다는 뜻이다. 설과 추석이 지날 때마다 관절이 아픈 우리나라 여성들, 유전자와 무관하다.

나쁜 유전자는 없다

우리나라를 대표하는 세계 굴지의 반도체 회사가 하도 엄살을 떨어 다른 나라들의 힐난을 받는다는 이야기를 들었다. 천문학적 매출을 올리건만 신상품의 판매 실적이 떨어진다며 걱정하는 그 회사는 반도체로 돈벌이하는 시대는 조만간 저물 것으로 예상했다. 대신 이른바 생명산업을 회사를 벌어먹일 분야로 전망하고 거액을 투자한다.

새로운 기능을 갖춘 핸드폰 모델들이 요란한 광고와 함께 주기적으로 출시되지만 나는 3년 전 구입한 핸드폰을 아직 바꿀 생각이 없다. 주변을 봐도 비슷한 생각인 사람이 많다. 그렇다면 저 기업의 예상대로 생명산업은 앞으로 돈이 될까? 몇 년 전 메르스에 놀란 국가와 사회는 보건사업 예산을 대폭 확대하겠다고 하는데, 개개인은 어떨까? '바이오헬스케어'로 홍보하는 생명산업에 흔쾌히 지갑을 열까?

5만 원권 지폐에 인쇄된 신사임당도 강남에 가면 앳된 얼굴로 바뀐다며 우리의 성형문화를 희화한 그림을 페이스북에서 보았다. 생명산업에 성형수술이 포함되는지는 알지 못하지만, 태어나면 거의 의무적으로 주입하는 몇 가지 면역 주사는 생명 산업임에 틀림없다. 하지만 개인 부담이 크지 않으니 돈벌이로 보기 어려운데, 이른바 '자궁암 예방 백신'은 다르다. 선택의 여지가 있는 만큼 외면하는 이들도 있겠지만 앞으로는 어떻게 될지 모른다. 국가에서 의료보험으로 거액을 지원할 가능성도 있기 때문이다.

자궁암만이 아니다. 우리가 피하고 싶은 질병의 목록은 길다. 그런 질병을 예방해 준다는 약이 요란한 광고와 함께 화려하게 등장한다면? 그 생명산업은 성형산업의 규모를 훌쩍 뛰어넘을 수 있겠다. 질병 내력이 있는 집안에서 태어났지만 예방주사를 맞고 건강하게 성장하고 있다는 사례를 앞세우며 주사를 맞지 않아 죽어가는 이들과 비교한다면?

2015년 "노화는 질병일 뿐"이라는 주장이 미국의 알버트아인슈타인 의과대학의 연구소에서 나왔다. 95세에서 112세의 건강한 노인 500명의 유전자를 분석해 노화를 막는 이른바 '슈퍼 DNA' 3개를 찾아냈다고 주장하는 연구자는 "40-50대에 하루에 한 알씩 먹으면 100세까지 살 수 있는 약이 개발될 것"이라고 기염을 토했다고 한다. 정부 기관과 함께 '노화는 질병'이라는 주제로 회의를 개최한 연구자는 노화를 지연하는 약물을 허가해 달라고 미국 식품의약국(FDA)에 요구했다고 한다. 과연 허가될까? 허가된다면 그 연구자에게 막대한 연구비가 쏟아지리라.

연구자는 노화를 막거나 지연시켜 죽기 전까지 인간답게 살 수 있게 하겠다는 명분을 내세웠지만, 노화가 질병일까? 자연스레 나이 드는 현상 아닐까? 뼈 마디마디가 쑤시고 아픈 노인은 인간답게 살지 못하는 존재일까? 인간의 건강한 평균수명이 지금보다 길어진다고 하자. 이후 죽음이 엄습하는 고통은 어떤 약으로 해결해야 할까? 그런 일련의 연구는 얼마나 많은 연구비를 요구하고, 그 결과물은 누가 선점할까?

유전자 조작과 암의 공통점

공연히 암에 걸리고 싶은 사람은 없다. 암을 피하려면 발암물질을 미리 파악하고 멀리하는 게 좋다. 보건기관은 완벽하지 않아도 현재까지 밝혀진 발암물질이 무엇이고 얼마나 위험한지 알려준다. 생명계에 없었던 화학물질이나 방사능, 중금속, 그리고 피로와 스트레스가 중요한 발암물질이라고 지적하는 보건기관은 초미세먼지도 발암물질 목록에 추가했다.

생물종은 어떻게 탄생할까? 그것은 그 방면 전문가도 쉽게 말하기 어려울 텐데, 어떤 종을 구성하던 수많은 개체가 동시에 새로운 종으로 바뀌지는 않았을 것이다. 진화 진행 초기의 개체들은 대체로 비슷했을 텐데, 어떻게 지금처럼 다양해졌을까? 사람은 침팬지와 가장 가까운 종이지만 누구나 구별할 수 있을 정도로 생긴 모습이 다르다. 또 사람은 모두 같은 생물종이지만 인종에 따라 생김새가 다르다. 생물종은 생태계 안에서 그만큼 다양하다. 같은 종으로 출발할 때는 비슷했을 텐데 이처럼 다양해진 이유는 무엇일까? 학자들은 돌연변이가 축적되었기 때문이라고 생각한다.

돌연변이는 왜 생긴 걸까? 역시 쉽지 않은 질문인데, 관련 학자들은 발암과 비슷한 현상이라고 추측한다. 대부분의 돌연변이는 오래전에 발생했을 테니 화학물질이 원인은 아닐 테고, 피로나 스트레스 역시 미약했을 것이다. 아무래도 방사능이 가장 큰 원인이었을 가능성이 높다. 태초에 강력했던 방사성 물질들은 질량이 무거워 지구 가운데로 들어갔고, 지각이 차폐한 상태에서 서서히 줄어들던 방사능이 상당히 감소한 이후 생명이 탄생해 이후 번성했으리라고 학자들은 추정한다.

지금도 자연에서 방사능이 검출되고 돌연변이도 지속적으로 발생한다. 하지만 대부분의 생명체는 발생한 돌연변이를 정상으로 되돌리는 장치를 보유한다. 발암물질에 의한 암 역시 정상으로 되돌리는 장치가 제 기능을 발휘하지 못하면 발생할 것이다. 암이 생긴 개체는 생명이 단축되고, 돌연변이가 발생하면 전에 없던 모습을 가진 후손이 태어난다.

돌연변이를 갖고 태어난 개체는 기존 환경에 제대로 적응하지 못한다. 하지만 그런 개체는 극히 드물더라도 돌연변이된 유전자는 쉽게 사라지지 않는다. 사라지게 하려면 대단히 긴 세월이 필요하다. 그런데 환경이 크게 바뀌면 돌연변이된 개체가 오히려 적응에 유리할 수 있다. 사람을 비롯해 대부분의 생물종은 탄생해서 사라질 때까지 집단 내에 수많은 돌연변이를 축적하고 환경변화를 겪는다. 어떤 돌연변이는 바뀐 환경에 잘 적응했고 그렇지 못한 돌연변이를 가진 개체는 서서히 또는 급격히 줄어들었을 것이다. 그 결과 현재의 생물종들은 생긴 모습이 다양할 뿐 아니라 유전자도 다양해졌다.

안정된 생태계에 들어온 낯선 개체는 바로 적응하기가 쉽지 않다. 외래종이 그렇다. 그래서 대부분의 외래종은 교란된 생태계에 들어와 개체 수를 늘린다. 돌연변이 개체는 자신이 처한 환경에서 대개 불리하게 살아간다. 그래서 안정된 생태계의 생존경쟁에서는 밀려나는 게 보통이다. 자연에 의한 돌연변이는 현재 환경에 불리할 수밖에 없는데, 인위적인 돌연변이 개체는 어떨까?

유전자 조작은 인위적인 돌연변이로 해석할 수 있다. 유전자가 조작된 농산물은 안정된 생태계에 적응하기 어렵기 때문에 사람이 재배 환경을 엄격하게 통제해야 한다. 그래야 기대만큼의 수확을 얻을 수 있다. 그런 농작물을 먹으면 괜찮을까? 수많은 돌연변이 유전자와 과거보다 훨씬 많은 발암물질이 축적된 오늘날 그 인과관계를 쉽게 파악할 수 없을 뿐 결코 안심할 수 없다. 나중에 비로소 문제가 드러난다면? 재앙으로 이어질지 모른다.

자연에도 돌연변이가 있으니 유전자 조작은 안전하다는 주장이 일각에서 들린다. 그런 소문은 대개 유전전자 조작을 연구하는 사람이 유포하는데, 어처구니없는 주장이다. 실제적으로도 논리적으로도 가능하지 않다. 자연 방사능이 안전한가? 핵무기나 폭발한 핵발전소에서 방출되는 방사능보다 선량이 적을 뿐 결코 안전하지 않다. 인간에 의한 유전자 조작은 자연의 돌연변이보다 발생빈도가 낮을지 모르나 기존 환경에 건강하게 적응할 가능성은 거의 없다.

자연에서 발생하는 일을 사람이 재현하는 경우가 종종 있는데, 재현하는 이는 그것이 자연 속에서보다 더 안전하도록 숙고해야 한다. 수심 깊은 실내 수영장도 바다 이상 조심해야 한다. 조심하기 어려운 재현은 하지 않는 게 낫다. 유전자 조작 농산물이 그렇다.

제거 대상인 유전자는 없다

여름철 서해안의 외딴섬 여행은 즐겁다. 곳곳에 깨끗한 모래가 펼쳐내는 크고 작은 해변은 시원하고, 무엇보다 사람이 많지 않아 좋다. 장비 없이 오를 수 있는 높이의 산에 다채로운 풀과 나무가 우거졌고 방풍림이 연출하는 해안의 그늘은 산들바람을 선사한다. 물론 걱정이 없는 건 아니다. 심한 풍랑이나 안개를 만나면 여객선 운항이 며칠씩 멈춘다.

서해5도를 여행하려면 며칠 더 묵을 각오가 필요하지만 그보다 가까운 섬이라면 안심해도 좋다. 여객선의 성능이 예전과 달라 몇 시간 지체되는 일은 있지만 며칠씩 묶이는 경우는 드물다. 그래서 그런가 방학을 맞아 간소한 복장의 남녀노소를 맞는 인천 연안부두는 승객들로 북적인다. 요즘 웬만한 섬에는 가격이 합리적이고 쾌적한 시설을 갖춘 숙박시설과 식당이 많다.

아침부터 안개가 자욱한 날이었다. 아침을 늦게 해결한 우리 일행은 신비롭기로 유명한 이작도의 풀등을 몽환적으로 체험한 후 방풍림에 기대 느긋하게 오후 배를 기다리고 있었다. 연안부두에서 배가 출항하지 못했다는 소식을 듣고 주문한 부침개를 나누며 한가로운 시간을 보낼 즈음, 일행 중 한 분이 진한 원두커피를 직접 끓여내 함께 마실 수 있었다. 가방에 일체의 재료와 도구를 챙겼기에 가능했는데, 그것을 위해 그는 출발부터 더 무거운 가방을 감수했을 것이다.

대학원 시절 '유전적 하중'이라는 개념을 배웠다. 현재 환경에 불리한 유전자를 무거운 배낭처럼 지닌 개체가 존재하기에 그 개체를 끌어안은 집단이 환경변화를 견뎌낼 수 있다는 해석이었다. 영어로는 'genetic burden'이라고 한다. 환경에 불리한 유전자를 가진 개체의 삶은 고단하겠지만 환경은 변한다. 현 환경에 불리한 유전자가 돌연 유리해질 수 있다. 따라서 다양한 유전자를 가진 집단일수록 순혈집단에 비해 생존력이 높다. 공장 축산에 적용된 양계장의 닭이나 축사의 돼지가 조류독감과 구제역에 속수무책인 이유에 대한 설명이다. 치사율 100퍼센트라는 아프리카돼지열병(ASF)도 비슷할 것이다.

말라리아가 자주 출몰하는 아프리카에 드물지 않은 '겸상적혈구빈혈증'이란 유전병이 있다. 돌연변이로 헤모글로빈에 이상이 생겨 적혈구가 낫처럼 구부러지는 현상을 보이는 겸상적혈구빈혈증은 치명적이지만, 이 증상을 가진 사람은 특이하게 말라리아에 감염되지 않거나 감염되더라도 금방 치유된다고 한다. 일찍이 아프리카에 겸상적혈구빈혈증 돌연변이가 없었다면 지금보다 훨씬 많은 사람들이 말라리아로 사망했을지 모른다.

현재 환경에 최상으로 적응한 유전자가 바뀐 환경에서는 어떻게 발현될지 과학은 미리 예견할 수 없다. 과학자들이 불량이라고 저주하는

'질병 유전자'를 치료 또는 개선 차원으로 없앤다면, 환경이 변화된 이후 인류는 위험에 빠질 수 있다. 제아무리 찬란한 과학기술도 변화하는 환경을 통제할 수는 없다. 지진대 위의 리아스식 해변을 획일적으로 매립하고 세운 후쿠시마 핵발전소는 과학자들이 안전을 장담했으니 설계수명을 연장했을 것이다. 화석연료 과다 사용으로 해마다 기록을 경신하는 한여름 무더위를 어떤 과학기술이 통제할 수 있겠나? 심화되는 사막화, 초미세먼지, 방사성 물질, 마이크로플라스틱, 그리고 음식물 속 조작된 유전자는 이전에 없었다. 급변하는 환경에 적응할 유전자는 무엇일까?

유전자를 교정하려는 과학자는 자신의 연구가 미칠 사회적 파장을 사전에 고민하며 그 연구 목적과 방법을 생명윤리학자와 미리 논의하지 않았다. 불량 유전자 제거로 치료할 분야가 많다고 주장할 뿐이다. 생명윤리법의 개정을 원하는 과학자는 소통을 이야기했다. 그들이 원하는 소통은 무엇일까? 설득일까? 홍보일까? 유전자 교정을 제한하는 법을 개정하려 하니 방해하지 말라는 점잖은 으름장일까?

2017년 8월 3일, 생명윤리학자 한 사람이 포함된 "유전자 교정 기술 도입 및 활용을 위한 법제도 개선 방향" 토론회에서 생명윤리는 찾아볼 수 없었다. 생명윤리학자와 시민단체의 의견을 일체 묻지 않고 유전자가위 연구를 희망하는 과학자들이 운집한 토론회는 차라리 부흥회였다. 가능성을 믿고 연구비를 넉넉히 제공해 달라는 요구가 토론회를 지배했다.

시민 과학자의 활동이 절실한 세상

소두증(小頭症)이라, 머리가 작은 증상? 병증이 참 고약하다. 뇌 없이 태어나는 무뇌증과는 다른가? 10세 이하 아동의 머리둘레 길이가 평균보다 3센티미터 이상 작다면 소두증으로 의심한다고 의사들은 차분하게 설명하지만, 지카바이러스가 원인이라는 소두증 사진은 기이하다. 얼굴 크기는 달라 보이지 않아도 민망할 정도로 이마 윗부분의 머리가 작다. 눈을 깜빡이고 심장을 비롯한 모든 장기가 활발한 걸 보면 다른 뇌는 이상이 없지만 사고와 언어의 중추인 대뇌의 분화가 불완전한가 보다.

1947년 우간다의 지카 숲에 사는 히말라야원숭이에서 처음 분리한 지카바이러스가 사람에게 전파된다는 사실을 1968년 나이지리아에서 알았다. 이후 아프리카와 남아시아, 동남아시아로 번졌는데, 2010년이 지나면서 아메리카 대륙의 여러 국가에서 문제를 일으키고 있다. 성인에게는 가벼운 발열로 그치지만 소두증 아이가 태어나는 현상으로 이어진다고 추론하기 때문이다. 소두증을 가진 태아의 양수 안에서 지카바이러스를 구성하는 유전물질인 RNA가 발견된다고 파악하고 있다.

문제는 지카바이러스가 성관계를 통해 전파된다는 데 있다. 감염된 남성의 정액에 잠복하던 바이러스가 여성의 몸에 들어간 뒤 임신 3개월 이전의 태아 또는 8주 미만인 배아에 침투하면 소두증을 유발할 수 있기 때문이다. 소두증까지 진행되지 않아도 대뇌 손상으로 이어질 수 있다고 한다. 전문가들은 히말라야원숭이의 몸에 있던 지카바이러스가 이집트모기를 통해 인간에게 옮겨졌다고 주장한다.

사람과 원숭이를 모두 무는 모기는 한두 종류가 아닐 것이다. 이집트모기를 급속히 확산시킨 데에는 지구온난화의 영향이 컸다. 게다가 히말라야원숭이가 안정적으로 서식하던 숲을 파괴해 길과 마을과 경작지를 만들었으니 그만큼 전파가 빨랐던 것이다.

지구온난화가 심화시킨 엘니뇨현상은 적도 지역의 무역풍을 약화시켰고 엉뚱한 지역에 느닷없는 폭우와 열기가 발생하게 했다. 그러자 이집트모기가 늘어났고 지카바이러스가 때를 만난 듯 퍼졌다는 추론으로 이어진다. 이어 소두증이 속절없이 나타났고, 브라질을 중심으로 중남미와 인근 국가의 보건 당국에 비상이 걸렸다. 소두증은 전 세계 젊은이들에게 공포를 안겨주었다. 2016년 브라질 리우데자네이루 올림픽에 임산부의 방문을 자제하라는 소문이 나돌며 민심이 흉흉해졌다.

지카바이러스와 소두증의 인과관계는 아직 명확하지 않다는 게 정론이지만 의혹이 있는 것도 사실이다. 지카바이러스와 이집트모기는 소두증 아기가 가장 많이 태어난 브라질뿐 아니라 다른 중남미 국가에도 창궐했다. 그런데 브라질 이외의 국가에서는 소두증이 드물거나 없었다는 것이다. 어떤 사안이든 문제제기는 자연스러운 일이다. 제기된 문제를 편견 없이 분석해 공정하고 투명하게 해소하거나 문제를 제기한 사람과 함께 대안을 찾아 나선다면 그 사회의 신뢰도는 높아진다.

또 유전자를 조작한 모기를 살포한 지역과 소두증 발생 지역이 일치한다는 주장이 한동안 있었다. 연구실에서 성공했더라도 자연에서 다른 결과가 나오는 유전자 조작의 사례가 한두 건이 아니다. 유전자가 조작된 모기와 교배한 정상 모기를 불임으로 만들어 사람을 귀찮게 하거나 질병을 매개하는 모기를 박멸하겠다는 의도였지만 오히려 지카바이러스의 유전자를 교란해 소두증이 생겼다는 의혹이다. 그럴듯했는데 요즘 잠잠해졌다. 하지만 의혹이 시원하게 풀렸다는 소식은 듣지 못했다.

해소되지 않은 의혹은 더 있다. 브라질에서 태어난 소두증 아기들을 조사한 아르헨티나 의사들은 모기를 죽이려고 뿌린 살충제를 의심했다. 그 살충제가 들어간 물을 마신 지역에서 소두증이 집중적으로 발생했다는 주장인데, 그 의혹 역시 명백하게 해소되지 않았다. 당시 몬산토는 자사 살충제가 소두증 발생과 관계가 있다는 의혹에 대해 "아무런 과학적·객관적 증거가 확인되지 않았다"며 간단하게 부정했다. 문제의 살충제가 소두증 발생과 인과관계가 없다는 연구결과는 물론 제시하지 않았다.

소두증만이 아니다. 꿀벌이 사라지는 원인을 추적한 연구자들은 더욱 강력해지는 살충제와 범람하는 유전자 조작 농산물, 그리고 휴대전화 기지국의 전파를 의심했다. 물론 그 인과관계를 누구도 속 시원히 밝히지 않았다. 아니 밝히려 들지 못했다. 많은 연구비와 연구인력, 그리고 시간이 들기 때문이 아니다. 그런 연구를 환영하지 않는 분위기가 학계를 짓누르기 때문이다. 몬산토 같은 생명공학 기업은 자사 제품의 문제를 제기하는 연구자를 탄압하기로 유명하다. 살충제와 휴대폰 제조회사가 매출에 지장이 생길 연구를 방관하겠는가?

소비자이자 납세자인 시민의 안전은 정부의 최우선 관심사임에 틀림없다. 하지만 실상은 많이 다르다. 대기업 제품의 문제를 파악하려는 연구에 연구비를 제공하는 일은 정부도 꺼린다. 세금으로 마련하는 연구비이건만 기업이 흥해야 국가가 성장한다는 최면에서 헤어나지 못하는 것인지, 기업이 불쾌하게 여길 분야의 연구 지원은 외면하기 일쑤다. 자본의 로비가 강한 나라들의 공통점이다. 정부가 과연 살충제와 지카바이러스의 관계에 대한 연구를 지원할까? 유전자 조작 모기와 소두증의 상관관계 의혹도 흐지부지 지나간 마당인데 말이다.

자본의 심기를 자극하는 연구를 누가 자청할 수 있을까? 자본과 정부에 독립적인 시민 과학자의 몫이다. 하지만 그들에게는 연구비가 없다. 연구비가 없으니 연구자도 드물다. 몇 안 되는 연구자들은 자신의 경험적 판단으로 의혹을 제시할 뿐이라는 한계에 자괴감을 가진다. 의혹을 제기하면 가끔 언론이 관심을 보이지만 그때뿐이다. 자본의 로비가 언론을 침묵시키기 때문만이 아니다. 의혹을 제기한 시민 과학자의 발목을 잡는 일에 정부나 기업이 보장하는 자신의 지위와 연구비가 삭감될 것을 걱정하며 대기업이나 정부 연구소 소속 선후배 연구자들이 앞장서지 않던가.

절박한 시민사회의 각성

화석연료의 과다한 소비로 인한 지구온난화는 곳곳에서 가혹한 기상이변을 부른다. 2018년 여름에 기록한 폭염을 예외로 여기기 어렵다. 환경운동가와 기후학자들이 화석연료 사용을 줄이자고 아무리 호소해도 자연을 획일화하고 농작물의 유전자를 획일화하는 개발을 멈추지 않는다. 기후변화는 인간의 무분별한 개발행위에 대한 부메랑이다.

기후변화는 자연의 주기적 현상이므로 걱정하지 않아도 된다는 사람도 분명 존재하지만, 그들은 대개 석유회사의 지원을 받고 있는 걸로 드러난다. 소비자로서 석유회사의 이익을 위해 기상이변을 감당해야 하는 것일까? 우리는 소비자이기에 앞서 시민이고 자식을 키우는 유권자다. 자식 세대에 더욱 가혹할 기상이변을 생각해야 한다. 기상이변이 가져올 인류세 위기를 조금이라도 뒤로 미루려면 조금 불편하게 살아야 한다. 같은 맥락에서 유전자 조작 농산물은 피해야 한다. 유전자 개선 운운하며 집단의 유전다양성을 단순하게 만들고 마는 기술이 우리를 어떤 내일로 안내할까?

예로부터 잘 먹고, 잘 자고, 잘 싸면, 오래 산다고 했다. 평균수명이 늘어난 요즘 약품 판매량은 전에 없이 늘었고 광고도 기승을 부린다. 상수원에 녹아든 약물의 양이 늘어난 만큼 생태계는 교란되는데, 이미 충분히 오래 사는 인간이 더 살려고 발버둥이다. 2013년 안젤리나 졸리가 예방적 유방절제수술을 하자 같은 수술이 2년 만에 5배, 난소절제수술은 4.7배 증가했다고 한다. 이른바 '졸리 효과'다. 해당 유전자가 있다고 그것이 100퍼센트 암으로 진행되는 건 아닌데, 기술에 대한 맹신은 자학에 가깝다.

세상에 못된 개는 없다고 한다. 덩치에 상관없이 훈련하기에 따라 송곳니 드러내며 사냥감을 위협하거나 순한 맹도견으로 길들일 수 있다는 말일 텐데, 유전자는 개가 아니다. 교정하면 불량률이 개선되는 물질과 다르다. 유전자는 환경과 긴밀히 관련되어 발현한다. 돌연변이가 빈발하는 환경을 개선할 생각은 하지 않고 유전자가위를 번득이는 세상은 섬뜩하다. 시민사회의 각성이 없다면 인류의 위기는 조금도 물러서지 않을 것이다. 어디 거대과학의 광기를 속 시원하게 지적할 시민과학자가 없을까? 시민의 성원으로 그들이 움직여야 각성이 움틀 것이다.

미국의 소비자단체처럼 시민 모금이 충분하면 시민과학자들의 활동을 어느 정도 보장할 수 있다. 그러나 우리는 요원하다. 시민과학자의 양심을 보호하며 자유롭게 연구할 수 있는 제도와 예산을 국회에서 마련할 수 없을까? 인류세의 지층이 인간과 지구를 공포의 도가니로 엄습할 날이 다가오는데, 무력하기만 하다.

제2장

열역학법칙 밖의 에너지

냉장고 문을 연다고
시원해지나

환경단체에서 운영하는 생활협동조합에서 한때 충전식 라디오와 회중전등을 팔았다. 레버를 5분 정도 열심히 돌려 충전하면 라디오는 한 시간, 전등은 3분 남짓 사용할 수 있었다. 휴대폰이 라디오를 대신하고 LED 전등이 일반화된 요즘 그런 걸 거들떠보는 조합원은 없겠지. 수은전지가 드물던 시절, 태엽이 에너지원이던 시절도 있었다. 대부분의 시계가 그랬는데 요즘 젊은이들에게는 태엽이라는 말조차 생경하겠다.

꽤 어릴 적 커다란 톱니바퀴를 열심히 돌려 전기를 생산하면 집안 전기료 걱정은 덜지 않을까 생각했었다. 내 뒤를 따라다니며 전구를 끄던 외할머니의 핀잔 때문에 그런 생각을 했는지 모르겠는데, 눈치 보며 펼쳤던 만화책도 한동안 덮어야 했다. 고등학교에 진학해 '에너지

보전의 법칙'을 배웠다. 물리 선생님은 '열역학 제1법칙'을 절대 변할 수 없는 자연의 법칙이라고 했다. "덥다고 냉장고 문을 활짝 열어놓으면 집안이 시원해질까?" 묻던 선생님의 얼굴이 어렴풋이 떠오른다.

석유로 마련하는 파티

가을 들판이 풍요로우면 우리는 축제를 준비한다. 음식을 저장하지 않았던 수렵채취의 시대를 지나 경작의 시대로 접어들며 추석이나 추수감사절과 같은 명절이 생겼다. 충분하든 그렇지 못하든 저장할 수 있는 곡식이 갈무리된 만큼 함께 땀 흘린 사람들과 음식을 나누며 즐기는 행사가 중요했을 것이다. 봄이 오면 다시 모여야 할 사람들은 돈독한 관계를 유지해야 한다.

겨울이 길던 시절, 겉보리가 나오는 봄까지 견딜 가을걷이가 요긴했다. 조상들은 땅과 기후에 맞는 씨앗을 찾아 재배하고 갈무리하며 소비를 조절했다. 경작을 시작한 이후 근 1만 년의 세월을 같은 방식으로 살아왔지만, 석유 시대는 그 오랜 풍속도를 급속도로 바꾸었다. 요즘은 농사도 석유로 짓는다. 석유 덕분에 각 계절을 극복하고 농부들은 땀을 덜 흘린다. 가을은 여전히 풍요롭지만 수확의 기쁨은 예전 같지 않다. 수확한 농작물은 이제 엄연한 상품이다. 수확한 농작물로 식구들을 건사할 수 있게 되었다는 기쁨은 퇴색했다. 농작물을 그저 판매할 상품일 뿐인데, 농산물을 받아드는 도시민 역시 농민에게 그리고마워하지 않는다. 그래도 갈무리를 마쳤으니 축제를 벌이지만 이전처럼 신명 나지 않다. 석유 때문이다.

우리가 거의 유일하게 자급 가까이 생산하는 쌀은 비교적 석유를 적게 소비한다. 문제는 쌀이 아니다. 현대인들은 주식인 밥보다 반찬을 훨씬 많이 소비하므로 쌀 생산량은 무척 줄어들었다. 우리가 반찬으로 소비하는 농작물과 사료 및 산업용 농작물은 대부분 수입에 의존하는데, 쌀을 뺀 농산물의 95퍼센트가 그렇다. 그 농산물들을 언제까지 자유롭게 수입할 수 있을까? 석유가격이 치솟기 때문만이 아니다. 지구온난화에 이은 기상이변은 지구촌의 가뭄과 홍수를 빈발하게 해 곡창지대마다 극심한 흉작을 반복하는 형편이 아닌가. 2019년 인도 펀자브 지방과 호주와 유럽의 곡창지대는 심각하게 타들어 갔다. 미국도 점점 가뭄이 심해진다는데, 자국의 식량공급이 힘들어지면 농작물을 수출하지 않을 것이다. 우리가 식량을 수입에 의존하고 있는 것이 얼마나 불안정한 상태인지 진지한 성찰이 필요하다.

대부분을 미국에서 수입하는 옥수수는 차라리 석유라고 할 수 있다. 옥수수에서 얻는 에너지의 10배에 해당하는 석유를 옥수수의 경작·운송·저장 과정에서 소비하기 때문인데, 그 옥수수 16킬로그램을 사료로 사용하면 쇠고기 1킬로그램을 얻을 수 있다. 정도의 차이가 있을 뿐 콩과 감자도 마찬가지다. 끝이 보이지 않는 너른 들판에 농작물을 심는 미국은 농기계와 석유, 그리고 화학비료와 제초제와 살충제 없이는 아예 경작이 불가능하다. 그런데 화학비료는 물론이고 제초제와 살충제 역시 석유로 가공한다.

과일도 석유다. 기계로 자동화한 북중미 대륙이나 유럽만이 아니다. 수확하는 부피의 10배 이상 농약을 살포하는 우리나라도 저장과 보관, 운송과 판매 과정에 적지 않은 석유를 소비한다. 비닐하우스에서 재배하는 엽채소와 과실채소도 비슷하다. 사시사철 수확하기 위해 가동해야 하는 보일러는 석유 과소비의 상징이다. 그렇게 재배한 농산물을 식품으로 가공, 유통, 폐기하며 들어가는 석유 또한 무시할 수 없다. 가공식품과 패스트푸드에 포함된 온갖 첨가물도 대부분 석유화합물이다. 극소량이라고 하지만 그래도 먹는 이의 몸과 생태계에 좋을 리 없다.

석유 없는 농축산물만 생각할 수 없는 것이 아니다. 석유가 없으면 먼 바다로 나가 해산물을 잡아오지 못할 뿐 아니라 이제껏 누려온 기본적인 생활 자체를 지속할 수 없다. 옷도 입을 수 없다. 석유를 가공한 합성섬유만이 아니다. 산지에서 대량 생산해 국경 너머로 수출하는 가죽과 양털도 석유 없이는 물량을 확보할 수 없다. 드넓은 평야에 심는 면화도 석유 없이는 재배가 불가능하다.

음식과 옷에서 그칠 수 없다. 난방도 부담스러운 일이 될 것이다. 석유를 모르던 시절, 농경사회의 조상들은 옷을 껴입고 초가삼간에서 혹독한 겨울을 견뎌냈지만 참을성을 잃은 요즘 사람들은 석유가격이 치솟거나 느닷없이 공급이 차단되면 어떻게 될까? 아마도 그 혼란은 걷잡을 수 없겠지.

대안을 찾을 수 없는 석유

석유를 대체할 자원이 있을까? 우리의 의식주는 물론이고 의학을 비롯한 각종 산업에 요긴하게 사용하는 석유는 대단히 쓸모가 많은 자원이다. 석유를 대체할 자원은 없다고 전문가들은 단언한다. 석탄은 석유의 대안이 될 수 없다. 석유보다 매장량이 많더라도 석유만큼 유용하지 않다. 배출되는 오염물질은 향상될 과학기술로 해결할 수 있으리라 생각하더라도 석유와 달리 다양한 분야로 활용하기 매우 어렵다.

난방이나 자동차를 위해 고갈을 앞둔 석유를 태워 없애는 일은 머지않아 지탄받게 될지 모르는데, 우리네 삶의 방식은 바뀔 기미가 없다. 집에서 직장과 시장, 관공서와 공원으로 가는 거리가 먼 도시에서 사람들은 자가용 승용차를 포기하지 못한다. 대중교통 체계를 훨씬 촘촘히 대폭 개선하면 승용차 사용 비율을 낮출 수 있을 터인데 엄두를 내지 않는다. 승용차가 힘을 가진 도시에서 대중교통과 자전거는 대안으로 떠오르지 못한다. 전기자동차는 여전히 가격이 높고 충전이 쉽지 않다. 수소자동차? 수소를 어떻게 구할 것인가? 자동차에 넣을 수소를 얻는 방법이 생각보다 깨끗하지 않다.

세계적으로 전기는 대부분 화석연료를 태워 얻는다. 화석연료는 지구온난화를 유발하는 이산화탄소를 대기에 내놓을 뿐 아니라 적지 않은 대기오염물질을 추가로 배출한다. 핵발전? 그건 끔찍하게 치명적인 핵폐기물을 감당할 수 없이 만들어낸다. 기온을 상승하게 하거나 허파를 답답하게 하는 오염물질과 차원이 다르다. 핵발전은 지구온난화에 대한 대안이 되지 못한다. 핵연료의 채굴·정제·운송, 그리고 안전해질 때까지 핵폐기물을 관리하는 데 들어가는 에너지의 총량을 감안하면 결코 대안이라고 할 수 없다. 온실가스 배출량에서도 별 차이가 없다고 하니, 핵폐기물을 생각하면 차라리 악행이겠다.

온실가스도 줄이고 석유를 대체할 수 있는 에너지원으로 바이오연료를 제시하는 사람도 있다. 콩이나 옥수수로 가공한 연료를 사용하면 매연이 거의 없다지만, 산업농업으로 대량생산하는 옥수수 같은 곡물을 연료로 가공하는 데에는 적지 않은 석유가 소비되어야 한다. 배보다 배꼽이 크다. 드넓은 농토에 무거운 기계로 씨를 뿌린 뒤 석유로 가공한 화학비료와 농약을 듬뿍 살포하고 콤바인으로 수확해 트럭과 대형 선박으로 수송하는 산업농업은 곡물에서 얻는 에너지의 10배 가까운 석유에너지를 소비한다. 자동차 한 대에 한 차례 넣을 연료를 위해 콩이나 옥수수가 200킬로그램 필요하다는데, 곡물 200킬로그램은 한 사람이 1년 먹을 양에 해당한다. 바이오연료가 늘어날수록 석유 위기와 지구온난화는 심화되고 굶주리는 인구 또한 더욱 늘어날 것이다.

석탄가스화복합발전(Integrated coal Gassification Combined Cycle, IGCC)이라는 기술로 석탄화력발전소에서 필연적으로 발생하는 이산화탄소를 따로 모아 분리한 뒤 처리하겠다는 계획을 그럴싸하게 포장해 유포하는 사람들도 있다. 허황된 꿈에 가깝다. 굴뚝으로 나오는 이산화탄소를 대기로 나오지 않도록 모은 뒤 어떻게 처리할 수 있는 방법은 없을까? 미국에서는 채굴이 끝난 유정에 넣은 다음 밀봉하는 방안을 모색한다지만, 지진 같은 사고를 영구적으로 완벽하게 견딜 기술은 상상조차 불가능하다. 이산화탄소를 가스나 메탄올로 합성할 수 있다면? 이산화탄소를 자동차와 난방 연료는 물론 플라스틱으로 가공할 수 있다는 맹랑한 제안도 나오는데, 이론적으로 가능하더라도 결코 적용할 수 없다. 열역학법칙에 예외는 없다. 그 과정에서 배출될 이산화탄소가 무시할 수준이 아니기 때문이다. 연구비를 받고자 하는 과학자들은 "실패는 성공의 어머니"라는 에디슨의 언설을 앞세우고 싶겠지만 전혀 불필요한 연구에 불과하다.

에너지 전문가들은 "지구온난화 시대의 석유 위기"를 걱정한다. 석유는 이미 생산하는 양보다 소비량이 더 많다. 전문가들이 '피크오일'(peak oil)이라고 말하는 정점이 지난 것이다. 생산량이 정점을 지난 지 10년은 훌쩍 지났을 것이라고 주장하는 전문가가 많은데, 사실 석유는 생산하는 게 아니다. 수억 년 전 생성된 자원을 끌어올릴 따름인데, 고갈 시점이 점점 가까워진다는 거다. 새로운 유전이 발견되었다는 소식이 이따금 들리지만 대부분 매장량이 많지 않은 것으로 드러난다. 미국과 유럽의 비축량이 상당하더라도 늘어나는 소비량에 비하면 보잘 것없을 것이다.

유정에 팽창 압력이 충분할 때 석유를 끌어올리는 에너지는 크지 않았다. 덕분에 우리는 한동안 값싼 석유를 소비했지만 지금은 사정이 바뀌었다. 석유를 퍼 올리는 데 들어가는 에너지가 늘어나면서 석유가격이 들썩이기 시작했다. 국제 석유는 선물(先物)로 거래한다. 상품을 상인에게 보여주고 거래하는 채소나 생선의 경매장처럼 퍼 올린 석유의 질과 양을 확인한 상인이 경쟁하며 가격을 정하는 것이 아니다. 나중에 인도할 석유의 가격을 사전에 흥정하는 것이므로 투기 대상이 되기 쉽다. 소문에 따라 가격이 부풀거나 폭락하기도 한다. 고갈이 멀지 않았다는 소문, 매장량이 막대한 유전이 발견되었다는 소문이 투기를 부추길 것이다. 거래 가격의 절반은 투기의 영향을 받는다고 의심하는 전문가도 있다.

석유 파티는 끝났다

산유국과 주식가격 하락에 민감한 석유기업이 아무리 실상을 감추려고 해도 드러나기 마련이다. 매장량에 한계가 분명한데 소비가 줄어들지 않으면 석유가격이 오르는 건 불문가지다. 모자란다는 신호가 감지되는 순간 투기세력이 움직여 국제 석유가격은 일제히 급등하겠지. 세계 경기가 잠시 주춤하면 소비가 줄어 석유가격이 찔끔 내려가겠지만 결국 바닥이 드러나면서 치솟을 것이다. 상업성이 무너질 정도로 가격이 급등할 것이라고 전문가는 내다보건만 석유 소비량은 줄어들 기미를 보이지 않는다.

미국의 저널리스트 리처드 하인버그는 2000년대 초에 "파티는 끝났다"고 천명했다. 그가 이야기하는 파티는 값싼 석유로 흥청거릴 수 있었던 시절의 에너지 낭비를 말한다. 석유가 이끈 산업사회의 광란의 축제는 머지않아 중단될 수밖에 없다는 하인버그의 말에는 명확한 근거가 있다.[3]

리처드 하인버그의 주장을 이어받아 박승옥은 "잔치가 끝나면 무

---

3 리처드 하인버그, 《파티는 끝났다》, 신현승 역(시공사, 2006).

엇을 먹고 살까?" 되물었다. 박승옥은 자신의 책에서 흥미로운 그래프 하나를 선보인다. 가로 9.6센티미터에 서기 0년에서 4000년까지 표시한 그래프 한가운데, 그러니까 서기 2000년 전후에 지게 작대기처럼 비죽 올라온 석유 소비곡선을 그린 그 그래프의 설명을 주목해야 한다. 석유가 생성된 시기까지 그래프를 좌측으로 연장하려면 종이가 17킬로미터 더 필요하다는 것 아닌가.[4]

까마득히 오래전에 생성된 석유를 20세기 전후로 마구 소비하는 인간은 전에 없었던 축제를 벌이고 있지만 점점 화려해지는 축제는 계속될 수 없다. 식량의 무려 4분의 3을 수입에 의존하는 우리나라의 상황을 살펴보자. 막연히 식량을 수출하는 국가를 믿고 우리의 처참한 식량 자급률을 고민하지 않으며 석유 잔치로 흥청거린다. 석유로 빚는 개발 열기에서 간신히 살아남은 들판이 가을이면 황금색을 연출하지만, 신기루다. 신기루의 시효는 그리 길지 않다.

준비한 음식이 바닥을 드러내면 파티를 마무리해야 한다. 즐거운 파티가 끝나더라도 삶은 계속되어야 한다. 석유를 모르던 시절에도 우리 조상들은 잘만 살아왔는데, 우리는 석유 파티가 계속될 것처럼 행동하고 석유 없는 삶을 상상하지 못한다. 상상하는 순간 불행으로 인식하겠지만, 걱정 없이 누리던 편의를 포기해야 할 시간이 재깍재깍 다가오고 있다. 하인버그와 박승옥은 더 늦기 전에 석유 없이 살아갈 방법을 찾자고 호소하기 위해 책을 썼다.

다음 세대는 앞 세대의 석유 축제가 남긴 후유증에 몸서리칠 테니

---

4   박승옥, 《잔치가 끝나면 무엇을 먹고 살까》(녹색평론사, 2007).

갈무리 계절이 다가오더라도 기뻐할 수 없다. 더 늦기 전에 우리는 석유가 주는 편의를 조금씩 벗어버려야 한다. 석유 없어도 먹고 살았던 조상의 삶에서 생존의 대안을 찾아야 할 텐데, 편의에 중독된 우리는 탐욕을 버리지 않는다. 열역학법칙은 인류의 탐욕이 불러온 징후를 여기저기에서 보여준다. 넘치는 엔트로피는 징후가 흉흉한 인류세로 생태계를 지우려 움직이는데, 우리의 거대과학은 그저 냉장고 문을 열어놓을 궁리를 그치지 않는다.

내연기관과 동거하는
미세먼지대책

옛말에 아이들과 간장독은 밖에 내놓아도 얼지 않는다고 했다. 예나 지금이나 아이들은 잠시도 가만히 있지 않으니 당연한 말인데, 간장을 담가 먹는 이가 드문 요즘 어른들은 아이들에게 가만히 있으라고 윽박지른다. 집 밖에서 실컷 뛰어놀아야 할 시기에 어른들의 이런 저런 요구로 실내에 갇힌 요즘 아이들은 얌전하다. 주눅이 든 걸까?

휴식시간과 점심시간, 심지어 체육시간에도 아이들을 교실과 체육관 안에 잡아둘 수밖에 없게 하는 요즘 현실은 미세먼지가 만들었다. 말랑말랑하더라도 팔다리 근육의 97퍼센트가 단백질인 아이들은 밖에서 뛰어놀아야 정상인데, 실내에 붙잡아 놓다니. 체육관 먼지도 만만치 않다. 여러 반에서 쏟아져 나온 아이들을 비좁게 수용하니 시끄럽고 정신이 없기도 하지만 아이들 코로 들어가는 먼지가 운동장보다 나을성싶지 않다.

아이들만이 아니다. 마스크 없이 우편물과 배달물건을 운반하다 침대에 기진맥진 쓰러진 남편의 코에 피가 맺힌 모습을 본 아내는 울컥한다. '환경이민'을 떠나야겠다고 다짐하는데, 미세먼지 속에서 저임금으로 허덕이는 계층에게 허용된 안전한 국가는 드물다. 공기가 깨끗한 부자 나라는 먼지 발생이 많은 자국의 산업을 일찌감치 다른 나라로 옮겼다. 투자이민이라면 모를까 공기가 깨끗한 잘사는 나라는 가난한 자의 이민을 반기지 않는다. 공기가 깨끗한 가난한 국가가 없는 건 아니지만 언제 사정이 바뀔지 모른다. 단속을 회피하고 싶어 하는 공장들이 언제 들이닥칠지 알 수 없다.

TV 속 일기예보 담당자는 허구한 날 마스크 착용을 당부한다. 황사와 초미세먼지를 90퍼센트 이상 걸러준다는 마스크는 대부분 일회용인데 가격이 만만치 않다. 숨을 갑갑하게 하는 마스크는 폐에 무리를 준다는데, 디자인이 무난해 일상에서 사용할 수 있는 방독면을 구할 수 없는 개인들은 대안을 찾기 어렵다. 좁은 실내에 효과가 있는 공기정화기는 빈곤한 살림살이에 부담이 크니, 공기마저 공평하지 않은 시대가 되었다. 공기를 오염시킨 자본은 마스크와 공기정화기를 팔며 더욱 몸집을 키우겠지.

미세먼지의 상황을 알려주는 스마트폰 앱은 우리나라의 미세먼지 농도가 높을 때 중국의 오염이 극심하다는 걸 화면으로 보여준다. 코로 들어오는 미세먼지가 중국의 원인만이 아니라지만 결코 적지 않으리라고 짐작하는데, 우리는 중국에게 문제제기를 할 자격이 없다. 자국의 원인을 줄이거나 제거하려는 노력에 절박함과 진정성이 보이지 않으니 중국이 민망해할 이유도 없다.

중국의 대기는 최근 나날이 호전된다는 소식이 들린다. 난방용 석탄을 강력하게 통제하기 때문이라는데, 가스로 난방연료를 전환할 수 없는 가난한 집에서 동사자가 발생했다는 풍문도 들렸다. 베이징에서 그런 변고가 생겼다지만 베이징 이외의 도시에서는 여전히 석탄을 사용하는 모양이다. 난방연료를 바꾼다고 미세먼지 문제가 한순간에 해결되는 건 아니다. 발전소를 무시할 수 없다. 중국의 많은 석탄화력발전소들은 미세먼지를 걸러내는 설비의 배출허용기준이 우리보다 느슨하다.

우리 국회의 어떤 의원이 중국과 공동연구를 추진하겠다는 환경부 장관을 다그친 적이 있다. 왜 항의하지 않느냐고 목소리를 높인 건데, 우리 정부가 항의한다고 중국이 꿈쩍할까? 1990년대 중반, 독일 공업단지에서 배출하는 오염물질로 북유럽의 호수와 숲에 피해가 나타났을 때, 민간의 항의와 무관하게 정부 간 대응은 없었다. 독일은 자국의 고통을 줄이기 위해 노력했는데, 현재 미세먼지로 고통스러운 중국이 우리 항의에 반응할까? 솔선수범에 관심을 보일 수 있겠지만, 우리 정부의 대책은 지나치게 한가하다. 화력발전소 신규 건설을 승인하는 마당이니 대책 운운하기 민망할 따름이다.

문재인 정부는 반기문 전 유엔사무총장을 '국가기후환경회의' 의장으로 천거했다. 반 전 총장은 현직일 때 기후변화에 적극적으로 대응하자고 목소리를 높였는데, 국가기후환경회의가 본격 가동되면 우리와 중국, 그리고 세계는 과연 달라질까? 예산과 진정성이 얼마나 뒷받침되는가에 따라 다를 텐데, 미세먼지 핵심 배출 원인을 줄이겠다는 정부 추경안이 2019년 4월 마련되었다. 1조 5천 억 규모라는데 언론은 시큰둥했다. 노후 경유차를 줄이고 산업부문과 생활권의 발생을 억제하겠다고 약속했지만 새로울 게 없고 효과도 기대하기 어렵다고 평가절하했다. 노후 경유차 폐차 보조금은 더 많은 경유차를 도로에 나오도록 이끌지 않을까? 뭔가 박자가 엇나가는 느낌인데, 낡은 화력발전소 폐쇄도 미적거렸으니 진정성이 전달되지 않았나 보다.

미세먼지로 부정맥 같은 혈관 이상이 발생할 수 있다는 보건학자의 주장이 더는 허투루 들리지 않는다. 호흡기질환으로 조기 사망하는 사례가 눈에 띄게 늘어나는 현실이 아닌가. 이런 재앙은 다만 개인의 사정일 뿐인가? 유럽은 내연기관을 가진 자동차의 퇴출을 예고하는데 관용차 홀·짝수 운행에서 그치는 우리는 경유차에 대해 시대착오적으로 관대하다. 낡은 경유차의 수도권 진입을 막겠다는 엄포만 할 뿐 매연 저감장치 부착도 의무화하지 않는다. 낡은 화력발전소의 폐쇄를 거론하지만 발전기업의 경각심을 일으키는 데까지 이어지지 못하는 상황에서 전기차와 수소차를 대안으로 제시하는 착란이 정부 정책으로 대두되고 있다.

흔히 전기차와 수소차는 배기가스와 미세먼지를 내보내지 않는다고 주장하지만 지극히 단순한 발상이다. 정책 판단이 관 끝에서 머물다니. 차를 움직이게 할 전기와 수소는 어떻게 공급할 것인지, 그 고민은 편리하게 생략된다. 전기차와 수소차로 내연기관 자동차를 얼마나 대체할 수 있을까?

도로가 확장되고 굴러다니는 자동차가 많을수록 미세먼지는 늘어난다. 발전소와 산업시설, 그리고 가전제품이 늘어날수록 지구는 더

워진다. 기상이변이 빗발치자 초미세먼지도 늘어났다. 생태계는 안정을 잃고 우리는 재앙에 다가선다. 미세먼지의 근본 대안은 발생 원인의 감축이 아니다. 내열기관과 동거하며 미세먼지대책을 논하는 건 무의미하다. 우리보다 공기가 맑은 국가의 시민단체들은 화력발전소도 없애야 한다고 목소리를 높이는데, 마스크 없이 밖에 나가기 꺼림칙한 날이 점점 많아지는 이 나라에 사는 우리는 그저 남의 일처럼 생각한다.

건강을 위해 불편한 삶을 감당하고자 하는 자세라면, 가정마다 내연기관부터 줄이자. 우리는 공기가 맑았던 시절보다 지금 훨씬 잘살고, 승용차 이외의 교통수단도 많다. 역대 어떤 황제보다 풍요롭다. 개인 승용차를 없애면 다소 불편하겠지만, 아니 상당히 불편하겠지만 대신 숨쉬기가 한결 편해질 것이다. 불편해도 불행하지 않은 삶으로 솔선수범한다면 주위 다른 나라들도 대안을 고민할 것이다. 아이들이 마음껏 뛰어놀 세상이 더 이상 침범당하지 말아야 하지 않을까.

내일의 행복을 위협하는 발전發電

굴업도에 핵폐기장 만들겠다는 정부에 한창 반대 목소리를 높일 때였다. 1995년 초였는데, 고개를 갸웃하던 이웃들은 대개 비슷한 질문을 했다. 어디라도 있어야 할 시설이 아니냐는 질문에서부터 여기에 들어서는 게 싫어 반대한다면 지역이기주의가 아니냐는 질문까지 이어졌다.

핵발전소가 가동되는 한 핵폐기물은 발생할 수밖에 없지만 그렇다고 그 폐기물을 한 지역에 모아 둘 필요는 없다고 이야기하면 질문이 쏟아졌다. 핵발전소 자체가 폐기물이 될 테니 핵폐기물도 그 공간에 그대로 보관해 두고 정신 차리며 안전을 관리할 수밖에 없다는 주장에 사람들은 회의적이었고, 핵발전소에 의존하는 전력 생산 방식을 그만두어야 한다는 주장에는 반기를 들었다. 국가가 발전하려면 전기가 더 필요할 텐데 대안이 있느냐는 얘기였다.

우리나라는 산유국이 아닌 데다가 화력발전소는 대기오염을 일으키는데, 깨끗하고 경제적인 핵발전을 포기하라는 말인가? 이후 닥칠 경제 파탄을 어떻게 극복할 수 있는지까지 사람들은 따져 물었다. 20년도 훨씬 지난 이야기지만 지금도 여전하다. 강요된 상식이 우리 뇌리에 똬리를 틀었다.

발전이라는 것

햄버거에 들어갈 쇠고기의 원활한 공급을 위해 미국의 대평원은 물론 중남미 국가의 산림까지 황폐해졌다. 사육환경과 사료를 컴퓨터로 제어하며 축사에서 대규모로 사육해도 모자랐는지 열대림까지 잘라내 광활하게 조성한 초원에 풀어놓았지만 소는 존중받는 생명체가 아니다. 햄버거용으로 예약된 고기에 불과하다. 만일 중국 사람들이 미국인 수준으로 햄버거를 찾는다면? 아마존 면적만 한 열대림을 목장으로 바꿔야 할지 모른다.

엄격한 산아제한을 실시하더라도 평균수명이 늘어나는 상황이므로 머지않아 16억 인구로 늘어날 것으로 예상되는 중국에 마이카 시대가 도래한다면? 세계의 철광석과 고철은 바닥날 것이라고 걱정한 사람이 있었다. 1990년대 레스터 브라운은 중국인들이 미국인처럼 자동차를 굴린다면 철광석과 고철이 품귀할 것이라고 예상했는데, 아직 그런 기미는 없다.[5] 다행인가? 하지만 모른다. 중국의 자동차 수요는 늘어가기만 한다. 포항제철 규모의 공장 수십 군데를 24시간 가동해도 중국인의 자동차 수요를 감당하지 못할 것이라는 예상이 나온다.

인도가 개발되지 않은 것을 선진국들은 감사해야 한다고 인도의 한 환경 관리가 말했다지만 요즘은 아니다. 경제성장 속도가 현기증을 느끼게 한다. 모두 오매불망하는 발전의 속성이다. 중국이나 인도의 후미진 곳, 아마존의 열대림과 같이 개발되지 않은 지역이 지구촌에 남아 있었기에 우리는 발전이라는 걸 맘 편히 추구할 수 있었다. 인류는 무궁하게 발전할 수 있을까? 그러려면 중국과 인도를 진정시켜야 한다. 자동차와 햄버거 시장이 중국과 인도에 급속히 확산되는 현상에 우울해야 한다. 전 인류의 분별없는 발전 욕구로 지구의 자원은 고갈되고 오염되어 호흡기 환자 또한 늘어나는 상황이 아닌가. 앞으로 경제발전은커녕 후퇴하지 않고 제자리에 있기도 쉽지 않을지 모른다.

장독대가 사라진 오늘날 우리는 김치와 끼니 한 그릇도 배달해 먹는다. 도시 근교의 숲은 하늘 높은 줄 모르는 초호화 아파트와 넓은 아스팔트 길로 잠식된 지 오래고 도심은 휘황찬란한 상업 지역으로 변모했다. 도시를 떠난 공장들은 매립지를 차지하고 폐수와 오염물질을 인적 드문 곳에 쏟아내지만, 실내의 공기정화기와 정수기에 익숙한 도시인은 관심이 없다. 물질문명의 편의에 매몰된 우리는 많으면 좋고 크면 반긴다. 그것이 발전이라고 굳게 믿는다. 그렇게 배워왔기 때문이다.

5 레스터 브라운, 《중국을 누가 먹여살릴 것인가》, 지기환 역(따님, 1998).

인구 1인당 평균 전력소비가 일본보다 적고 미국의 절반에 불과한 우리는 계속 발전소를 지어야 할까? 소득 증가에 따라 전기 소비도 증가할까? 전기 소비량으로 행복을 평가해도 될까? 발전소의 대형화가 세계적 추세라고 주장하는 우리 전력 당국은 민주국가일수록 주민과 협의 없이 대용량 발전소를 건설하지 않는다는 사실은 주목하지 않는다. 발전소를 반대하는 주민과 환경단체를 보상금을 요구하는 이기주의자나 국가 발전을 저해하는 불순 세력으로 몰아붙이려 든다.

편서풍 지대 서편 영흥도의 경험을 살펴보자. 지역이기주의자로 몰아붙일 주민의 수가 적었던 영흥도에 세계에서 그 유래를 찾아볼 수 없는 용량의 석탄화력발전 시설 6기가 우뚝 서 있다. 인천시와 환경협정을 맺었으며 세계 최고급 탈황·탈질 방진 시설을 갖췄다고 자랑하는 남동화력주식회사 영흥사업본부는 우리나라 발전의 주춧돌이라 자부한다. 덕분에 해양 생태계는 무너졌지만 이미 보상을 마쳤으니 문제 될 게 없다고 강조한다. 강풍으로 먼지가 이는 석탄과 석탄재는 자본을 더 투자해 가라앉힐 것이라고 약속하지만 온실가스를 내뿜는 발전설비를 감축할 생각은 없다. 발전(發展)을 위한 발전(發電)에 여념이 없다.

대체 에너지가 아니라 대안 에너지

석유 확보를 둘러싼 국제 경쟁을 "총성 없는 전쟁"으로 말하기 좋아하는 언론은 이따금 석유를 대체할 에너지 자원을 소개한다. 그때마다 바이오에너지를 단골로 손꼽는다. 내열기관에 바로 사용할 수 있으며 대기오염물질의 배출을 줄인다고 덧붙이지만 천만의 말씀이다. 조지 부시 전 미국 대통령은 옥수수를 석유 대체 에너지로 지정하고 적극 지원했지만 그것은 판단착오였다. 옥수수는 석유를 대체할 수 없다. 당시 정책으로 인해 옥수수 가격이 껑충 높아져 멕시코 민중은 배를 곯았다던데, 문제는 가격이 아니다. 옥수수 재배 과정에 퍼붓는 석유를 생각하면 배보다 배꼽이 더 크다.

국제 곡물시장은 선물로 거래한다. 곡물이든 석유든 상품 인도 전에 금전이 오가는 선물시장은 어김없이 투기를 부른다. 옥수수 생산 농민보다 곡물 거래 다국적기업에 집중 지원하는 보조금은 국민의 세금이다. 미국산 곡물을 수입하는 국가들은 자국의 농산물 보호를 위해 정부 보조금을 문제 삼지만 미국은 아랑곳하지 않는다. 보조금 거품을 뺀 옥수수는 가격이 높아져 아예 경제성이 없기 때문이다.

언젠가 언론은 독도 해저에 이른바 "불에 타는 얼음"이라는 메탄하이드레이트가 무한정 매장돼 있다고 보도했다. 그러나 심해저의 메탄하이드레이트는 석유를 대체하지 못한다. 채굴하는 데 들어가는 비용과 에너지가 터무니없게 과다하다. 메탄하이드레이트는 대안이 될 수 없다. 고갈이 예견되어 석유값이 아무리 올라도 마찬가지일 것이다. 독도 해저는 물론이고 어느 심해저의 메탄하이드레이트도 채굴 목록이 될 수 없다.

핵융합도 잊을 만하면 대안으로 떠오른다. 2019년 2월, 우리나라 연구진이 세계에서 일곱 번째로 핵융합 연구 장치를 개발하는 데 성공했다는 대대적인 보도가 있었다. 시범운전에 성공한 후 언론은 핵융합으로 에너지를 무한정 확보할 것처럼 수선을 떨었지만 언제나 그렇듯 진지한 연구자들은 그 가능성에 고개를 저었다. 불가능하겠지만 만에 하나 핵융합이 성공해 환경에 무해한 에너지를 저렴하게 무한정 보급할 수 있다면? 사실 그 이후가 더 걱정이다. 세계는 에너지만 모자라는 게 아니다. 에너지는 풍부하지만 자원은 고갈된 국가들은 어떤 구상을 할까? 그들은 대개 강대국일 테고, 강대국의 탐욕과 오만이 만들어낸 역사는 씻을 수 없는 불행을 낳았다.

대체 에너지라는 표현은 오해를 부른다. 대체는 대안과 다르다. 우리는 석유를 대체할 에너지를 찾기보다 대안적 삶을 모색해야 한다. 기후변화 시대를 맞아 온실가스를 제한할 수 있는 삶의 방식을 다 같이 고민해야 한다. 감당할 수 없는 핵폐기물을 생각하면 핵에너지는 목록에서 제외해야 한다. '재생 가능한 에너지', 다시 말해 태양과 풍력을 제시하지만 규모를 고려하지 않으면 안 된다. 해양과 육지의 생태계를 교란한다면 대안일 수 없다. 무엇보다 지역으로 분산돼 마을과 개인이 자급할 수 있는 에너지라면 자격이 있다. 태양과 풍력도 규모가 클수록 답에서 멀어진다. 생태계의 안정에 역행하기 때문이다.

내일의 행복은 발전에서 오지 않는다

핵 역시 무한하지 않다. 우라늄 매장량의 한계도 분명하고 채굴 과정의 피폭은 에너지 부정의를 드러낸다. 게다가 어느 나라도 안전하게 관리할 수 없는 핵폐기물은 후손에게 재앙을 안긴다. 정의에 어긋난다. 대체로 수명이 30년인 핵발전소에서 나온 중저준위 폐기물은 300년, 적어도 10세대 이후의 후손에게까지 관리 책임을 물려주어야 한다. 문제는 플루토늄이 섞인 고준위 핵폐기물, 즉 사용 후 핵연료다. 플루토늄에서 방출되는 방사선량은 수십만 명에게 폐암을 안길 정도로 강력하고, 반감기는 우리의 시간 개념을 초월하는 2만 4천 년에 달한다.

유럽의 많은 국가들은 에너지의 절약과 효율 향상, 재생 가능한 에너지 자원 발굴에 적극적이다. 환경 피해를 최소화하면서 청구서를 보내지 않는 태양과 바람 같은 자연에너지가 그것이다. 우리나라는 유럽에 비해 재생 가능한 에너지 자원이 많다. 우리에게 시급한 건 발전소 추가 건설이 아니다. 에너지와 발전에 대한 강요된 상식에서 벗어나야한다. 생명체의 진정한 행복은 발전(發電)에서 오지 않는다.

수소연료전지발전이
대안이 되려면

겨울이 오면 추위도 걱정이지만 미세먼지 걱정도 그에 못지않다. 혹독한 추위가 계속될 때 잠시 공기가 깨끗하다가도 조금만 따뜻해지면 어김없이 미세먼지가 몰려온다. 삼한사온이 아니라 '삼한사면'이라는 신조어가 생길 정도인데, 점점 심각해진다. 게다가 이것이 일시적 현상이 아니라는 데 더 문제가 크다. 재앙과 같은 겨울이 해마다 심화·반복된다면 사람을 비롯해 생태계 속 삼라만상 생명들의 후손을 보존하기 어려워진다.

6500만 년 전, 멕시코 유카탄반도에 10킬로미터짜리 운석이 떨어졌을 때 얼마나 많은 먼지가 발생했을까? 그때 지구는 다섯 번째 대멸종의 파국에 휩싸였다. 다행히 햇빛을 가리던 먼지가 걷히며 생물종이 다시 다채롭게 진화해 오늘의 모습으로 번성했다. 대략 6억 년 전 바다에서 육지로 올라온 생물은 대기에서 방사능과 먼지라는 장애물이 충분히 걷혔기에 다양하게 분화할 수 있었다. 요즘의 미세먼지는 6억 년 전이나 6500만 년 전과 비교해 어떨까? 순전히 인류의 탐욕이 제공한 요즘의 먼지는 과거와 다르건만 이에 대한 인류의 대응은 한가롭기 짝이 없다.

미세먼지의 괴롭힘을 당하는 우리나라의 대응은 무엇일까? 미세먼지와 초미세먼지가 심각한 날, 서울시는 대중교통을 장려하는 행사를 실시했다. 출퇴근 시간에 버스와 지하철을 무료로 제공하며 승용차 자제를 유도했다. 별 성과가 없었다. 자동차용 공기정화기까지 등장한 세상이니 개인 교통량이 줄어들 것 같지 않다.

일부 정치인들은 근시안적 대책을 세웠다. 자가용 승용차 짝·홀수제인데, 아마도 여유가 있는 이들은 자동차를 한 대 더 구입할지 모른다. 자동차가 늘어나면 주차할 곳은 더욱 부족해지겠지. 전기자동차를 대안으로 이야기하는 이들도 있다. 그 전기는 어떻게 공급할 작정인 것일까? 화력발전소 마당에 산더미처럼 야적된 석탄가루가 날려 빨래도 널지 못하는 영흥도와 당진 주민들은 아직까지 진저리치며 지내는데.

최근에는 수소자동차를 최상의 대안으로 내세우는 광고가 등장했다. 굴지의 국내 자동차 기업이 지극정성이다. 세계를 석권할 기세인데, 해외의 초일류 자동차 회사들은 왜 조용한 걸까? 수소연료전지를 사용한다는 자동차는 온실가스를 배출하지 않을 뿐 아니라 공기 중의 미세먼지를 공기정화기 수준으로 정화한다고 자랑한다. 정말 그럴까? 수소연료전지를 사용하는 수소자동차나 전기자동차가 거리를 오가면 미세먼지 마스크를 벗어버릴 수 있는 상황이 오는 걸까?

미세먼지는 아스팔트에서 무시할 수 없게 발생하는데, 타이어 마찰로 아스팔트에서 생기는 미세먼지도 수소자동차가 해결해 줄 수 있을까? 중국에서 넘어오는 미세먼지는 어쩔 것인가? 사실 미세먼지에 대한 공포는 우리보다 중국이 극심할 것이다. 그러니 중국 땅에서 발생한 미세먼지가 우리나라로 넘어오는 것을 탓한다고 중국이 움직일 리없다. 중국에서 넘어오는 미세먼지는 일단 그렇다 치고, 내 나라의 미세먼지 대책을 승용차에서 머무를 수 없다. 또 미세먼지보다 더 무섭다는 초미세먼지 대책은 무엇인가. 마스크로 얼마나 막을 수 있을까?

연료전지발전은 필요 없다

2019년 초, 인천시 동구 구위원들은 산업통상자원부를 대거 방문했다는 사실을 주민들에게 알려야 했다. 송림동에 건립하려는 수소연료전지 발전사업에 대한 주민들의 반발이 거셌기 때문에 그것을 막기위해 성의를 다한다는 걸 보여주어야 했다. 동구 구의원들은 발전소허가 심의기구인 전기위원회에 주민들의 거센 반발을 설명하고 백지화 요구 주민탄원서를 전한 모양이다.

2019년부터 서너 차례의 궐기대회를 거듭한 '동구수소연료전지발전소 건립반대비상대책위원회'는 주민들의 의견 수렴 없이 인허가 절차를 은밀하게 진행한 과정에 분노했다. 거대한 LNG인수기지가 인접한 송도 신도시에 세우려다 주민 반대로 무산되자 극비리에 예정 부지를 동구로 옮겼고, 기다렸다는 듯 산자부가 허가했다니 동구 구민들이 화가 날 만하다. 산자부는 주민들의 반대를 예상하지 못했을지 모른다. 이제까지 40여 곳에 수소연료발전소가 세워졌어도 주민들이 반대한 지역이 없었기 때문이다. 현재 수소연료전지발전소가 가동 중인 지역의 주민들은 애초에 문제의식이 없었을까? 그들도 모르는 사이에 들어섰던 건 아닐까?

두산건설, 한국수력원자력, 삼천리가 공동 출자해 설립한 특수목적법인 '인천연료전지'에서 2300억 원을 들여 지으려 하는 수소연료전지발전소의 전기를 우리는 흔히 친환경으로 인식한다. 정말 그럴까? 그렇더라도 주민들의 동의를 생략해도 무방할까? 발전소 건립을 추진하는 측에서는 떨어진 거리가 200미터에 불과해도 주택에 피해가 없을 것이라고 하지만 일방적인 주장이다. 발전 과정에서 깨끗한 물과 열만 발생할 뿐 온실가스와 미세먼지가 발생하지 않으니 친환경이라고 하는 주장은 합당한 것일까?

지구 자연의 가장 작은 물질인 수소는 지구에서 대부분 화합물로 존재한다. 그 화합물에서 수소를 분리하려면 적지 않은 에너지를 투입해야 한다. 수소는 산소와 만나면 폭발하므로 그것을 보관하고 옮기는 장치는 철저히 안전해야 한다. 실상은 어떤가? 하도 안전을 장담하니 2019년 5월 23일 강릉시 과학일반산업단지에서 수소탱크가 폭발해 두 명이 사망하는 사고가 발생하기 전까지 믿을 뻔했다. 인근 강릉 주민들은 지진이 난 줄 알았다는데, 송림동의 그 발전소는 탱크 종류가 다를 뿐 아니라 안전성도 확보했다고 인천연료전지 측은 주장하고 싶었을지 모른다. 하지만 문제는 그 수소를 어디에서 어떻게 분리해 어떤 방식으로 운반할 것인가에 있다.

수소는 우주에 무한대로 있지만 그 수소를 발전소로 가져올 수는 없으니 제발 거론하지 말기 바란다. 난지도 쓰레기 매립장이었던 서울 상암동에 수소 자동차를 위한 충진장치가 있다. 과거 매립된 음식쓰레기에서 발생하는 메탄가스를 모아 분리해 수소를 만든다고 한다. 하지만 그 정도 양으로 발전은 어림도 없다. 고작 승용차 몇 대 움직이게 할 뿐이다. 지금까지는 버려왔지만, 원유를 정제하는 과정에서 발생하는 '부생가스'에서 수소를 분리하면 비교적 많이 얻을 수 있다고 한다. 하지만 그 양과 장소에 한계가 있다. 현재 우리나라에 등록된 자동차 2천만 대의 극히 일부도 감당할 수 없다.

천연가스는 가능하다고 주장한다. 전기 소비자와 가까운 곳에 발전소를 안전하게 지을 수 있으니 전력 생산의 지역 분할이 가능하다고 자화자찬한다. 정말 그럴까? 한국전력공사가 전기 수급을 독점하는 한 생산을 지역으로 분산해도 큰 의미가 없다. 우리의 전력 체계는 지역에서 전기를 생산해도 그 전기를 해당 지역에서 소비할 수 없다. 천연가스 수입을 막대하게 늘려 동네 구석구석까지 전용 배관을 확보한다면 초대형 발전소를 각 지역으로 분산시킬 수 있지만, 핵발전과 화력발전을 거대화하는 정부에게는 그럴 용의가 없다.

에너지는 전환할수록 손실이 크다. 석탄보다 먼지와 오염물질 배출이 적은 천연가스는 그 자체로 훌륭한 에너지다. 그러나 천연가스에서 수소를 분리해 내는 과정에서 일산화탄소가 무시할 수 없는 양으로 발생한다. 또 천연가스에 포함된 불순물이 어떤 대기오염물질로 변해

지역을 오염시킬지 알 수 없다. 일산화탄소를 공기 중에 희석하겠다고 하는데, 한여름 뙤약볕은 그것을 오존으로 변하게 할 수 있다. 이산화탄소로 바꾸려면 별도의 에너지가 필요하고, 이산화탄소는 대표적인 온실가스이기도 하다. 마이크로플라스틱과 방사성 물질 역시 별 문제의식 없이 한참을 버렸더니 생태계는 그만 돌이킬 수 없이 훼손되었다. 일산화탄소는 무시해도 괜찮을까?

부생가스를 활용해도 온실가스와 대기오염물질이 발생하는 것을 피할 수는 없다. 석탄에서 수소를 얻는 방법도 마찬가지다. 그렇다면 남은 건 물을 전기로 분해하는 방법뿐인가? 그런데 거기에 들어가는 에너지는 얻은 수소가 생산하는 에너지보다 훨씬 많다. 경제성이 전혀 없다. 주식회사 한국수력원자력은 왜 수소연료전기발전소에 적지 않은 투자를 하는 걸까? 설마 핵발전으로 얻은 전기로 물을 분해하려고? 아니라고 믿고 싶다.

수소연료전지발전소 추진 측은 주민 설득과정이 부족했다고 생각하는 모양이다. 그러나 대부분의 주민들이 이해하기 어려운 연료전지의 작동방식을 관 끝에서 설명하는 데에서 그치면 곤란하다. 다분히 사업성만 고려하는 발전회사의 속임수다. 수소연료전지발전은 지역의 전기 생산과 소비의 자급과 무관하다. 지구온난화와 기후변화, 그리고 초미세먼지를 의미 있을 정도로 줄이지 않는다. 과학적 검토와 주민 동의를 거쳐 부생가스에서 분리한 수소를 정유공장 근처의 대형트럭에 활용한다면 모를까.

상암동의 경우처럼 음식쓰레기를 발효해 얻는 메탄가스로 수소를 만들자는 주장도 있다. 독일은 방목 축산의 분뇨를 활용해 전기를 생산한다. 수소연료전지는 아니다. 발전 후 발생한 검은 가루는 훌륭한 유기질비료가 되어 분뇨를 내놓은 목장에서 기꺼이 활용한다. 우리 음식쓰레기도 물론 가능하다. 다만 운송과 발효 과정에서 악취를 완벽하게 제거할 수 있어야 민원을 피할 수 있다. 그런 일련의 기술이 실용화된다면 대도시 인근에서 수소를 분리해 일부 버스에 소소한 수준으로 활용할 수 있을 것이다.

차 없어도 편리한 세상

전기차와 수소차 역시 호언에 불과하다. 내연기관으로 움직이는 대다수 승용차 사이에서 한두 대로 그친다면 대책이라 주장하기 민망하다. 승용차를 타지 않아도 편리하게 이동할 수 있는 대안을 찾아야 하지 않을까? 버스나 지하철의 확충만이 아니다. 대중교통뿐 아니라 자전거나 보행으로 이동이 충분한 도시로 바꿔나가야 한다. 기본 삶이 지역에서 충족된다면 승용차가 없어도 불편하지 않다.

주민들의 분노가 하늘을 찔러서였을까? 엉거주춤하던 인천 동구 구청장은 송림동의 수소연료전지발전소의 절차 중단을 선언한 모양인데 어조가 분명치 않다. 인천 시장도 미적거리기만 한다. 인천시는 신재생에너지 시설이 적기 때문이라지만 터무니없는 말이다. 영흥도의 화력발전소를 모조리 폐쇄한다면 모를까.

여러모로 생각해도 인천 송림동의 수소연료전지발전소는 불필요하다. 송림동만이 아니다. 전기가 남아돌아도 석탄화력발전소와 핵발전소를 줄이지 않는 우리나라 상황에서 천연가스에서 추출하는 수소의 연료전지발전은 타당하지 않다. 그렇게 안전하다면 소비처와 근접한 서울 곳곳에서 시범 운영해 보는 건 어떨까.

나이가 들어가며 호흡기가 약해지는 건 어쩔 수 없지만, 적어도 태어나는 아이들에게는 건강과 행복을 담보하는 최소한의 환경을 약속해야 한다. 내년 겨울이 더욱 걱정인 기막힌 세상을 맞아, 촛불이 탄생시킨 정권의 대답이 궁금하다.

환경을 먼저
생각하는 주택

어릴 적엔 겨울에 도시에도 눈이 많았다. 요즘은 눈 밟을 기회가 별로 없는데, 지리산에 둥지를 친 후배의 초청으로 잠시 눈길을 걸었다. 여기저기 선명한 동물 발자국이 새벽에 내리는 눈발로 희미해질 즈음 하늘이 파랗게 열리더니 딱따구리 소리가 귀를 청아하게 했다. 인파가 드문 산록. 인간의 방해가 없으니 숲과 생태계가 안정되었나 보다.

　지리산의 외딴집은 의외로 춥지 않았다. 얼었던 뺨은 현관문을 열자 훈풍으로 금세 따뜻해졌다. 지리산 겨울을 무색케 하는 화목보일러 덕분이었다. 화목보일러는 효율이 높다지만 적지 않은 장작이 잿더미로 변했다. 지리산 골짜기에서 훈훈하게 지내려면 꽤 많은 장작을 준비해야 할 텐데, 어디에서 구하는지 궁금했다. 제재소의 자투리 목재는 아니었다. 태풍으로 쓰러진 나무의 일부만 잘라 써도 충분하다고 했다. 산림청이나 국립공원의 재산이지만 주민들 난방용으로 가져가는 것까지 문제 삼지는 않는다고 귀띔했다.

산골짝의 생물이 볼 때 쓰러진 나무가 쓰레기는 아니다. 터전이고 생존 수단이다. 쓰러진 나무의 줄기는 너구리와 족제비의 집이 되고 뿌리는 살모사와 능구렁이의 동면 장소가 된다. 등걸에 버섯이 균사를 펼치면 생태계는 풍요로워지고, 푸석푸석해질 등걸은 토양을 비옥하게 만들 것이다.

일제강점기에 일본이 우리 산천의 나무를 베어간 뒤에도 울창했던 숲은 가난한 백성들이 잘라가기 시작하며 헐벗었다. 연탄과 석유를 널리 보급한 정부가 나무 심기를 독려하자 산림은 겉으로 보기에는 풍요로워졌지만 아직 생태적으로 충분하지 않고 예전만큼 다채롭지 못하다. 석유가격이 다시 오른다면 화목보일러의 수요가 산골에서 소도시로 확장될 수 있는데, 그 이후가 걱정이다. 숲은 내내 보존될 수 있을까? 숲속 동식물은 온전할 수 있을까?

새로운 대안, 패시브하우스

체감온도 영하 70도는 어느 정도일까? 나이아가라 폭포를 얼릴 정도의 맹추위에 미국 동북부가 얼어붙었다는 뉴스가 낯설지 않은데, 살신성인을 보여주는 뉴스 화면도 있었다. 기자가 혀를 가로등 기둥에 대자마자 들러붙는 게 아닌가. 그 기자는 적잖게 당황했고, 한동안 고통스러웠을 것이다.

찻잔 안의 뜨거운 물을 공중에 뿌리자 그대로 얼어붙는 추위를 사람은 맨몸으로 견디지 못한다. 불을 사용하고 동물의 털가죽으로 체온을 유지할 수 있게 되면서 인간들은 겨울이 혹독한 지역까지 이동했을 것이다. 난방을 몰랐던 시절, 사람들은 은거지 안에서 체온을 나누며 버텼을 것이다. 기온이 영하 40도로 떨어지는 겨울이면 몽골 유목인들은 게르라고 하는 양가죽 텐트에 온 식구가 모여 준비해 둔 말똥을 태운다. 은은하게 오래 타는 말똥이 장작보다 낫다고 한다. 뜨겁게 타는 장작은 관광객용이다. 장작은 불꽃이 스러지자마자 게르의 온도를 급속히 떨어뜨린다.

석유가 값싸게 공급되면서 우리는 난방의 어려움을 잊었다. 넓은 집에서 내의 차림으로 지낼 수 있는 세상을 두 세대 위 선조는 상상하지 못했을 것이다. 지금도 자식들에게 손 벌리기 싫은 시골의 노인들은 마을회관에 모여 겨울을 보낸다. 지역난방 확대로 다소 부담이 줄었지만 도시의 소비자들도 난방비가 인상되면 비용부담을 감수하든가 실내온도를 낮춰야 한다. 누진세가 무서우니 전기난로를 끄고 두툼한 옷을 껴입는 편이 낫겠다. 주택이 옷을 더 입는 방법은 없을까?

'패시브하우스'가 있다. 프랑크푸르트를 비롯해 독일 대부분의 도시에서는 공공주택이나 관공서를 지을 때 반드시 내부에서 발생한 열이 밖으로 나가지 못하도록 철저히 단열하는 패시브하우스를 채택해야 한다. 남한에서 가장 춥다는 홍천군 내면 살둔마을에 '제로에너지하우스'라고 이름 붙인 패시브하우스가 있다. 120제곱미터 규모의 이 집은 지열을 활용하지 않고 러시아식 벽난로인 페치카로 난방을 하는데,

집주인은 한 단 정도의 장작으로 섭씨 영상 20도 전후의 기온을 1주일 이상 유지한다고 자신의 책에서 밝혔다.[6] 이같이 필요한 열이 같은 면적 주택의 10분의 1이면 충분하건만 아직도 우리나라에는 패시브하우스가 보편적이지 않다.

은평구에 들어선 에너지 제로 주택

2017년 12월 7일, 서울시 노원구는 색다른 주택을 공개했다. 태양광으로 전기를 생산하고 냉·난방은 지열로 해결하는 '에너지 제로(EZ) 주택'이다. 화석연료 없이 거주하는 주택으로, 연간 사용하는 에너지와 생산하는 에너지의 양이 같기에 에너지 제로라고 이름을 붙였다고 담당자는 뿌듯해했다. 게다가 여름철 냉방기기를 24시간 가동해도 기존 주택보다 소비전력을 60퍼센트 이상 줄이고 전기요금을 90퍼센트 이상 낮출 수 있다고 한다.

패시브하우스와 달리 '액티브하우스'는 능동적으로 에너지를 생산하는 주택이다. 보통 태양광 패널을 지붕에 붙이거나 지열을 활용한다. 노원구의 EZ주택은 패시브와 액티브를 동시에 활용했다. 화석연료를 전혀 사용하지 않아도 냉·난방이 가능하다는 건데, 우리나라에 비슷한 성격의 단독주택은 더러 있지만 아파트와 연립주택 같은 공동

---

6 이대철,《살둔 제로에너지하우스: 난방 없이 한겨울 영상 20도를 유지하는 거짓말 같은 집 이야기》(시골생활, 2012).

주택에 적용한 것은 노원구가 최초라고 한다.

노원구의 EZ주택을 방문한 대통령은 순수 우리 기술로 건설했다는 점을 높이 평가했지만 이제 시작이다. 정부와 기업의 협력으로 시공한 노원구의 EZ주택은 규모가 작은 공동주택이다. 총 121세대는 39-59 제곱미터 넓이에 불과하다. 공공건물부터 패시브하우스 건축을 시작해 10여 년을 의무화한 독일은 이 방면 기술을 선도한다. 패시브하우스 자재의 단가를 낮출 수 있게 되면서 민간 건물까지 의무화를 추진할 수 있었다. 우리도 집중적인 연구와 개발로 저렴하고 효율적인 주택을 폭넓게 보급할 수 있어야 한다.

노원구 EZ주택의 출현을 계기로 정부는 2025년까지 단열 기준을 제로하우스 수준으로 마련하겠다는 의지를 밝혔다. 그러나 이후 구체적인 계획을 시민사회에 제시하지 않으니 시민들의 관심이 낮을 수밖에 없다. 하늘 높은 줄 모르는 전국의 초고층 아파트들은 정부의 방침에 발맞추고 있을까? 공공건축물에 EZ기술을 의무화하겠다는 소식도 들리지 않는다. 도시 공원 안에 신축하는 건축물도 사정이 비슷해 환경단체가 개선을 요구하면 대부분의 지자체는 난감한 표정을 짓는다. 예산 타령이다.

EZ기술을 공공 또는 민간 주택에 적용하는 것이 현실적으로 어려울까? 건축비가 원가에서 차지하는 비중은 높지 않다. 서울 강남의 주택들은 평당 5천만 원을 호가하지 않던가. 주택을 재개발하든 리모델링하든 EZ기술로 에너지 수요를 줄이려는 노력은 비용의 문제가 아니라 의지의 문제다. 당장이라도 가능하다는 말이다.

생태계를 생각하는 난방

에너지 제로 기술은 지구온난화와 석유위기 시대를 효과적으로 극복할 수 있는 중요한 기술임이 틀림없다. 하지만 최선일까? 적어도 EZ 주택은 생태적 건축물은 아니다. EZ기술의 핵심은 단열이다. 살둔마을의 제로에너지하우스는 일반 주택보다 두 배 이상 두꺼운 특수 단열재를 사용했는데, 불에 약한 석유화학제품이다. 2017년 12월 21일 제천시 스포츠센터 화재에서 보듯, 석유화학제품을 사용한 건물은 삽시간에 화재로 소실될 수 있다. 이에 대한 철저한 대비가 필요한데, 단열이 철저하면 환기가 어려워진다. 창문을 열 수 없는 겨울철은 모터를 동원해 공기를 강제로 순환해야 질식을 면할 수 있는 있는 수준이라고 한다.

옷을 입으며 추운 지역으로 삶터를 확장한 인류의 조상은 나름 제 몸과 은거지의 단열에 관심을 가졌다. 석유화학제품을 몰랐으니 자연 소재를 사용했고, 밀폐가 충분치 않으니 냉기가 스며들어도 견뎌야 했다. 건축기술이 전에 없이 향상된 오늘날 석유제품을 대체할 자연 소재가 등장했다. 흙도 그중 하나다. 강화에 20여 년 전에 지은 흙벽돌 집이 하나 있다. 유기농 관련 모임 장소로 유명한 그 집은 실내 공간이 꽤 넓은 2층 규모인데, 난방비가 크게 부담스럽지 않다고 한다. 직접 집을 지은 집주인은 외벽을 이중 흙벽돌로 마무리해 단열이 충분하기 때문이라고 했다. 흙벽돌 사이에 스티로폼 같은 단열재도 일체 넣지 않았다고 한다.

흙벽돌이라도 빈틈없이 마감하면 겨울철 외부의 냉기뿐 아니라 여름철의 더위도 효과적으로 차단한다. EZ주택만큼 철저하지는 않아도 기존 주택보다 효율적이다. 석유화학제품이 없으니 화재 발생 시 유독 가스가 발생할 리 없다. 연구한다면 고층은 아니라도 여러 가구의 생활이 가능한 공동주택은 실현할 수 있지 않을까? 태양광 패널이 넓은 지붕을 덮는다면 전기 자급률도 꽤 높아질 텐데, 흙벽돌 공동주택이 보급된다는 소식은 들리지 않는다.

자연 건축 소재는 흙벽돌뿐이 아니다. 짚이나 나무로 집을 짓기도 한다. 하지만 대체로 자연 소재로 단열을 하는 주택은 춥다. 미세하게 공기가 통하므로 외부 냉기가 스며든다. 단열이 완벽하지 않으니 거주하는 사람은 외투 입는 걸 당연시한다. 강화 흙벽돌집에 모이는 사람들은 주방의 열기와 약간의 난방, 그리고 사람들의 온기로 견디며 외투를 벗지 않는다.

자연 건축 소재로 집을 지어 모여 살면 어떨까? 사생활 보호가 필요한 부부나 가족의 공간은 면적을 최소화하고 공유 공간, 예를 들어 식당이나 회의실, 아이들의 놀이방과 공부방을 넓힐 수 있다. 크고 작은 지붕에서 생산하는 전기뿐 아니라 빗물을 활용하고 마을 텃밭에서 푸성귀를 키워 자급하면 이웃과의 관계가 더욱 돈독해질 것이다. 땅값이 비싼 도심은 어렵더라도 변두리나 농어촌에서는 가능하지 않을까?

석유와 시멘트 냄새보다 이웃 냄새가 즐거운 작은 규모의 마을이 지속 가능하다. 공동주택에서 지속 가능한 에너지 생산과 소비를 선보인 노원구의 EZ주택은 그 가능성을 보여주었다. 제도가 뒷받침되어 보급이 확대되기를 기대한다. 자연 소재를 적극 활용하는 EZ주택에 대한 연구가 계속되기를 희망한다. 천편일률적 아파트는 지겹다. 겹겹이 쌓인 주택은 낯선 사람들을 마구 모으지만, 아파트의 크기와 자동차 가격으로 서로 비교하는 단지에서 이웃은 다정하기 어렵다. 건축업자의 이익에 충실한 초고층 아파트단지는 지역의 정체성을 짓밟는다. 초고층 아파트 이후의 대책은 무엇이 될 수 있을까?

부뚜막의 가마솥으로 밥을 지으며 난방을 해결하던 시절, 겨우내 두툼한 옷을 벗지 않던 우리 조상은 군불로 겨울의 긴긴밤을 보냈다. 단칸 초가삼간에서 한 가족이 살던 시절로 돌아가는 상상은 사양하고 싶더라도 화석연료가 바닥을 드러내고 있는 현실은 직시해야 한다. 석유가격이 치솟아도 산록의 생태계는 보전되어야 하고, 우리는 자연이 전하는 이야기를 잃지 말아야 한다. 그 방법? 건강한 생명을 물려준 조상들은 이미 알고 있었다.

발전소와 함께
살아가는 법

뮌헨은 독일 남부 바이에른 주의 주 도시다. 그 뮌헨에 이자강이 흐른다. 오스트리아 알프스에서 발원해 뮌헨을 관통하는 이자강은 도나우 강과 만나 흑해로 접어드는데, 100여 년 전 개발로 인해 사라졌던 강변의 일부가 자연에 가깝게 회복되었다. 10여 년 전 일이다. 1800년대 이전의 이자강은 1킬로미터 정도의 수변공간을 좌우에 펼치며 흘렀다.

수력발전과 운하를 위해 둑으로 이자강의 폭을 좁혔지만 도로가 발달한 요즘에는 운하를 거의 이용하지 않는다. 화력발전소가 거대화되었을 뿐 아니라 재생 가능한 에너지의 활용이 본격화되며 수력발전도 퇴조했다. 생태적 관리가 가져다주는 유익함에 눈을 뜬 뮌헨시는 둑을 헐어 강폭을 최대한 넓혔다. 자연에 가깝게 강물을 유도하며 모래톱을 마련하자 주말이면 강변을 즐기려 시민들이 모였다.

1900년대 초, 이자강이 좁아지자 거세진 물살이 바닥을 파 내려가면서 수면이 낮아졌다. 숲이 마르고 생태계가 황폐화되었지만 미처 생각하지 못한 부작용은 그 정도에서 그치지 않았다. 식수가 고갈되었다. 하는 수 없이 하류에 쌓이는 모래와 자갈을 상류에 퍼붓는 땜질을 반복했지만 더는 감당할 수 없어 뮌헨시는 막대한 예산을 투입해 재자연화를 시도했다. 원래의 모습을 회복할 수는 없었지만 최선의 노력으로 강폭을 넓히자 새와 물고기, 그리고 사람까지 돌아왔다. 하지만 현재 이자강의 폭은 본래의 10분의 1인 대략 150미터에 불과하다.

참 희한한 일이 다 있다. 이자강 도심 구간 모래톱에 주말이면 인산인해를 이루는데, 화력발전소의 높은 굴뚝이 보인다. 유럽의 도시들이 대체로 그렇지만 130만 인구의 뮌헨시 역시 환경의식은 분명할 텐데, 어떻게 화력발전소가 도시 한복판을 차지하고 있을까? 하수를 철저히 분리하는 이자강에 발전소의 막대한 온배수가 흘러들지는 않을까? 뮌헨만이 아니다. 슈투트가르트나 하노버를 흐르는 크고 작은 강가에는 어김없이 화력발전소가 위치해 있고 시민들은 별 불만이 없어 보인다. 오히려 그런 발전소에 신뢰를 보내는 편이다.

유럽, 특히 독일은 지역에서 소비하는 전기는 그 지역에서 생산해 충당하는 것을 원칙으로 여기지만 해마다 1천만 명의 관광객이 찾아드는 하이델베르크에는 화력발전소가 없다. 물론 원자력발전소도 없다. 관광에 부정적 이미지를 주지 않기 위해 수력발전을 채택했다는데 강물을 막은 댐도 보이지 않는다. 작은 강을 수면 아래에서 막아 전기를 생산한다고 한다. 발전 시설이 소형이라 그런지 강물의 흐름이 정체되지 않아 보였다. 하이델베르크 주민들은 흔쾌히 낮은 전력량에 맞추어

생활하고, 하이델베르크대학과 같이 많은 전기가 필요한 곳에서는 외부에서 전기를 가져와 사용한다고 한다. 그렇다고 슈투트가르트나 뮌헨시가 석탄화력발전소를 환영하는 건 아니다.

우리와 달리 산뜻한 그림으로 외벽을 치장하지 않은 독일의 발전소들은 대부분의 자료를 공개한다. 사고 위험이 없다면 시민 출입을 통제하지 않는다. 신뢰가 구축되었기 때문인데, 처음부터 그리 된 것은 아니다. 주민들과 토론을 거듭해 왔기에 가능한 일이었다. 발전소가 없으면 환경은 깨끗하지만 전기요금 부담이 크다. 시민들은 기술적으로 깨끗하고 안전한 발전 시설을 받아들이되 전기 소비를 줄였고, 정부와 기업은 전기 효율을 높여야 했다.

서울화력발전소에서 벌어진 논란

한강을 바라보는 서울시 마포구 당인동에 서울 유일의 화력발전소가 1930년 이래 자리를 지키고 있다. 경성전기주식회사로 출발해 1935년 2호기를 추가하며 당인리발전소라는 이름을 사용한 '서울화력발전소'는 우리나라 최초의 화력발전소다. 1호기에서 3호기는 낡아 철거했는데, 힘이 센 사람이 많은 서울이라 그랬을까? 1987년 4호기와 5호기에 전기집진기를 설치해 국내 최초로 굴뚝에서 검은 연기를 사라지게 한 이력을 자부심으로 내세운다. 서울화력발전소는 1993년 이후 액화천연가스를 연료로 해 두 개의 보일러에서 시간당 38만 7500

킬로와트의 전기를 생산해 여의도와 반포, 그리고 마포 지역 5만여 세대의 난방과 온수를 담당해 왔다.

서울시 소비전력의 3퍼센트 정도를 공급하는 서울화력발전소는 1980년 이후 고장이 없었다고 자랑한다. 또한 사회공헌 활동을 마다하지 않는다고 덧붙이지만 발전소를 바라보는 주민들의 시선은 그리 달갑지 않다. 규정에 따라 발전소 주변 지역에 사회공헌 활동을 펼치는 건 전력회사의 법적 일상이 아닌가. 먼지를 걸러내는 장치를 달고 재난방지시설을 가동해도 완벽할 수 없다는 것이 마포구 주민들의 표면적 이유지만, 어쩌면 발전소 때문에 발생할지 모르는 재산상 불이익을 더 걱정하는지도 모른다.

2007년 9월, 대통령 출마를 준비하던 이명박 후보는 4호기와 5호기를 철거하고 발전소 위치를 서울 밖으로 옮기겠다고 약속했다. 철거된 부지에는 현대적 미술관을 갖춘 '문화창작발전소'를 만들겠다는 공약을 앞세웠고, 당선되자마자 공약을 재확인했다. 마포구 주민들은 믿었다. 그러나 정권 출범 이후 딴죽을 걸었다. 이전 부지를 확보하기가 어렵다며 발전시설을 기존 발전소의 지하로 옮기겠다는 것이었다. 정권의 태도 변화에 분노한 주민들은 반대운동에 나섰다. 다량의 천연가스를 고압으로 태우는 시설이 지하에서 폭발할 상황을 상정했지만 반대하는 또 다른 이유는 감췄을지 모른다.

이후 정권이 두 차례 바뀐 현재 서울화력발전소의 상황은 어떤가? 4호기와 5호기는 결국 지하로 들어갈 모양이다. 2012년 마포구와 "문화창작발전소 조성을 위한 업무협약"을 체결하고, 런던 템스강 강변의 화력발전소 리모델링 결과를 참고해 주민 의견을 수렴해 2022년까지 지상에 공원을 조성할 예정이라고 한다. 타협의 결과일 테지만 주민들의 앙금이 말끔히 사라진 건 아니다.

박원순 서울시장은 당선 이후 '원자력발전소 하나 줄이기 운동'을 벌여왔고, 서울시는 최근까지 2기 이상 줄인 효과가 나타났다고 홍보한다. 핵발전소 한 기의 발전 용량이 보통 100만 킬로와트이므로 당인동의 서울화력발전소가 사라져도 전력 공급에는 거의 차질이 생기지 않을 것이다. 그러나 그와 관계없이 서울시는 공룡 같은 전기 소비량을 적극적으로 줄여야 한다.

마포구 주민들만 지역에 화력발전소가 들어오는 걸 반대하는 건 아니다. 서울이든 뮌헨이든 인천이든 어디나 마찬가지다. 오염물질뿐 아니라 지구온난화를 부추기는 이산화탄소가 배출되는 발전소가 지역에 있으면 크든 작든 불이익이 생기게 마련이다. 온실가스 배출 총량제가 실시되면 건물과 공장들은 시설 증설에 제한을 받게 될 것이다.

시민 참여로 마련하는 재생 가능한 에너지

1975년, 시민 동의 없이 들어서려던 핵발전소를 강력한 반대로 무산시킨 독일 프라이부르크의 시민들은 에너지 자급에 대한 의식을 다졌다. 그후 11년이 지나 체르노빌 핵발전소의 폭발을 목격하며 후손에 대한 책임의식을 느낀 프라이부르크 시민들은 태양에너지를 적극 활용하는 방안을 찾아 나섰다. 그 결과 오늘날 프라이부르크는 대표적인 환경도시로 국제사회에 자리매김하게 되었다. 독일의 다른 도시들 또한 환경을 보호해야 한다는 의식과 의지가 프라이부르크에 비해 결코 부족하지 않은데, 여기에는 독일 정부가 일찌감치 도입한 발전차액지원제도(Feed in Tariff, FIT: 정부가 신재생 에너지로 발전한 전력을 우대해 구매해 주는 제도)가 기여한 바가 크다.

전기를 지역에서 자급할수록 마을과 국가의 경제는 안정된다. 재생 가능한 에너지는 지역과 호응한다. 재생 가능한 에너지 산업은 안정된 일자리도 만든다. 대형 화력발전이나 핵발전보다 일자리가 5배 이상 늘어난다고 경제학은 추산한다. 전기를 자급하며 이윤을 창출하는 마을이나 개인이라고 해도 소비량이 커지면 대형 전력회사의 전기를 추가로 사용해야 하므로 시민들은 전기 사용을 최대한 자제했다. 독일을 비롯해 태양과 풍력발전이 활발한 북유럽의 경제가 단단한 이유와 무관하지 않겠지.

여섯 개의 전력회사로 발전사업을 분할했음에도 송전과 배전을 한국전력공사가 독점하는 우리의 상황은 어떤가? 사업성을 먼저 생각하는 탓에 주민들의 의견을 충분히 듣고 논의하며 대안을 찾을 리 없다. 영업 비밀이라면서 주민들이 요구하는 정보를 공개하는 것도 꺼린다. 2004년, 시민과학센터는 '원자력 중심의 전력정책 어떻게 할 것인가'라는 주제로 "전력정책의 미래에 대한 시민합의회의"를 개최했다. 핵발전 전문가와 재생가능 에너지 전문가의 의견을 공평하게 묻는 시민들의 열띤 토론은 합리적인 결론을 도출했다. 핵발전소를 증설하지 않고 기존 발전 시설의 수명이 다하면 폐쇄하자는 의견이었다. 그러나 그 토론에 참관한 정부와 한국전력공사는 시민들의 결론을 외면했다.

현재 우리는 대략 핵으로 30퍼센트, 석탄으로 40퍼센트, 액화천연가스로 20퍼센트의 전기를 생산하는 반면, 신재생에너지로 얻는 전기는 10퍼센트에 미치지 못한다. 수십 년간 독점 구조가 계속되는 우리의 전력산업 구조에서 부정부패가 만연되었다는 사실은 그리 새삼스럽지 않다. 지금과 같은 독점 구조에서는 재생 가능한 전력이 늘어나기 어렵다. 에너지 정책에 시민들의 참여가 적극적으로 보장되어야 하고, 그것을 활성화할 제도적 장치가 정비되어야 한다.

재생 가능한 에너지는 시대의 명령이다

타 지역에서 생산하는 전기를 마다하는 유럽 시민들은 지역에 들어선 발전소가 투명하게 운영되기를 원한다. 오염저감시설의 완벽한 가동은 물론 지역 주민들의 고용을 요구한다. 주민들의 의견을 적극 수용하는 전력회사는 불만을 내색하지 않는다. 발전소의 입지와 방식, 발전용량을 소비자와 논의해 결정하는 까닭에 민원이 크지 않기 때문이리라. 그 결과 발전소는 효율이 높고, 주민들은 전기를 낭비하지 않는다.

슈투트가르트와 뮌헨에서는 발전 터빈을 돌리고 나오는 고온·고압의 수증기를 활용해 지역난방과 온수를 공급하며 에너지 효율을 크게 높인다. 80퍼센트를 상회할 정도라는데, 우리에게도 관련 자본과 기술, 그리고 인력이 있다. 서울화력발전소도 전기를 생산하고 더불어 발생하는 열을 활용하겠다고 호언했다. 슈투트가르트와 뮌헨을 관통하는 넥타강과 이자강은 한강에 비해 수량이 적고 폭도 좁다. 그러니 한강 규모라면 1천만 시민의 전기 소비와 난방도 너끈히 감당할 수 있음이 틀림없다. 장거리 송전으로 인한 전력 낭비뿐 아니라 발전소 증설과 송전탑이 일으키는 지역 민원도 크게 줄어들 것이다.

지구촌의 석유는 고갈이 머지않았다. 석유뿐 아니라 석탄이나 천연가스도 한계가 분명하다. 그렇다면 어떻게 전기를 확보해야 후손들의 행복이 보장될까? 수력발전이나 지열, 그리고 조력에 한계가 분명하다면, 청구서를 보내지 않는 자연의 에너지, 다시 말해 바람과 햇빛이 유용할 수밖에 없지 않을까. 그러나 숱한 해외의 경험이 거듭 증명하듯 그런 에너지에도 설비의 생산과 폐기 과정에 어느 정도의 석유는 필요하다. 석유가 없으면 재생 가능한 전기도 구할 수 없다는 말이다. 다음 세대까지 펑펑 이어질 석유는 없다.

멀지 않은 조상들이 살아왔듯이 우리는 더 늦기 전에 석유 낭비 없이 행복하게 살 방법을 찾아야 한다. 햇빛과 같은 재생 가능한 에너지 자원의 활용을 생각해야 한다. 그나마 다행인 것은 인천을 비롯해 많은 지방자치단체에서 출범한 '햇빛발전협동조합'이 조금씩 뿌리내리고 있다는 사실이다. 많은 조합원들은 영업이익을 나누겠다는 제안도 마다하고 흔쾌히 배당금을 재투자한다.

아쉬움도 여전하다. 햇빛발전협동조합은 태양광 패널을 설치할 지붕을 원활하게 찾지 못하고 있다고 하소연한다. 반드시 풀어야 할 제도의 미흡함 때문인데, 지난 정권에서 폐기한 발전차액지원제도의 부활에 앞서 옥상 넓은 관공서를 가진 지방자치단체와 지붕 넓은 종교기관의 협조와 참여가 절실해 보인다.

전기 생산과 소비는
각 지역에서

농토 확보를 명분으로 시작한 새만금 간척사업은 여전히 진행 중이다. 2006년 바닷물 유통을 차단한 지 13년이 지나도록 농업도 안착할 수 없는 상황이 이어졌다. 사업 내용이 오락가락한 탓도 있지만 방조제 내부 공사에 진전이 없기 때문이다. 그런데 국내 굴지의 기업이 첨단 농업을 거론했다. 컴퓨터가 기반인 농업이다. 첨단농업? 생경한데, 모름지기 농업은 최첨단일수록 농촌과 농민을 배제한다. 투자 기업의 이익에 충성하는 첨단농업은 농민과 농촌을 조롱한다.

2018년 10월, 정부는 2022년까지 새만금 일대에 핵발전소 4기 규모에 맞먹는 태양광과 해상풍력 발전단지를 조성하겠다고 통 크게 발표했다. 세계 최대 규모로 일자리 10만 개를 창출하리라 추산했지만 주민들의 반응은 시큰둥했다. 주민들도 모르는 정책 추진이라는 비판

어쩌면 가장 위험한 이야기

어쩌면 가장 위험한 이야기   **137**

이 나왔다. 주권자의 의견을 가장 중요하게 생각한다는 대통령은 선포식에 앞서 주민 의견이 수렴되지 않은 정책이라는 걸 몰랐을까? 어업에 종사해 온 주민들도 생뚱맞은 정책에 반기를 들었다. 천혜의 갯벌이 사라지면서 어장을 잃었는데, 태양광이라니? 지금은 방조제를 터야 할 때가 아닌가? 반문한다.

주민들의 의견과 달리 "재앙적 탈원전 대책특위 위원장" 직함을 가진 어떤 국회의원은 특이했다. "지역 주민들이 30년 기다린 새만금 개발이 고작 태양광이냐"고 빈정대며 일조량 부족으로 사업 효율과 경제성이 낮다며 태양광과 풍력 발전을 반대했다. 그렇다면 새만금 간척사업 부지에 무엇을 들여야 한다는 걸까? 설마 핵발전소는 아니겠지.

납과 카드뮴 같은 중금속을 함유한 태양광 패널을 대거 폐기할 시점이면 발암물질이 넘쳐나리라는 점을 부각한 어느 언론은 핵산업을 두둔하는 궤변을 늘어놓았다. 국민 부담이 늘어날 거라며 "억지 중단한 월성핵발전소의 재가동"을 요구하는 게 아닌가. 핵산업계 광고를 얼마나 수주하는지 모를 그 언론사는 핵발전이 필연적으로 배출하는 최악의 독극물은 염두에 두지 않았다. 태양광 패널이 쏟아낼 금속 부산물은 과학기술을 최대한 동원해 어떻게 처리할 수 있겠지만 핵폐기물은 다르다. 영원히 해결이 불가능하다.

2007년 말 17대 대통령 선거에서 새만금을 거론한 양당 후보는 두바이를 선례로 들었다. 그러나 거품 빠진 개발의 실패작으로 평가되는 두바이가 새만금의 모델이 될 수는 없다. 하도 넓어 해수면보다 1.5미터 낮게 흙을 쌓을 수밖에 없다는 새만금 간척지는 자연재해에 매우 취약하다. 300밀리 이상의 호우와 태풍, 그리고 해일과 쓰나미, 다시 말해 심각해진 지구온난화가 일상으로 만든 기상이변은 새만금 방조제 내부를 바닷물로 채울 텐데, 태양광 사업이 전도유망할까?

넓은 지붕이 널린 인천

바다와 임한 인천에는 화력발전소가 유난히 많다. 화석연료를 태워 발생시킨 고온고압의 수증기로 터빈을 돌려 전기를 생산하는 화력발전소는 막대한 온배수를 가까운 곳에서 가져와야 한다. 터빈을 돌리고 나오는 수증기를 물로 식혀서 다시 끓여야 터빈을 계속 돌릴 수 있기 때문이다. 온배수로 바닷물을 손쉽게 사용할 수 있기에 인천은 지역이 필요로 하는 전력의 2.4배 이상을 생산한다. 남는 전기는 서울과 경기도로 보낸다.

발전소가 지나치게 많은 인천과 없는 것과 다름없는 서울, 그리고 발전소가 전혀 없는 경기도의 전력요금은 동일하다. 송전 거리가 길수록 원가 부담이 늘어나지만 인천과 같은 요금을 낸다. 정의롭지 않다. 그런 불합리를 당연시하는 나라는 OECD 국가 중 우리밖에 없다. 전기 송배전을 한국전력이 독점하는 정책을 정부가 고집하고 있기 때문이다. 반면 지역에 따라 전력체계가 분산된 대부분의 국가에서는 발전소와 가까우면 당연히 전기요금이 저렴하다. 굴뚝과 하수구에서 내놓는 오염물질, 온배수로 인한 불이익을 감안하기 때문만이 아니라 송배전에 들어가는 비용이 적기 때문이다.

바다와 임하지 않는 유럽의 많은 도시들도 지역에 발전소가 있다. 작은 강이 있으면 적극 활용한다. 그래서 그들은 냉각탑을 짓는다. 온배수를 다시 활용하고, 식힌 온배수를 하천에 방류해야 생태계 교란을 줄일 수 있기 때문이다. 그러나 온배수를 바닷물에 의존하는 우리는 지역에 고통을 강요한다. 인천이 그렇고 태안과 보령과 삼천포가 그렇다. 핵발전소도 마찬가지다. 울진과 영광과 고리와 영광이 그렇다.

대부분의 국가에서는 전력회사가 지역에 분할돼 있다. 주민이 힘을 모아 전력회사를 운영하는 경우도 있다. 전기를 생산하는 회사가 있고, 생산한 전기를 구입해 소비자에게 송전하며 수입을 올리는 회사가 지역마다 여럿 있다. 소비자는 전력회사를 선택해 전기를 구입할 수 있기 때문에 전력회사와 송배전 회사는 가격과 서비스 경쟁에 나선다. 하지만 국가가 전력회사를 통제하지 않고 주민이 감시하지 않는다면 전력회사는 소비자의 눈치를 살필 필요가 없다. 하나의 전력회사가 우월적 지위를 차지하는 우리나라가 그렇다.

합리적인 국가라면 전력량을 투명하게 논의해 발전소의 규모와 방식을 결정해야 맞다. 오랜 민주화 과정을 거쳐 사회정의를 실현하는 정책을 구상하는 정권이 탄생했으니 달라져야 한다. 전기가 부족한 지역에 발전소를 지어야 옳다. 요금체계의 합리적 조절이 실행되어야 하는 건 물론이다. 전기 생산과 소비가 지역에서 자급되어야 전기 생산에서 오는 불이익과 고통을 양해할 수 있고, 낭비하는 습관을 수정할 수 있을 것 아닌가.

화력발전소가 지나치게 많이 위치한 인천은 대기오염물질뿐 아니라 온실가스 방출 정도가 무엇보다 심각하다. 지구온난화를 철저하게 대비해야 하는 상황에서 화력발전소 증설은 어느 공간이든 합당치 않다. 온실가스와 대기오염물질과 온배수로 인해 감당하기 어려운 불이익을 강요받는 인천은 바람과 태양이 특별히 열악하지 않다. 또 아시안게임을 대비해 대거 신축한 경기장들의 지붕은 무척 넓다.

청명한 하늘이 아깝다

한여름의 뙤약볕보다 봄가을 햇볕이 발전에 적합하다고 한다. 우리 하늘이 딱 그럴 텐데, 참 아깝다. 농작물을 익히고 나무와 풀을 건강하게 뿌리내리게 하는 햇볕과 달리 회색 도시에 쏟아지는 햇살은 사람들을 그늘로 냉큼 피하게 만든다. 도시의 햇볕을 전기 생산으로 이끌 수 없을까? 아파트 베란다에 자그마하게 펼쳐진 태양광 패널은 한 장만으로도 누진 전기료 폭탄을 어느 정도 예방한다고 한다. 두세 장이면 전기료 절감을 이끌 텐데, 블라인드 커튼을 겸하는 패널이 등장했다고 하니 아파트도 전기를 어느 정도 자급할 수 있게 되는 것 아닐까?

세계 여러 나라들이 태양광 패널의 개발과 보급에 사활을 건다는데, 우리나라의 태양광 패널 기술은 세계 최고라고 한다. 안타깝게도 중앙과 지방정부의 실천의지가 부족할 따름이라는데, 전문가의 엄밀한 조사를 바탕으로 환경단체가 발표한 자료는 국토의 4퍼센트만 태양광 패널로 덮어도 우리나라에서 사용하는 모든 전기를 충당할 수 있다고 주장했다. 도시와 도로의 면적이 국토의 10퍼센트가 넘으므로 여건은 충분하다는 이야기가 된다.

밤에 태양빛이 없고 날씨가 흐리면 태양광의 전기생산량이 떨어진다. 밤과 낮을 가리지 않고 소비되어 태양광 발전만으로는 부족한 전력은 화력이나 지열로 충당하고 낮에 태양으로 발전한다면 국토의 2퍼센트만 덮어도 충분하리라 기대한다. 그렇다면 도시의 주차장과 도로, 지붕이 넓은 관공서와 학교 및 교회와 창고를 활용하면 좋겠는데, 고속도로에서 보는 아파트의 베란다는 물론 건물 지붕 대부분도 태양광 패널을 외면한다. 부딪히는 새들을 죽게 만드는 고속도로의 투명 방음 터널도 활용할 수 있건만 한사코 외면한다. 청명한 하늘이 아깝기 그지없다.

태양광 패널은 초기 설치비용이 적지 않다. 가정에서 설치하기 부담스럽다면 중앙정부나 지방정부가 지원할 수 있다. 화력발전소나 핵발전소 비용보다 훨씬 저렴하다. 화력발전소가 배출하는 오염물질로 인한 시민들의 건강 피해를 발전 기업이나 정부는 순순히 배상하지 않는다. 태양광은 어떤가? 사람들에게 피해를 주지 않는다. 태양광 패널 비용을 지원할 명분이 충분하지 않은가? 핵폐기물로 인한 비용을 따진다면 핵발전소를 모두 재생 가능한 에너지 시설로 바꾸는 것이 시민과 후손을 위해 시급하고 당연한 일이다.

우리나라의 전력예비율은 터무니없게 느슨하다. 일본은 3퍼센트인데 우리는 20퍼센트가 규정이고 실제로 30퍼센트가 넘는다. 따라서 전력이 부족해 핵발전소와 화력발전소를 신설할 일은 없다. 짓던 시설도 멈춰야 한다. 소비자에게 청구서를 내밀지 않는 자연에서 대안을 모색해야 한다. 도시에 내리쬐는 태양이 아깝지 않도록.

햇빛이 약한 태양의 도시

인버터레인지. 전기로 작동하는 작고 예쁜 주방기기인데 열선이 보이지 않아도 물을 금방 끓인다. 용기와 인버터레인지 사이에 신문지를 끼워놓아도 타지 않으니 신기하다. 인버터레인지는 전기를 얼마나 소비할까? 열선이 벌겋게 달아오르는 전기레인지보다 적게 소비할까? 가이드의 성화로 엉거주춤 들어간 해외의 한 쇼핑센터에서 상인이 호들갑스럽게 소개하는 인버터레인지 상품들을 보며 그 효율이 궁금했지만 구입할 생각이 없어 묻지 않았다. 함께 간 동료는 디자인이 수려한 프랑스 제품보다 전기 소비효율이 높은 독일 제품을 선택하라고 귀띔해 주었다.

프랑스는 소비전력의 4분의 3을 핵발전소에서 충당한다. 나치에 협조한 지식인 수만 명을 처형하거나 구속한 전후의 프랑스에서 드골 대통령의 핵발전소 제안에 반대의견을 피력할 지식인은 드물었을 것이다. 그런데 요즘 그 부작용이 심각하다고 한다. 10년 된 자동차에 고장이 잦듯 30년 넘게 쉼 없이 가동한 핵발전 설비에 고장이 나는 것도 당연하다. 부품도 교환해야 하는데 그때마다 전기 공급이 대규모로 중단되니 민원이 발생한다. 서둘러 다시 가동하고 싶지만 쉽지 않다. 안전관리기관의 통제가 까다로워 허락이 쉽게 나오지 않기 때문이다.

체르노빌 사고 이후 핵발전소에 대한 안전관리가 더 엄격해졌다. 프랑스도 마찬가지로 핵발전소 운영과 안전관리가 철저히 분리되어 있다. 덕분에 부정과 부패가 끼어들 틈이 없고 크고 작은 사고를 미연에 방지할 가능성은 높아졌지만 낡은 핵발전소가 한번 멈추면 한동안 재가동이 어렵다. 고장이 거의 없던 핵발전소 가동 초기부터 전기를 편안하게 소비하던 소비자들의 불만이 터진다. 산업은 물론이고 가정도 마찬가지다. 각종 가전기기와 냉·난방까지 도맡은 전기가 중단되니 불편할 수밖에.

체르노빌 사고로 인해 목장의 우유가 오염되는 홍역을 앓은 독일은 후쿠시마 사고 이후 결단을 내렸다. 소비자들이 납득할 수준의 논의를 거쳐 자국 핵발전 설비 17기 중 설계수명이 얼마 남지 않은 9기를 즉각 폐쇄하고 나머지는 2022년까지 단계적으로 끄기로 결정한 것이다. 독일은 유럽 최대의 산업국가다. 전기 사용량이 적지 않을 터이니 핵발전소를 대거 폐쇄한 만큼 프랑스에서 전력을 수입할 것으로 예견한 전문가가 많았다. 하지만 웬걸! 국경선을 공유하는 나라이니만큼 시시때때로 필요한 만큼 전력을 주고받기도 하지만 핵발전소 폐쇄 이후 독일은 특별히 프랑스에서 전력 수입을 늘릴 필요가 없었다.

후손의 생명을 위협하는 핵발전만이 아니다. 독일인들은 초미세먼지와 온실가스를 걷잡을 수 없이 배출하는 화력발전도 피하는 게 낫다고 생각한다. 그래서 후손들에게 책임 있게 전기를 소비하는 방법을 찾는 데 앞장선다. 전력회사를 선택할 수 있으니 마을 단위로 가장 안전하고 깨끗한 전기를 찾는다. 물론 재생 가능한 태양과 바람을 이용한 발전이 최선이라는 데 동의하고 실천에 동참한 지 오래다. 어느 한 집 지붕의 태양열 패널이 고장 나면 주민들이 팔을 걷어붙여 수선하고 최신 설비로 교체한다. 그것을 계기로 주민들의 우의도 단단해지고 기술력도 높아진다.

태양광으로 전기를 자급하면 전력 생산이 분산된다. 막대한 전기가 갑자기 중단되는 사고가 발생하지 않는다. 거대한 권력과 자본이 전기의 생산과 분배를 독점하는 현상을 막을 수 있다. 망하기 싫은 발전기업은 소비자의 의견에 귀를 기울일 수밖에 없다. 독일이 프랑스에서 전력을 수입하지 않는 이유다. 이에 반해 중앙에서 넉넉하게 전기를 공급하는 핵발전소에 별 문제의식 없이 의존해 온 프랑스는 오히려 독일에서 전기를 수입하는 일이 점점 잦아진다고 한다. 태양광과 풍력으로 전기를 자급하는 날이 해마다 늘어나는 독일의 소비자들은 디자인보다는 효율로 인버터레인지를 선택할 것이 틀림없다.

태양의 도시는 저절로 생기지 않았다

〈녹색평론〉이 소개한 박용남의 《꿈의 도시 꾸리찌바》가 출간된 이후 브라질을 방문하는 한국인이 부쩍 늘었다고 한다. 지방의회 의원들이 대거 포함된 방문 집단이 리오카니발 기간에 찾아왔다 썰물처럼 빠져나간다고 한다. 그래서 그런가? 교통 혁신과 시민참여 재활용 정책으로 도시의 가치를 높인 브라질 꾸리찌바는 한국인의 방문을 달갑게 여기지 않는다는 소문이 들린다.

독일 프라이부르크도 꾸리찌바와 비슷한 도시다. 건물과 지형을 있는 그대로 살린 프라이부르크의 신도시 보봉은 프랑스 주둔군이 철수한 자리였다. 승용차의 단지 내 통행을 제한하는 야트막한 주택은 태양광 패널로 지붕을 덮었고 대부분의 건물은 패시브하우스로 지어졌다. 건축비가 다소 많이 들어도 핵에서 자유로운 마을을 만들겠다는 입주민들의 의지가 분명했다고 현지 가이드는 설명했다.

보봉만이 아니다. 독일에서 도시를 재개발하거나 신도시를 분양하려면 태양이나 바람 또는 지열 등 '재생 가능한 에너지'를 활용해야 한다. 에너지만이 아니다. 도시 곳곳에 나무가 울창한 녹지를 일정 면적 이상 조성해야 할 뿐 아니라 빗물이 지하로 스며들게 유도한다. 녹지 곳곳에 습지를 만들어 기후변화의 충격을 최대한 줄이려는 노력의 반영이다. 여느 한국 방문자들과 달리 진지하게 청취하고 질문하는 우리에게 감사해하던 보봉의 가이드는 "그런 노력이 없었다면 시민들이 외면했을 것"이라고 강조했다.

처절한 시민운동으로 각성한 시민들은 자연에서 지속적으로 구할 수 있는 태양과 바람, 그리고 축산분뇨로 전기를 생산하기 시작했고 그 지속 가능한 자원으로 자급하는 마을이 늘어났다. 프라이부르크의 사례가 적극 확산된 요즘, 독일에서 자연에너지를 활용하는 전기 생산은 일상이 되었다. 고속도로에서 흔히 볼 수 있는 크고 작은 건물의 지붕마다 태양광 패널이 설치되었고 커다란 날개를 돌리는 들판의 풍차는 시야에서 끊이지 않는다.

독일의 반핵운동 역사는 눈물겨웠다. 핵발전소가 예정된 부지의 나무 위에 올라가 몇 날 며칠 내려오지 않는 시위를 벌였고, 핵폐기물을 실은 기차가 지나는 선로의 레일에 자신의 몸을 쇠사슬로 묶는 저항을 서슴지 않았다. 결국 시민들의 뜻을 존중하기로 한 정부는 핵발전소 계획을 중단했고, 재생 가능한 에너지 자원의 활용을 지원하는 제도를 도입했다.

태양의 도시는 저절로 생기지 않았다. 눈물 어린 피와 땀, 희생과 호응, 그리고 수많은 시민들을 공감과 정치권을 흔드는 목소리가 있었기에 프라이부르크는 세계가 주목하는 '환경수도'가 될 수 있었다. 안면도에서 굴업도, 부안을 거쳐 밀양과 청도에 이르기까지, 우리에게도 눈물겨운 희생이 있었지만 정치권을 흔들지 못했다.

새만금은 생명 품은 바다로 돌아가야 한다

이명박 정권은 일정 규모 이상의 전력회사에 '신재생에너지공급의무화제도'(RPS)를 강요했다. 2024년까지 생산 전기의 10퍼센트를 신재생에너지로 감당해야 하는 전력회사는 무리수를 둔다. 산비탈을 허물고 호수를 뒤덮을 궁리를 한다. 심지어 산비탈과 호수를 다 태양광 패널로 덮는 것이 이익이라며 농민을 유혹한다. 그런 무모함으로 인해 농민이 농촌을 떠나고 산촌에는 산사태가 늘었지만, 전문가들은 그렇게 한다고 전력회사의 의무량을 채울 수 있는 건 아니라고 말한다.

독일은 마을단위와 소비자 개인에게 전력을 생산할 기회를 준다. 지붕에서 전기를 생산해 소비하고 남는 전기를 전력회사에 팔 수 있는 발전차액지원제도가 그것이다. 후쿠시마 핵발전소 폭발 이후 일본도 발전차액지원제도를 실시했다. 그러자 태양광 전력이 대폭 늘어나며 관련 일자리도 늘었다. 재생 가능한 전기는 핵이나 석탄화력보다 양질의 일자리를 최소 10배 이상 만들어내는 것으로 알려졌다. 전력을 분산해 생산할수록 일자리는 늘어나는데, 우리는 재정 부담을 이유로 2012년에 발전차액지원제도를 폐지했다.

여의도 면적의 13배가 넘는 새만금 부지의 태양광발전소는 어떤 일자리를 창출할까? 주민들은 만족스러울까? 벌써 신재생에너지 관련주가 들썩인다는 소문이 들린다. 국내 전기 소비의 10퍼센트 이상을 책임진다는 태양광 발전사업에 제법 많은 기업이 동원될 텐데, 기대만큼 일자리가 늘어날까? 4차 산업을 지향하는 기업들은 자동화를 추구하는데, 10만 일자리는 비약 아닐까? 패널을 설치할 때 현장 인력이 잠시 필요하고 발전소의 유지보수와 경비인력이 약간 필요하겠지.

새만금 방조제가 바닷물의 유통을 차단하면서 어민들은 떠나고 어촌은 황폐해졌다. 사라진 갯벌만큼 지구온난화 예방효과는 중단되었고 우리는 천혜의 먹을거리를 잃었다. 새만금 일원의 태양광과 풍력 발전으로 일자리가 눈에 띄게 늘어나지는 않을 것이다. 새만금 간척사업으로 터전을 잃은 사람들을 생각해 보라. 지역의 환경운동가들은 방조제를 허물고 바다를 살리면 훨씬 많은 일자리가 보전될 것이라고 외친다. 미세먼지와 지구온난화로 위기가 가중될 후손들에게 지속 가능한 양질의 일자리가.

방조제를 모조리 철거하라고 요구하는 건 아니다. 바닷물의 흐름이 원활해질 정도로 방조제 여러 군데를 터놓는다면 방조제 안 갯벌이 되살아날 것이다. 예전처럼 늘어난 플랑크톤이 활발하게 탄소동화작용을 하면 대기의 이산화탄소가 줄어드는 만큼 지구온난화를 예방하고 생물다양성도 회복될 것이다. 어업이 활성화되면서 어촌은 활기를 찾을 것이며 방조제를 찾아오는 관광객도 증가할 것이 틀림없다.

전력 비상사태가 수그러들자 기다렸다는 듯 서울 번화가의 카페와 휘황찬란한 상가들은 에어컨 냉기를 거리로 내뿌리는 일을 서슴지 않는다. 시원한 바람으로 호객행위에 나선 것이겠지만 누진제 없는 상가 전기료가 저렴하니 그런 행위를 하는 것이다. 이런 상황에서 지구온난화나 석유정점, 핵발전소 폭발에 대한 경각심을 기대할 수 없다.

이번 겨울에도 내복을 입지 않았다. 천지사방이 더워 불편하기 때문이다. 유사 이래 어느 민족의 조상들도 전기 없이 잘 살았다. 핵이나 화력은 물론 태양광 발전이라도 전기는 낭비할 자원이 아니다. 여름에 덥고 겨울은 추워야 삼라만상이 건강하다. 앞으로 우리는 계속 건강할 수 있을까? 그 기간을 조금이라도 늘리려면, 후손들의 회색빛 삶을 생각하며 조상들의 자연스럽던 삶에서 대안을 찾아야 한다.

제3장

절망으로 몰아가는 핵발전소

후쿠시마 핵발전소
폭발 앞에 선 우리

일본 도쿄는 다시 축제 분위기에 달아오를까? 1964년 제18회 올림픽 이후 56년 만에 다시 도쿄에서 개최되는 2020년 하계올림픽에 대비해 우리나라도 출전 선수를 선발하고 훈련에 돌입했는데, 보고 있는 마음이 마냥 편하지가 않다. 국가대표로 선발된 젊디젊은 선수들은 일단 뿌듯하겠지만 색다른 마음의 준비가 더 필요하겠다.

2018년 10월 5일 일본 원자력규제위원회는 후쿠시마 핵발전소 부지에 보관하는 방사능 오염수를 바다에 방출하겠다는 정부 의견에 동의해 국내외적으로 물의를 빚었다. 허용기준치 이하로 정화해 방출하겠다고 하지만 아무리 걸러내고 정화해도 삼중수소(수소의 동위원소로 질량수는 3이며, β 방사선을 방출하고 반감기는 약 12년이다.)의 방사능은 줄지 않는다. 원자력규제위원회가 오염수의 위험성을 모를 리 없다. 늘어나는 오염수를 감당할 수 없으니 정부 의견을 그냥 수용하겠다는 무책임한 태도인데, 일본 어민들의 반대가 거셌다고 한다. 세계 환경단체들의 반대 목소리도 컸다. 우리 정부와 올림픽위원회는 처음에는 별 움직임이 없더니 한·일 갈등 상황에 들어서자 슬며시 목소리를 높였다. 진정성이 의심된다.

올림픽 성화 봉송을 후쿠시마에서 시작하려는 일본 올림픽위원회는 후쿠시마에서 개최할 소프트볼과 야구 경기를 지원할 자원봉사자를 찾지 못해 애를 태우고 있다고 한다. 핵발전소 폭발 이후 9년이 지난 시점에서 후쿠시마의 새로운 희망을 국제사회에 전파하겠다는 포부였지만 자원봉사 지원자가 목표의 3분의 1에 미치지 않았다는 거다. 아직 시민사회에서 후쿠시마에 대한 경각심을 풀기는 어려운 시점 아닐까? 일본 올림픽위원회는 시간이 지나면 자원봉사 지원자도 늘어날 것으로 확신하고, 실제로 필요한 인원은 어떻게든 확보하겠지만, 도쿄에 비해 후쿠시마에 지원하는 젊은이들이 지극히 적었던 현상을 되씹어봐야 한다.

일본 올림픽위원회는 한술 더 떴다. 국제적인 문제 제기를 일부러 외면하려는 건지 "도쿄 2020 음식 제공에 관한 기본 전략"에서 경악할 계획을 밝혔다. 올림픽 기간에 후쿠시마를 비롯해 지진과 핵발전소 폭발로 피해를 입은 이와테와 미야기 지역에서 식재료를 구해 선수촌 식당에 제공하겠다는 것 아닌가? 그런 방침을 계속 고집한다면 세계의 건장한 젊은이들에게 실험대상자 낙인을 찍는 셈이다. 세계 의학계는 이후 선수들의 건강을 모니터링할 것이 틀림없다.

거대한 러시안룰렛

2011년 3월 11일 일본 후쿠시마 앞바다에서 진도 9가 넘는 거대한 지진이 발생했고, 이어 예상하지 못한 쓰나미가 육지를 덮쳤다. 환태평양 지진대에 둘러싸인 일본열도는 해안선이 복잡한 리아스식이다. 오랜 풍상을 맞으며 자연스레 형성된 리아스식 해안은 가장 안전한 지형이다. 농경사회까지 유지되던 리아스식 해안은 지금 보기 어렵다. 우리나 일본이나 예전 모습의 해안이 아니다. 자본에 아부하는 거대 과학기술은 금력과 권력에 양심을 팔았다. 그들은 리아스식 해안을 훼손시킨 자리에 핵발전소가 위치해도 안전하다고 계산했다. 온배수가 필요한 핵발전소는 해안에 바싹 붙어 있을수록 경제성이 높다.

후쿠시마 일원에 동경전력이 세운 10기의 핵발전 설비가 위치했고, 그중 4기는 설계수명 30년을 넘겼지만 연장해 가동하는 중이었다. 설계수명을 연장하면 감가상각이 필요 없는 만큼 전력자본의 수익은 증대한다. 그런데 아뿔싸! 막대한 이익을 안겨주던 후쿠시마의 핵발전 시설이 동일본대지진의 직격탄을 맞은 것이다. 건설 당시 계산에 넣지 않은 규모의 지진과 쓰나미로 인해 돌이킬 수 없이 파손되었고, 거기에서 그치지 않았다. 무섭고 혼란스런 시간을 며칠 속절없이 보내는가 싶었는데, 수명을 연장한 핵발전 시설 4기가 연속해 폭발한 것이다. 그중 4호기는 잠시 가동을 멈춘 상태였지만 폭발을 면치 못했고 외벽이 너덜너덜해졌다.

5중 안전장치를 해놓아 어떤 외부 충격에도 안심할 수 있다는 핵발전 당국의 신화는 깨졌다. 사실상 가능하지 않은 신화였다. 지금까지 발생한 세 차례의 핵발전소 6기의 폭발사고는 외부 충격과 무관했다. 1979년 미국 스리마일 핵발전소의 폭발은 작업자의 안전관리 소홀이 원인이었고, 1986년 구소련 체르노빌 핵발전소는 과학자의 오판이 부른 치명적 사고였다. 2011년 후쿠시마는 자연재해가 말썽을 빚었다. 지진과 쓰나미로 전기 공급이 차단되자 4일 만에 폭발로 연결된 일본의 끔찍한 사고 역시 5중 안전장치는 아무 소용없었다.

핵폭탄과 달리 핵발전소의 연료는 방사성물질의 순도를 대폭 낮춘다. 고속 중성자를 받으면 연쇄반응으로 핵이 분열하는 우라늄 동위원소 235가 3퍼센트 이내로 포함되는 게 일반적이다. 나머지 97퍼센트는 자연에서 핵분열이 진행되지 않는 우라늄 동위원소 237로 골고루 섞지만, 그렇다고 보통 금속처럼 안전한 것은 아니다. 방사능 차폐장치 없이 가까이 다가가면 수 분 이내에 치명적으로 피폭될 수 있다. 문제는 사용 중이거나 사용이 끝난 핵연료다. 사용 후 폐기하면 그만인 석탄과 달리 핵발전소에서는 인류의 어떤 과학기술로도 안전하게 처리할 수 없는 여러 가지 강력한 방사능이 가늠할 수 없이 긴 기간 감당하기 버겁게 배출된다.

시중에서 저렴하게 판매하는 검정색 볼펜을 떠올리며 규모와 형식에 따라 다양한 구조의 핵발전소를 단순화해 보자. 심을 밀어내는 볼펜 윗부분의 딱딱한 부분처럼 생긴 개개의 핵연료는 1차 안전장치라고 홍보하는 코팅으로 처리하고 지르코늄 합금 관으로 만든 연료봉 안에 차곡차곡 담아 핵분열에 사용한다. 2차 안전장치라고 믿는 4미터 정도 길이의 연료봉을 수백 개의 다발로 묶은 핵연료는 3차 안전장치라고 주장하는 압력용기 안에 넣는데, 20센티미터 두께의 강철로 만든 길이

20미터, 지름 4미터 크기의 원통형이다. 그 압력용기는 핵연료 주위를 채운 증류수를 끓여 고온 고압의 수증기를 발생시키는 핵발전소의 핵심설비다.

동일본대지진은 후쿠시마 일원의 도로를 주저앉히고 핵발전소의 전력선을 끊었다. 지진으로 크게 요동친 압력용기에 틈이 생기자 고온 고압의 증류수가 순식간에 빠져나갔고, 수증기를 만들며 분열하던 핵연료의 온도가 순간 3천도 가까이 치솟으며 연료봉의 지르코늄 합금을 녹이기 시작했다. 지르코늄은 수증기와 만나 다량의 수소를 발생시켰고, 압력용기를 빠져나간 수소는 발전소 외부의 격락용기 안에 가득 모였다. 수소는 산소를 만나면 강력하게 폭발한다. 후쿠시마 핵발전소가 그랬다. 마지막 안전장치라는 1.2미터 콘크리트 구조물인 외벽과 4차 안전장치라고 홍보하는 외벽 안에 붙인 6밀리미터 두께의 철판은 여지없이 파괴되고 말았다.

연료봉 지르코늄 합금을 녹인 개개의 핵연료는 시뻘겋게 달아올라 위아래에서 눌어붙으며 압력용기 아래로 덩어리가 된 채 흘러내렸고, 쇠보다 무거운 핵연료는 감당할 수 없는 방사능을 내뿜으며 20센티미터 두께의 압력용기를 가볍게 뚫었을 것으로 전문가들은 추정한다. 이른바 '멜트다운'(melt down)이다. 압력용기를 녹인 후쿠시마의 핵연료 덩어리는 여전히 핵분열 중이다. 무겁고 뜨거울 뿐 아니라 무시무시한 방사능을 내뿜으며 압력용기 아래 콘크리트에 고여 있을 것으로 추정된다. '멜트스루'(melt through)라고 한다. 멜트스루 상태로 땅속 깊이 파고들지 않은 것은 그나마 다행인데, 외부에서 냉각수를 퍼부었기에 가능했다. 그 콘크리트마저 뚫고 지하로 들어갈 경우 동일본은 재앙을 맞을 수 있다. 지하수가 걷잡을 수 없이 오염될 것이기 때문이다.

후쿠시마 핵발전소 1호기에서 3호기까지 멜트스루 상태로 진행을 멈췄지만 어떤 상태로 어느 곳에 고여 있는지 정확하게 알지 못한다. 몇 차례 로봇을 넣어 확인을 시도했지만 번번이 실패했다. 로봇은 강력한 방사능으로 인해 오작동하며 파괴되거나 고장이 나 회수하지 못했다. 깨진 압력용기의 증류수는 식어서 인근 해안으로 흘러들었을 텐데, 지금 이 시간에도 녹아버린 핵연료에 퍼붓고 있는 냉각수의 일부는 여전히 해안으로 흘러들 것으로 추측한다. 대부분은 회수해 정화처리한 뒤 다시 냉각수로 활용하지만 아무리 정화해 걸러내더라도 방사성 삼중수소가 포함된 방사능 오염수는 발전소 부지에 저장할 수밖에 없다. 그 오염수를 5톤에서 20톤씩 저장한 탱크들이 현재 발전소 주변에 널렸다. 이미 120만 톤 가까이 저장되었고 계속 쌓여갈 것이다. 일본 당국은 오염수를 바다로 방류하고 싶어 어민들을 설득한다는데, 태평양은 괜찮을까? 이웃 나라의 항구적 피폭은 안중에도 없는 것일까?

정기 점검 중이라 압력용기 내에 핵연료가 없었던 4호기도 수소가 배출되었고 여지없이 폭발했다. 한참 사용한 핵연료 다발을 수조에 임시로 담가놓은 상태였다. 거대한 발전소 격납 건물 안 30미터 높은 곳에 설치한 수조에는 4호기에서 30년 넘게 사용한 핵연료를 1500개 이상의 연료봉에 담아 보관했고 새로 넣을 핵연료도 있었다. 그 양은 체르노빌 핵발전소의 10배가 넘었다. 수조에 보관하던 사용후핵연료는 냉각하는 물속에 잠겨 있어야 안전한데 진도 10에 가까운 지진이 발생해 수조가 기울며 물이 흘러내렸다. 5중 안전장치는 폭발을 막지 못했다.

분열이 왕성한 사용후핵연료 역시 매우 뜨겁고 배출하는 방사선량도 상당하다. 사용 직후라면 그 앞에 몇 초만 있어도 즉사할 정도다. 공기에 노출된 사용후핵연료는 금세 수천 도로 치솟아 연료봉의 지르코늄 합금을 녹이며 수소를 발생시킨다. 폭발 직후 4호기가 당시 가장 위험했다. 지진으로 크게 흔들린 수조를 긴급 보수해 냉각수를 보충하며 한시름 덜었지만 앞으로 진도 6 이상의 지진이 발생하면 아슬아슬 버티던 수조는 냉각수를 쏟아내며 무너질 수밖에 없다고 한다.

사용후핵연료가 모조리 아래로 내동댕이쳐지면 이제까지 후쿠시마에서 분출된 방사성물질의 10배 이상이 대기로 방출될 것으로 당시 전문가는 예상했다. 그렇게 되면 후쿠시마 일원은 물론 일본열도와 동아시아는 향후 영원히 버림받은 땅이 될 것이었다. 연료봉을 녹이며 들러붙을 핵연료가 임계질량을 넘기면 이제까지 인류가 상상조차 하지 못한 규모의 핵폭발로 이어질 수 있다고 경고했는데, 지금 그 걱정은 덜었다. 4호기 수조에서 사용전핵연료와 사용중이던 핵연료가 담긴 연료봉들을 인근 저장소로 옮기는 데 어렵사리 성공했기 때문이다. 현재 일본은 전문가들이 걱정한 '죽음의 나라'가 되는 지경은 면했다지만 어디까지나 임시조치에 불과하다. 일정 규모 이상의 지진이나 쓰나미가 절대 없어야 한다는 전제가 필요하다.

방사성물질의 반감기는 다양하다. 갑상선암을 급증하게 하는 방사성요오드의 반감기는 8일이지만 최악의 독성을 내놓는 플루토늄은 2만 4천 년이 넘는다. 전문가는 방사능의 선량이 반으로 줄어드는 반감기가 최소 10차례, 20차례 지나야 안심할 수 있다고 분석한다. 흔히 언론과 전문가들은 반감기 30년인 방사능 세슘을 측정하며 방사능 제거 정도를 손쉽게 판단하지만 추정에 불과하다. 알파선을 내뿜는 플루토늄 같은 방사성물질은 측정하기 까다로운데 질량이 무거워 후쿠시마 앞바다에 상당히 축적돼 있을 것으로 추정한다. 먹이사슬을 지날 때마다 기하급수적으로 농축되는 방사능은 올림픽을 유치한다고 줄어드는 물질이 아니다.

풍요로운 어장이었던 후쿠시마 앞바다와 농·축산물이 우수했던 후쿠시마 인근의 농촌은 사고 발생 후 9년이 경과한 현재 딱 그 수준의 방사능을 가진 것으로 보아야 한다. 일본의 핵안전 전문가는 올림픽 개최를 계기로 수습을 선언하는 정부를 행해 "농담할 때가 아니"라고 일갈한다. 30여 년 전의 체르노빌 핵발전소 폭발로 우크라이나와 벨라루스는 아직도 고통을 당하고 있지 않은가.

47기의 핵발전소를 가동하고 현재 11기의 발전소를 건설 중인 중국은 머지않아 후쿠시마 사고 이후 낡은 시설을 대거 폐로하려는 프랑스를 능가해 세계 2위 보유국이 될 게 틀림없다. 그중 12기가 우리나라를 마주 보는데, 새로 지은 핵발전소는 안전할까? 체르노빌의 발전소는 가동한 지 고작 1년이 지나 폭발했다. 폭발사고가 난 핵발전소들도 사고 전까지는 철저히 안전을 관리했다고 주장했다. 25기의 핵발전소를 가동하는 우리도 안전을 장담한다. 30년 설계수명을 10년 연장한 후쿠시마 핵발전소가 폭발해서 그랬는지 요즘 신축하는 핵발전소는 합리적 근거 없이 설계수명을 늘리려 든다. 60년을 넘나든다.

1979년 개봉한 할리우드 영화 〈디어 헌터〉는 6발의 총알을 장전하는 리볼버 권총을 선보였다. 총탄 하나를 장전한 뒤 리볼버를 빙글 돌리고 그 권총을 제 머리에 대고 방아쇠를 당기는 장면이다. 6분의 1의 확률로 방아쇠를 당긴 이는 죽게 될 것이다. 그런 살벌한 놀이를 '러시안룰렛'이라고 한다는데, 사고 여파를 추스르지 못하는 후쿠시마 핵발전소뿐 아니라 중국과 우리나라, 아니 세계의 핵발전소들은 어떤 러시안룰렛일까?

핵동맹의 탐욕

진보 성향의 한 중앙일간지는 2017년 4월 어느 날, 핵발전소를 옹호하는 교수의 기고문을 실었다. "원전의 질서 있는 퇴진"에 대해 먼저 기고한 다른 논자의 의견에 대한 반론이었다. 그 신문이 재반론을 게재했는지 확인은 못했지만, 재반론 여부와 관계없이 전문지식은 부족해도 한마디 거들고 싶어졌다. 어설프지만 생각을 정리해야겠다.

우선 전기를 '원자력'으로 생산한다는 표현은 정직하지 않았다. '핵발전'이라 칭해야 옳다. '제3의 불'이라며 교과서로 학생들 뇌리에 최면을 걸었던 1960년대부터 정부와 전문가들은 '핵발전'이라고 했다. 우라늄이든 플루토늄이든 원자 한가운데의 핵을 고속 중성자로 가격해 분열시키며 얻는 막대한 열로 물을 끓여 전기를 생산하는 방식이다. 끔찍한 사고가 빚은 참상 이미지를 순치하려는 의도겠지만 과학적이지 않다.

후쿠시마 핵발전소가 폭발한 지 6년이 넘은 2017년, NHK방송은 후쿠시마 핵발전소의 복구비용을 20조 엔, 우리 돈으로 200조 원이 훌쩍 뛰어넘을 것으로 추정했다. 우리나라 1년 예산의 거의 절반이고 핵발전소 건설비의 수십 배에 달한다. 예상되는 사고와 그 이후 발생할 복구비용을 원가에 포함한다면 핵발전소에서 생산한 전기료는 하염없이 오를 수밖에 없다. 시장원리에 맡겨 유지될 수준을 크게 초월한다. 그런데도 핵발전소가 용인되는 것은 핵발전으로 이익을 독점하는 세력의 독선이 국가의 정책을 좌지우지한 결과다. 탈핵 단체가 '핵동맹'이라고 하는 세력이 비민주적으로 정치권과 경제계는 물론 학계와 언론계까지 흔들기 때문이리라.

핵발전소에 고위직으로 근무한 적 있는 어떤 이는 핵산업계의 안일한 인식을 아주 잘 보여주었다. 그는 평상시에는 무용지물에 가까운 안전설비 관련 비용을 낭비로 보았다. 그 비용을 제외한다면 전기료는 더욱 저렴해질 것으로 확신했다. 그러나 미국과 구소련, 그리고 일본에서 발생한 여섯 차례의 폭발사고를 염두에 둔다면 이 같은 주장이 가당키나 한가? 우리 핵산업계는 사고 가능성을 완전히 무시한다. 그렇다면 우리나라는 폭발사고가 발생한 국가들보다 발전소의 설계가 확실하고 관리운영 또한 투명하며 합리적인가? 지금까지 드러난 핵발전소와 그 주변 기업 종사자의 비리와 은폐는 상상을 초월한다. 운영과 관리가 투명하지 않을수록 비리는 사고 가능성과 더불어 점점 커진다.

보험업계의 유명한 '하인리히법칙'을 상기해 보자. 중상자가 발생한 교통사고가 1건 있다면 그와 비슷해도 경상자가 발생한 사고가 29건, 사고로 이어질 뻔했던 경험이 300회라고 한다. 1:29:300이 핵발전소 사고에도 예외가 없는 하인리히법칙이다. 화력발전소도 비슷한 비율로 사고가 발생하겠지만 핵발전소의 치명적 차이는 방사능이다. 사고가 빈발하는 낡은 화력발전의 시설은 교체하거나 폐기하면 그만이지만 핵발전은 그것이 쉽지 않다. 폐기하는 과정에서 인체는 물론 생태계를 항구적으로 오염시키는 방사능이 치명적으로 나오기 때문이다.

사고가 발생하지 않는 핵발전? 그런 건 없다. 하도 은폐해서 우리 눈에 쉽게 띄지 않을 뿐이다. 이제까지 드러난 크고 작은 핵발전소 사고를 살펴본 김익중 박사는 그 건수가 600건이 넘는다고 밝혔다. 그는 의과대학 교수 시절부터 방사능의 위험성에 주목했고 현재 탈핵운동에 투신한 상태다. 후쿠시마 이상의 사고는 아니라 다행이지만 그동안 방사능 누출 사고는 없지 않았다.

설계 수명을 다한 핵발전소는 폐쇄해야 마땅한데, 전문가도 폐쇄 비용을 정확하게 예측하기 어려워한다. 그러므로 폐쇄 비용은 전기요금에 제대로 반영되지 않았다. 핵발전소 건설비용보다 적을까? 희망 사항이다. 폐쇄하는 기간은 건설 기간보다 짧을까? 그렇지 않을 가능성이 확실히 높다. 핵폐기물을 안전하게 보관·격리할 수 있을까? 불가능하다. 연약지반에 만든 경주 핵폐기장은 위험시설이다. 사용후핵연료는 대대손손 엄격하게 관리하지 않으면 후쿠시마 이상의 방사능을 누출할지 모른다. 그러나 이 모든 것과 관련된 비용은 전기요금에 반영되지 않았다.

앞서 언급한 핵발전의 질서 있는 퇴진론에 반론을 편 교수는 "재생 가능한 에너지가 야기하는 환경문제도 매우 심각하다"고 물타기를 시도하며 어떤 문제가 어떻게 발생하는지는 적시하지 않았다. 그가 거론한 재생 가능한 에너지의 정체는 무엇인가? 댐으로 생태계를 파괴하는 수력인가? 갯벌과 해양 생태계를 휘젓는 조력인가? 탈핵 운동가들이 "핵발전소의 사생아"에 비유하는 양수발전인가? 설마 태양광이나 풍력을 예로 든 건 아니겠지? 태양광이나 풍력에 환경문제가 없다는 뜻이 아니다. 하지만 그 문제는 비교적 쉽게 해결이 가능하다. 그 위험성이 교통수단이나 일반 건축 구조물보다 심각한 건 아니지 않은가?

반론을 편 교수의 주장에 대한 재반론은 비전문가들도 충분히 펼 수 있다. 그래서 이 지면에서 시시콜콜 이야기할 필요조차 없는데, 위 신문 반론 중 한 지점은 가소롭기 그지없었다. 핵발전소 폭발사고를 자동차 사고에 견주는 게 아닌가. 2017년 3월 28일 고리 핵발전소 4호기에서 원자로 냉각재가 누설된 사고가 발생했을 때 이틀이 지나서야 가동을 정지한 사실을 탈핵 단체는 "늑장 대응"이라고 지적했다. 위 반론자는 "고장이 난 자동차를 수리하는 데 하루 이틀 이상 걸릴 때가 많다"고 논증했지만, 생각해 보라. 사고를 일으킬 정도로 고장 난 자동차를 수리하지 않은 채 운전하는 사람이 있던가? 핵발전 시설의 사고는 방사능 유출로 이어질 수 있다. 더구나 냉각재가 누출되면 그 가능성은 더욱 커진다.

수백만 개의 부품이 들어간 거대한 설비인 핵발전소에서 사고 원인을 찾는 데 필요한 기간이 길 수 있다는 사실을 탈핵 단체는 부정하지 않는다. 문제는 수리 기간이 아니다. 투명하지 않은 대응이다. 부품이 많을수록, 설비가 낡을수록, 은폐가 심할수록, 사고 가능성은 커지지 않나. 탈핵 단체는 핵동맹의 이익과 기득권 유지를 위해 고집스레 은폐가 이어진다고 의심한다. 시장원리가 아니라 그들 핵동맹의 탐욕이 핵발전에 그토록 집요한 이유임에 틀림없다.

재난에서 교훈을 구하지 않는 발전 정책

일본은 핵폭탄이 떨어진 유일한 국가다. 그런 일본에 핵발전소가 집중되어 있다. 어떤 이율배반일까? 많은 이들이 장기 집권해 온 자민당 정권의 역할에 주목한다. 제2차 세계대전 후 "무기를 녹여 보습(삽)으로!"라는 구호를 앞세운 미국 정부의 노력이 자민당 핵심 세력을 움직이게 했다는 해석인데, 세계 유일의 분단국인 한국에 핵발전소가 밀집된 이유도 비슷하지 않을까? 군사독재 정권과 미 행정부의 의지가 은밀하게 통했을 거라는 의혹이다. 당시 정권에 절대 충성하던 언론과 핵발전 당국은 발전소의 위험성이나 비경제성을 시민사회에 알리지 않았고, 부당성을 외치는 시민단체의 입을 틀어막았다. 일본은 후쿠시마 폭발사고 이후 조금씩 달라졌다. 민간의 목소리와 영향력이 조금씩이나마 커지는 상황이다. 그러나 우리는 여전하다. 핵산업계가 만든 제도에 막혀 의견을 낼 기회마저 얻지 못한다.

미국, 소련, 일본 다음에는 어느 국가의 핵발전소가 폭발할 위험성이 높을까? 노벨평화상 후보로 주목되는 호주의 의사 헬렌 칼데콧처럼 반핵운동에 헌신하고 있는 김익중 박사는 망설임 없이 한국을 지목했다. 핵 전문가들이 아무리 복잡한 이론을 내세우며 안전을 되뇌어도 경험상 그렇다는 것이다. 발전 시설이 많을수록, 사용 기간이 길수록 폭발사고가 일어날 확률이 높다고 그는 주장한다. 그렇다면 우리보다 가동하는 핵발전소가 월등히 많은 중국과 프랑스를 지목해야 하는 것 아니냐고 반문했지만 단호하게 아니라고 한다. 대부분 최근에 세워진 중국의 설비는 아무래도 최신이므로 고장 위험이 크지 않을 것이다. 시설이 낡은 프랑스는 우리와 달리 관리가 철저할 뿐 아니라 투명하다.

핵발전소 반경 30킬로미터 이내에 최대 350만 주민이 거주하는 한국은 합리적 근거를 제시하지 않으며 노후 핵력발전소의 설계수명을 연장하려 들었다. 촛불이 정권을 바꾸지 않았다면 고리 1호기의 수명은 다시 연장될 뻔했다. 후쿠시마 핵발전소 폭발사고 직후 일본은 가동하던 54기 전부를 즉각 중지했지만 우리는 지금도 특별한 문제의식을 갖지 않는다. 당연히 폐쇄를 준비하지 않는다. 현 정권도 건설 중인 핵발전소를 중단하지 않았다. 핵발전소 신설 계획은 보류했지만 핵 동맹은 세력을 잃지 않았다. 게다가 자국의 핵 의존도를 줄이겠다면서 핵발전소 수출을 지원하는 현 정부의 태도는 결코 미덥지 못하다.

핵발전소의 위치가 지진대에 인접해 있어도 논란이나 별 저항 없이 세워지고, 잦은 지진에도 중단 없이 가동된 이유는 일본 역시 관련 과학자와 경제학자 들의 노골적 지원과 무관하지 않다. 그 정도 지진은 충분히 견딘다는 의도적 계산이었는데 한국도 비슷한 실정이다. 지진 발생이 드물고 그 위험성도 매우 낮다는 이유를 들며 발전 시설을 거주지역 가까이에 밀집시켰다. 고집스레 경주에 지은 방사성 폐기물 처분장 부지 역시 과학적으로 안전을 담보할 수 없는 상태였다. 그들 스스로 제시한 기준도 만족시키지 못했다. 작업자의 삽질로 바위가 부서지고 그 바위틈으로 지하수가 흘러넘쳤어도 공사는 멈추지 않았다. 콘크리트로 보완했으니 문제없다고 둘러댔을 뿐이다. 기실 경제성 때문이었을 것이다. 핵발전의 경제성이 과대평가될수록 재생 가능한 에너지 도입은 지연될 수밖에 없다.

차질 없는 국가 발전을 위해 불가피하다는 논리의 우산 속에서 한국의 핵발전업계는 공론화를 기피해 왔다. 시설을 증설하고 노후시설의 수명을 연장하는 과정에서 환경단체는 물론 독립 과학자의 의견을 거의 청취하지 않았다. 물론 반영할 생각이 없다. 자신들 논리로 만든 핵 관련 법조문조차 외면할 때가 많다. 특정 대학 위주의 핵공학자들이 주도하며 정치가와 기업가는 물론 금융계와 종교계까지 아우르고 있으니 시민사회의 의견은 원천 봉쇄된다.

산업화가 빚은 환경오염으로 인한 고통스러움을 먼저 경험한 일본은 한국보다 시민사회운동의 역사가 길다. 후쿠시마 사고 이후 일본의 시민사회운동은 재생 가능 에너지 시설의 확산에 힘을 쏟고 있다. 일본의 사례는 우리의 대안이 된다. 태양이나 바람 같은 재생 가능한 에너지로 전기를 생산하는 비용을 정부에서 지원한다면 전력공급의 민간 역할은 커질 것이다.

독일 정부는 민간이 재생 가능한 에너지를 생산할 때 발생하는 비용을 전폭 지원한다. 전력회사에서 공급하는 전기보다 높은 생산원가는 민간이 부담하지 않아도 된다. 정부의 지원 덕분에 주택은 물론이고 교회와 창고 지붕에 태양광 전지판을 설치하고, 산등성이나 해안에 풍력발전 시설을 세울 수 있었다. 목장 지대는 가축 분뇨로 전기를 생산해 지역 공동체와 나누어 쓴다. 그런 노력으로 재생 가능한 에너지 기술 수준이 높아지면서 고용이 창출되고 마을 공동체는 더욱 돈독해졌다.

일본은 독일의 경험을 적극 수용했다. 민간의 재생 가능한 전기 생산은 현재 일본이 세계 최고 수준이다. 한국은 어떤가? 2002년에 도입된 발전비용지원제도가 이명박 정권 때인 2012년에 폐지되면서 민간 차원의 재생 가능한 에너지 생산에 대한 관심이 크게 약화했다. 민간에 대한 지원을 줄이는 대신 발전 사업체에 기한을 정해 재생 가능한 에너지 생산 비율을 점진적으로 늘리도록 의무화했다. 이른바 신재생에너지의무할당제(renewable portfolio standard, RPS)다. 그런데 전력기업이 RPS의 취지를 훼손하고 있다. 사업성을 먼저 고려하는 전력기업의 원성이 이어지자 정부는 RPS 의무 비율과 기한을 완화하는 현실이다. 더 큰 문제는 RPS 때문에 전력공급의 자급과 분산이 더욱 어려워질 뿐 아니라 농촌지역의 논밭이 파괴되고 생태계가 훼손된다는 데 있다. 막대한 규모의 전력을 생산하는 기존 전력기업은 RPS 의무할당을 맞추기 위해 값이 싼 전국의 논밭과 산비탈을 파헤치는 만행을 버젓이 저지른다.

아베 신조 정권의 마지막 개각에서 환경부장관에 임명된 고이즈미 신지로는 취임 기자회견에서 "다시 사고가 발생하면 끝이므로 일본에서 원자력발전을 없애야 한다"는 소신을 밝혔다. 그러나 우리나 일본이나 환경부장관의 의지로 핵발전이 좌지우지되지 않는다. 결국 양국 모두 민원이 들끓지 않는 한 핵발전 시설을 폐로하거나 줄이려 서두르지 않을 것이다. 전문가들이 일본에서 갑상선암과 백혈병이 늘어난 수치를 제시해도 소용없을 것이다. 자국에서 핵발전 시설 확산이 어려워지자 한국과 일본 정부는 발전 시설의 수출에 관심을 돌릴 따름이다. 재난에서 교훈을 구하려 하지 않는다.

흔쾌할 수 없는 도쿄올림픽

2011년 후쿠시마 핵발전소 폭발 이후 "후쿠시마 농산물과 그 농산물로 가공한 제품들을 먹어서 후쿠시마에 힘을 실어주자!"는 민간 캠페인이 있었다. 그 여파로 유명 방송인과 연예인이 연달아 백혈병에 걸리거나 사망했는데, 사고 10년이 다가오는 지금, 안전해졌을까? 그럴 리 없다. 1986년에 폭발한 우크라이나 체르노빌의 땅과 대기는 지금도 일반 허용기준치를 5배나 넘나든다. 핵발전소 폭발로 발생하는 방사성물질과 그 위험성은 일본도 마찬가지다. 시민들의 거주 공간은 철저한 제염으로 기준치 이하를 만족시킨다고 홍보하지만 반드시 그렇지는 않다. 생활하수가 모이는 지역은 여전히 위험 수준이다.

우리 정부도 방사능 허용기준치를 연간 1밀리시버트로 규정하고 있지만, 그러므로 안전하다고 주장할 수 없다. 나라마다 제각각인 방사능 허용기준치는 시민의식을 반영한다. 시민들이 방사능에 민감하면 국가의 태도가 엄격하겠지만, 그렇지 않으면 그 나라 핵산업의 입김에 좌지우지된다는 뜻이다. 그런 기준치는 대개 ALARA(As Low As Reasonably Achievable) 원칙에 따른다. 김익중 박사는 이것을 "무리하지 않고 달성할 수 있는 최소한의 기준"으로 해석한다.

연간 1밀리시버트의 방사능을 받는다면? 전문가는 1만 명당 1명이 암에 걸릴 확률이라고 풀이한다. 암에 걸린다고 무조건 사망에 이르지는 않지만, 살아나려면 경제적이나 신체적으로 힘겨운 치료과정을 감내해야 한다. 도쿄올림픽의 소프트볼과 야구 경기가 예정된 후쿠시마는 현재 결코 안전하다고 확신할 수 없는데, 내년엔 나아질까? 그럴 리 없다. 방사성물질에서 내뿜는 방사능을 1년 만에 줄일 수 있는 기술은 어디에도 없다. 사고 이후 황급히 집을 떠난 후쿠시마 주민들이 되돌아오려 하지 않는 건 당연한데, 일본 정부는 올림픽을 의식했는지 주거지역의 방사능 허용기준치를 1밀리시버트에서 20밀리시버트로 완화했다.

1986년 체르노빌에서 핵발전소가 폭발한 이후 우크라이나와 국경을 공유하는 벨라루스는 직격탄을 맞았다. 폭발을 알고도 당시 집권세력은 대규모 행사를 강행했는데, 하필 그 방향으로 바람이 불어 방사능 낙진이 집중된 것이다. 현재까지 진행 중인 벨라루스의 기형아 출산 공포는 호흡기나 음식을 통해 몸으로 들어간 방사성물질이 원인이었다. 올림픽을 앞두었다고 예외가 될까? 일본은 막대한 비용을 들여 겉흙 1400만 세제곱미터를 걷어냈다. 그러나 오염된 흙을 모두 들어낼 엄두는 내지 못한다. 대신 꼼수를 고안했다.

킬로그램당 100베크렐(Bequerel, 방사능 활동의 양을 나타내는 국제표준단위. 1초에 방사성 붕괴가 1번 일어날 때 1베크렐이다.)을 도저히 맞출 수 없는 일본은 8000베크렐 이하인 흙을 도로포장에 활용하기로 기준치를 슬그머니 완화한 것이다. 거기에서 그치지 않았다. 5000베크렐 이하인 흙에서 생산한 농산물의 판매를 허용했다. 사고 이후 걷어낸 흙을 커다란 자루에 담아 막연하게 산더미로 쌓아놓고 있는데, 당국은 170년이 지나야 방사성물질인 세슘이 기준치로 낮아질 것으로 기대하는 모양이다. 170년도 부정확하지만 그때까지 속절없이 기다릴 수 없는 이유는 경제적 부담 때문이다. 세슘이 있는 흙 위에 콘크리트를 덮으면 괜찮을까?

베타선을 방사능으로 방출하는 세슘의 반감기는 30년이다. 베타선은 콘크리트를 통과하지 못하지만 사람 피부는 능히 통과한다. 30년 이상 틈이 벌어지지 않는 도로포장은 없다. 게다가 폭발한 핵발전소에서 내놓은 방사성물질은 세슘만이 아니다. 간단한 장비로 제대로 검색하지 못하는 것일 뿐, 세슘보다 반감기가 길고 독성이 강한 물질이 많다. 폭발 전에 아무리 깨끗하게 보이더라도 핵발전소를 이중 삼중의 안전시설로 철저히 관리해야 하는 이유가 그 때문이다.

문제는 음식을 통해 몸으로 들어오는 방사성물질이다. 거리가 가까울수록 기하급수로 위험해지는 방사성물질이 몸속에서 방사능을 내놓는다면 아무리 낮은 수치라도 안전을 장담할 수 없다. 물론 허용기준치 이하라는 걸 올림픽을 앞둔 일본 당국은 유난히 강조하겠지만, 그런 말에 마음을 놓을 환경단체는 세계 어디에도 없다. 우리나라 환경단체를 방문한 후쿠시마 농부들은 환경단체 활동가의 손을 잡고 "제발 후쿠시마 농산물이나 그 가공식품을 멀리"하라고 당부했다. 오염된 농토에서 재배한 농산물이 올림픽 선수촌 식당에 납품된다면? 우리는 일본 정부의 태도를 주목하고 대비해야 한다.

일본은 음식의 방사능 허용기준치를 우리나라처럼 킬로그램당 100베크렐로 정했는데, 김익중 박사는 그 수치를 고속도로 제한속도에 비교한다. 시속 1000킬로미터로 제한속도를 규정한다면 위반 차량이 없더라도 도로는 매우 위험해질 것이다. 몸에 들어오는 방사성물질이 플루토늄이라면 더욱 끔찍하다. 반감기가 2만 4천 년인 플루토늄은 60만 명을 폐암으로 사망하게 할 방사능을 가진다고 전문가는 강조한다. 철보다 무거운 플루토늄은 후쿠시마 앞바다에 쌓였을 텐데, 설마 후쿠시마 앞바다에서 잡은 해산물을 선수촌에 공급하는 건 아니겠지?

도쿄올림픽에 필요한 색다른 대비

최근 색다른 사진이 인터넷 공간을 달궜다. 방사능에 오염된 토양을 담은 시커먼 부대를 산더미처럼 쌓아 둔 임시 처분장 옆에서 쌀을 수확하는 장면이다. 일본에서는 새삼스러운 모습이 아니라지만, 후쿠시마에서 재배한 쌀을 관광호텔에 납품해 왔다는 사실을 폭로하는 기사도 올라왔다. 그런 사실에 분노한 할리우드 유명 배우의 사진과 항의 발언이 인터넷에 공개되었는데, 후쿠시마 쌀은 과연 안전할까?

식품에 대한 방사능 허용기준치로 따져 안전하다는 것이 일본 측 주장이다. 누가 어떻게 측정해서 그런 수치를 내놓았는지 살피지는 않았지만, 문제의 쌀이 일본이 정한 허용기준치보다 낮을 거라 믿는다. 하지만 그러므로 안전하다고 생각하지는 않는다. 방사능은 물론이고 환경오염물질 방출에 대한 대부분의 허용기준치는 생태계나 사람의 안전을 과학적으로 보증하는 근거가 아니기 때문이다. 산업계의 로비나 경제 사정에 따라 오르내리는 허용기준치는 대부분 타당한 산출 근거를 제시하지 못한다. 기껏해야 관리자를 배려할 따름이다.

2011년 3월 이후 동일본에 걷잡을 수 없게 방출된 방사성물질은 토양뿐 아니라 습지, 지붕과 나뭇잎에 내려앉았다. 그중 토양을 치명적으로 오염시킨 방사성물질은 삽이나 호미로 흙을 긁어내 검은 부대에 담는 방식으로 치웠다. 임시조치였다. 그 부대를 인적이 드문 지역에 쌓아두었지만 그것을 안전해질 때까지 차폐해 보관하지는 못한다. 비바람에 쓸려 내려간 적이 있는 부대 안의 토양은 허용기준치를 크게 초과하건만, 외진 땅뿐 아니라 농토 인근에 그런 부대를 켜켜이 쌓아가고 있다.

폭발사고 이후에도 후쿠시마의 논에서 생산된 쌀은 어딘가에서 소비되었다. 자신은 날마다 먹는다고 언론 앞에서 생색을 낸 아베 총리의 발언을 믿기 어려운데, 외교사절에게 대접했다는 소문도 들린다. 후쿠시마 앞바다의 해산물과 더불어 쌀을 2020년 도쿄올림픽 선수촌에 공급하겠다는 계획을 꺾지 않겠다는 뜻일까? 안전을 확신한다는 일본 정부의 홍보에서 그친다면 모르지만, 사실이라면? 무책임할 뿐 아니라 대단히 불쾌한 계획이 아닐 수 없다. 가당치 않은 재건을 내세우며 터무니없이 세계 각국의 젊은이들을 사지로 몰아넣으려는 셈이 아닌가? 야구와 소프트볼 경기장 인근에 쌓인 문제의 자루들이 볼썽사나운데, 경기 전에 치우면 그뿐인가?

우리 정부는 실상을 세세히 파악하고 있을까? 올림픽을 위해 땀 흘리는 선수들에게 관련 사실을 알렸을까? 선수와 임원, 그리고 우리 관광객이 선수촌과 주변 식당에서 먹을 음식에 대비해 어떤 고민과 준비를 하고 있을까? 선수단을 파견할 다른 국가들과 안전을 위한 논의에 나서고 있을까? 도쿄올림픽이 열릴 내년 7월이면 체르노빌 핵발전소가 폭발한 지 34년이 넘는 시점이다. 지금도 체르노빌은 핵발전소 반경 30킬로미터 이내를 통제한다. 후쿠시마는 올림픽을 치러도 될 정도로 안전하다고 확신하기 어렵다. 많은 환경운동가들은 도쿄의 안전성도 부정한다.

사실 책임 있는 자세를 가졌다면 일본 정부와 체육계, 그리고 국제올림픽위원회는 도쿄올림픽을 구상하지 말아야 했다. 올림픽이 기정사실이라면 일본과 국제올림픽위원회는 철저히 안전을 대비해야 하는데, 관련 소식은 명료하게 들리지 않는다. 허용기준치 이내라는 수치에 숨지 말고 경기장 인근의 방사능 수치를 정확하게 시시때때로 밝혀야 하는 건 기본인데, 과연 그렇게 할까? 방사능 민감성은 사람마다 다르다. 국가대표 선수들도 마찬가지다.

청와대 인터넷 게시판에 '2020년 도쿄올림픽 보이콧' 청원이 올라오기도 했지만 대한체육회의 태도는 미지근하다. 일제강점기 징용 피해자들에게 손해배상을 해야 한다는 우리 대법원의 판결 이후 일본 정부에 의해 반도체 소재 수출규제조치가 나오면서 우리 사회에 일본 제품과 일본 여행 거부운동이 확산되고 있지만 정작 올림픽 보이콧 목소리는 미미하기만 하다. 청와대 청원까지 나왔지만 경각심으로 이어지지 않았다. '2020년 도쿄올림픽 보이콧'은 전부터 제기된 국제적인 민간운동이다. 귀담아야 할 내용이 많은데, 올림픽 출전을 앞둔 우리는 어떤 믿음직한 대책을 세우고 있을까?

방사능 오염수 방류를 반대하며

2019년 9월 14일 환경부 장관은 자신의 페이스북 계정에 일본 전

환경부 장관의 9월 10일 발언을 무책임하다고 비판했다. 퇴임 하루 전에 개인 의견임을 전제로 하고 하라다 요시아키 일본 전 환경부 장관이 "눈 딱 감고 (바다로) 방출해 희석하는 것 말고는 선택지가 없다"고 의견을 밝힌 데 대해 "국제사회 우려를 도외시한 것으로, 환경을 가장 우선해야 할 환경성 장관의 발언이라고는 도저히 믿기 어렵다"고 피력한 것이다. 조명래 환경부 장관은 탈핵에너지교수모임의 공동대표였다.

무슨 의도로 일본 전 환경부 장관은 하필 퇴임 하루 전에 개인 의견을 내놓았을까? 퇴임 후 핵발전 반대 목소리를 높인 고이즈미 준이치로의 38세 아들, 고이즈미 신지로 신임 환경부 장관은 12일 업무를 시작한 날 바로 후쿠시마로 달려가 어업협동조합에 사죄했다고 우리 언론은 전했다. 그는 평소 "원자력발전 반대"를 덕담처럼 표명한다던데, 그의 의견이 일본 내각에서 얼마나 영향력을 발휘할까?

여러모로 보아 우리 환경부는 내각에서 발언권이 강하지 않은 게 틀림없다. 온실가스, 흑산도 공항, 초미세먼지, 비닐폐기물과 같이 그간 표출된 환경문제는 개발부서의 책임이 훨씬 큰 사안인데 힘없는 환경부만 전전긍긍할 뿐이다. 우리 눈에 그렇게 보이는데 일본에는 어떻게 보일까? 일본의 신임 환경부 장관은 도쿄올림픽의 후쿠시마 경기를 어떻게 평가할까? 우리 환경부 장관은 후쿠시마에 선수단 파견하는 것을 만류할 의지가 있을까? 양국 정부는 자국 환경부 수장의 의견을 받아들일까?

후쿠시마 핵발전소 부지에 현재 저장 중인 방사능 오염수는 정화를 거쳤어도 삼중수소가 남았다고 전문가는 전한다. 과연 반감기가 12년이 넘는 삼중수소뿐일까? 다른 방사성물질은 모두 걸러냈다고 믿어도 좋을까? 오염수에서 걸러낸 다른 방사성물질은 어디에 어떤 상태로 보관돼 있는지 우리는 모른다. 후케다 도요시 원자력규제위원회 위원장은 "충분히 희석해 해양 방출을 하자는 것이 위원회의 견해"라고 밝히며 세계적으로 통용된다고 명확한 근거 없이 덧붙이던데, 안전과는 거리가 먼 발상이다. 항간의 의혹처럼 가장 비용이 적게 들어가기 때문이 아닐까?

일본의 오염수 해양 방류 문제로 얼마 전 우리나라를 방문한 숀 버니 그린피스 수석은 일본의 태도를 비난하며 우리에게 반대행동 동참을 부탁했다. 태평양에 오염수 100만 톤을 희석해 버리는 데 깨끗한 물 7억 톤 이상과 17년의 시간이 필요한데, 그런 방식으로 방사성물질을 바다로 버리는 일에 동의할 수 없다고 언론 인터뷰에서 목소리를 높였다. 그런데 일반적인 의혹처럼 낮은 비용을 먼저 고려한 일본이 과연 17년의 시간을 감당하려 할까? 알 수 없다. 숀 버니 수석은 후쿠시마의 방사성물질을 버림받은 핵발전소 주변 부지에 영구히 보관하는 방법밖에 없다고 강조했다. 그렇다면 내년에 열릴 도쿄올림픽의 후쿠시마 경기는 불가능해야 옳을 것이다.

일본 당국은 2022년이면 오염수 저장탱크를 둘 공간이 가득 찰 것으로 추정한다지만, 그럴까? 관련 연구의 진전도 있다던데 현재 다른 방법을 찾을 수 없는 걸까? 방류하면 손쉬울 것 같지만 이후 발생할 문제는 어떤 비용을 들여도 아무 대책도 세울 수 없을 것이다. 전문가는 방류 이외의 해결방법을 모색해야 마땅하지만 전기 소비자인 우리는 우리대로 새롭게 각인해야 한다. 겉보기에 아무리 깨끗하고 안전해도 일단 폭발하면 어떤 과학기술로도 속수무책인 것이 바로 핵발전소라는 사실을.

후쿠시마 폭발사고는 현재 아무것도 해결된 게 없다. 오염수도 마찬가지다. 체르노빌과 스리마일이 그렇듯 올림픽 개최와 관계없이 후쿠시마는 단시간 내에 재건될 리 만무하다. 오염수가 문제의 전부가 아니다. 검은 비닐부대에 담아 산더미처럼 쌓아놓은 오염 토양도 한두 세대 안에 결코 안전하게 처리될 수 없다. 핵발전은 아예 없어야 할 괴물일 따름이다.

우리는 일본의 후쿠시마 방사능 오염수의 태평양 방류만 반대할 게 아니다. 우리 젊은 선수들의 후쿠시마 파견도 만류해야 당연하다. 또한 내 나라의 핵발전소를 돌아보아야 한다. 사고 전 54기의 핵발전소를 운영하던 일본은 현재 40여 기의 가동이 중단된 상태이며 9기 이상 폐로를 결정했다. 촛불이 교체한 정권이 탈핵을 선언한 우리의 실상은 어떤가? 거짓과 부정을 일삼으며 문제의식을 가진 이의 눈을 가리는 우리의 핵발전소는 개과천선하고 있는가? 탈핵의 길로 순조롭게 이어지고 있으며 운영 중인 시설은 안전하게 관리되고 있는가?

다음 세대가 안심할 어떤 합리적 근거를 제시하지 않으며 안전을 장담하는 우리 핵발전 당국은 투명한 운영과는 거리가 멀다. 그렇다면 여태 폭발이 없었던 건 다분히 행운이었다. 그런 행운이 계속되리라는 근거는 희박하다. 핵발전소를 폐쇄하지 않으면서, 최소한 개수를 획기적으로 줄이려는 최선의 노력 없이 일본의 방사능 오염수 방류를 문제 삼는 건 비양심이고 모순이다. 일본이 꿈쩍하지 않을 게 뻔하다.

종말을 앞당기는
핵 잔치

언젠가 일본 정부의 한 고위 인사가 한국을 형제의 나라라고 말했다. 우리나라가 일본의 동생이라는 의미에 가까운 발언이었다. 우리를 가르치거나 타일러야 할 대상으로 여기는 시선이 일본에 배어 있는 걸까? 우리나라의 어떤 인사는 일본이 요즘 우리에게 고압적이라고 이야기했는데, 일본의 그런 태도는 어디에서 비롯된 것일까? 일제강점기 이전인가, 이후인가? 우리나라보다 일본을 우선시하는 미국의 오랜 정책이 빚은 일일까? 많은 이들이 지적하듯, 1965년에 체결된 한일청구권협정 때문일까?

한일청구권협정을 비롯해 한일 간의 여러 불평등 조약은 대체로 민심이 이반했을 때 우리의 역대 정권이 벌인 일이다. 내막과 이면이 여태 명확하게 알려지지 않은 한일청구권협정의 역사와 국제법적 맥락을 살펴보아도, 그 협정으로 인해 개개인의 배상권까지 소멸하지 않은 것은 명백하다. 지금 한일 간의 갈등은 역사에 대한 건전한 책임의식이 조금이라도 있다면 생기지 않았을 일본의 독선 때문이다. 군사정권에서 빌미를 만든 한일청구권협정 이후에도 마찬가지다. 석연치 않은 정권이 시민과 일체 논의하지 않고 전개한 일련의 협정은 우리를 이래저래 불편하게 만든다.

썩는 낙동강과 방사성 수돗물

차이콥스키는 어떻게 죽었을까? 그가 졸업한 페테르부르크음악원은 콜레라가 원인이라고 공식화했다. 필생의 작품인 제6교향곡 〈비창〉이 초연에서 '무겁다'는 비평을 받자 우울해진 차이콥스키가 식당에서 냉수를 마신 뒤 그만 콜레라에 걸렸다는 내용이다. 끓여 뜨거운 물을 마다하고 굳이 냉수를 마셔 그리되었다는데, 비소를 먹고 자살했다는 설도 있다.

콜레라는 수인성 전염병이다. 콜레라균에 오염된 물을 마셔 발생하는데, 차이콥스키가 살았던 18세기 말, 우리나라에는 콜레라가 없었을까? 흔했다면 병명이 있었을 텐데, 없다. 유럽에 흔했던 콜레라가 없거나 그 존재를 몰랐던 이유는 무엇일까? 학자들은 우리나라의 물이 그만큼 깨끗했기 때문이라고 해석한다.

석회질이 많은 유럽의 강물은 그대로 마시기 꺼림칙하다. 생활하수나 공장 폐수를 정화처리 없이 내버렸을 18세기 말이라면 유럽인들은 분명 강물을 바로 마시지 않았을 것이다. 아마도 모래층이나 땅에서 여과된 강변의 지하수를 끓어서 마셨을 것이다. 그런데 우리는 강물을 그냥 마셨고 아무 탈도 없었다. 가정과 동네에서 사용한 허드렛물을 그냥 강에 내버렸을 텐데.

콜레라와 장티푸스, 그리고 무시무시한 흑사병이 돌아도 감염된 사람이 없는 지역이 유럽에 있었는데, 그 지역의 강에는 화강암으로 형성된 모래가 흘렀다고 한다. 우리나라는 대부분의 크고 작은 강에 화강암 모래가 강물과 더불어 사시사철 흘러 왔다. 화강암 모래가 흐르는 강은 겨울이면 두껍게 언다. 요즘 우리나라의 강은 거의 얼지 않는다.

낙동강 상류를 가로막는 영주댐 시공을 서두르던 겨울, 50대 전후로 이루어진 답사단은 눈 덮인 내성천을 찾았다. 달빛 아래 강변의 푹신한 눈밭을 구르며 접근한 우리 일행은 살얼음을 깨고 강물을 들이켰다. 살얼음까지 나누며 깨뜨려 먹는데 우리를 안내한 지율스님이 가볍게 웃으며 한마디 했다. 상류에 농공단지가 있다고. 하지만 탈이 난 이는 아무도 없었다. 화강암 모래가 흐른 까닭이었다.

화강암은 단단한 석영과 장석, 그리고 잘 긁히고 부서지는 운모로 구성된다. 화강암 모래가 강물과 더불어 흐르며 긁힌 운모에 틈이 생기면 그 틈에 미생물이 자리를 잡는다. 미생물은 강물에 들어온 유기물을 먹이로 삼으며 강을 정화하는데, 강에 깊게 쌓이고 가장자리에 넓게 펼쳐진 모래는 강물만 정화하는 게 아니다. 모래 사이에 물을 흠뻑 머금어 갈수기에 강을 적시고 주변 마을의 우물을 깨끗하게 유지하게 한다.

내성천의 명물인 예천군 회룡포에는 아직 모래가 흐르지만 영주댐에 물이 고이기 시작하면 멈출 것이다. 강물에 휩쓸리는 상류의 모래는 영주댐 바닥에 쌓여 썩어들어가고, 공급이 차단된 내성천의 모래는 서서히 사라질 것이다. 회룡포의 휘돌아가는 강변은 자갈과 바위를 드러내고 육지로 변할지 모른다. 모래를 잃은 회룡포는 차차 지저분해지고 그 빼어난 경관은 사람들 기억에서 사라지겠지. 보는 댐과 하는 일이 비슷하다. 물을 호수처럼 고이게 한다. 흐르는 강물이 고이면 썩기 시작한다. 농공단지와 축산단지의 폐수가 충분히 정화되지 않고 내려오는 강물이라면 더욱 심각하게 썩고 말겠지. 유기물이 섞인 모래와 진흙이 바닥에 쌓이며 악취가 진동할 것이다.

이명박 정권이 고집한 대형 보로 인해 강의 흐름이 여덟 군데에서 차단된 낙동강이 그렇다. 세 개의 대형 보로 인해 흐름을 잃은 한강과 금강이 그렇다. 두 개의 대형 보가 강물을 차단하는 영산강도 마찬가지다. 우리는 그냥 떠서 마시던 물을 오염시킨 다음 거액의 돈과 상당한 에너지와 기술을 동원해 정화처리해 마시고 있다. 그런데 환경단체는 낙동강에서 독성 조류가 발견되었다고 주장했다. 전문가의 조사결과를 인용한 환경단체는 현재 기술로 정화처리를 해도 안전을 확신할 수 없는 조류라고 했다. 그런 낙동강 물로 농사지은 채소나 과일은 괜찮을까? 물속 생태계와 낙동강을 이용하던 물 밖 생태계는 안녕할 수 있을까?

일본 후쿠시마 핵발전소가 폭발했을 때 주변 지역을 오염시킨 방사성물질은 지금도 여전하다. 그런데 5년이 지나자 일본은 방사능 연간 허용기준치를 1밀리시버트에서 20밀리시버트로 조절하려 했다. 방사성물질이 많은 지역에 거주하는 사람은 방사능에 대한 저항력도 20배 증가한다는 과학적 근거는 물론 제시하지 않았다. 책임 부담과 배상 부담을 피하려는 속셈인데, 사회적 약자에게는 건강과 재산의 피해가 더 가중될 것이다. 부산시 기장군으로 가보자.

얼마 전까지 부산시는 굳이 고리 핵발전소 인근 앞바다의 물을 수돗물로 만들어 시민들에게 공급하겠다고 고집을 부렸다. 고리 핵발전소는 방사성물질을 지나치게 많이 바다에 배출하는 곳으로 정평이 나있다. 그중 삼중수소가 수돗물에 포함될 것이다. 지역 주민들의 강력한 반발을 무릅쓰고 핵발전소 인근 바닷물을 수돗물로 공급하려던 이유는 무엇이었을까? 발전소 당국의 말 못할 사연을 부산시가 묻지 않았지만, 부산 시민이 마시던 낙동강이 감당하기 어렵게 썩은 현상과 무관하지 않으리라.

부산시가 문제의 수돗물을 페트병에 담아 행사장에 풀어놓은 적이 있다. 낙동강에서 취수해 만든 수돗물보다 방사능이 적다고 주장하기도 했다. 느슨하기 짝이 없는 기준치보다 낮다고 유난히 강조했는데, 그렇다고 안전한 걸까? 낙동강 강물이 방사능에 오염되었다면? 그렇다면 부산시는 어떤 연유로 낙동강에 방사능이 유입되는지 마땅히 조사해야 옳았다.

기장군과 인근 지역 10만 명에게 공급하겠다던 방사성 수돗물의 안전성을 누가 어떻게 계산했는지 모르지만, 부산시 담당자는 95-99퍼센트의 안전을 과신했다. 그렇다면 10만 명 중 1000-5000명이 피폭된다는 해석이 가능하겠군. 그런데 아니다. 수돗물을 한 차례 마시고 그만두는 게 아니므로 그 확률은 물을 마시는 횟수만큼 높아진다. 안전한가? 부산시의 연구용역을 받은 뒤 그런 수치를 제시한 해외의 연구진은 안전을 이야기한 게 아니라고 발뺌했다.

당시 방사능 수돗물을 강력하게 반대한 기장군 주민들은 방사성 요오드와 세슘만 걱정한 게 아니었다. 반감기가 12년 이상인 방사성 삼중수소가 수돗물로 흡수돼 우리 몸을 구성하는 물이 된다면 아무리 선량이 낮아도 치명적일 수 있다. 거리의 제곱에 반비례하는 방사능이 몸에 도사려도 안전하다고? 그렇게 주장하는 사람들은 문제의 수돗물을 마실 의지가 없었을 것이 틀림없다. 방송 카메라 앞에서 한 차례 음용하는 퍼포먼스야 눈 딱 감고 감행했을 테지만.

방사능 허용기준치라는 것

수출하면 좋은 일일까? 갯벌의 가치를 이야기할 때 한 청중이 질문을 했다. "갯벌에서 잡은 거 수출도 해요?" 백령도의 한 부두에서 싱싱한 해삼을 잡은 어부에게 값을 물었더니 "안 팔아요. 전량 일본으로 수출할 거라고요!"라고 답했다. 우리가 먼저 먹고 남는 걸 수출하면 안 되나?

처리하느라 골머리 앓는 일본의 폐타이어를 돈을 받고 수입하는 우리나라를 일본 당국은 어떻게 생각할까? 우습게 여기지 않을까? 방사능에 오염돼 이러지도 저러지도 못하는 후쿠시마 일원의 폐타이어뿐 아니라 고철까지 수입한 나라가 아닌가.[7] 그런 나라에서 후쿠시마 인근 8개 현 소속의 어선이 잡은 물고기를 감히 거부하려 들다니! 어처구니 없었던 모양이다. 방사능에 오염되었을 가능성이 높은 후쿠시마 일원의 쌀로 빚은 맥주를 잘도 수입해 자국민에게 할인가격으로 판매하는 나라 주제에, 일본인들이 먹지 않아서 남아도는 물고기를 거부하겠다고?

대만과 중국을 비롯해 많은 국가들이 후쿠시마 인근 8개 현뿐만 아니라 일본 해역에서 잡은 모든 해산물의 수입을 철저하게 막는다. 그런다고 일본은 푸념만 할 뿐 부들부들 떨지 않는다. 세계무역기구에 제소할 생각도 하지 않는다. 하지만 관료들이 일본에 가서 자국의 소비자들을 탓하는 한국은 다르다. 일본이 먹으라고 하면 수입해서 먹어야 옳다. 일본이 정한 기준치 이내를 만족하므로 안전하지 않은가.

자, 봐라! 킬로그램당 100베크렐 이하가 아닌가. 그 기준치를 초과한 경우가 15.2퍼센트나 된다고? 방사능 폐타이어를 수입해 학교 운동장의 인조잔디에 깔고 시멘트 원료로 사용하는 주제에 따지긴 무얼 따지나 주제넘게! 일본에서 학위를 받았는지 확인은 안 했지만, 한양대학교 원자핵공학과 교수인 한국 식품의약품안전처 민간조사위원장의 말을 들어보라. 그는 "일본 사람들은 (후쿠시마 원전 사태를) 별로 신경쓰지 않는다"며 "전혀 걱정할 일이 아닌데 한국 사람들이 더 신경 쓰고 있다"고 주장했다.

우리 식품의 방사능 허용기준치는 킬로그램당 370베크렐이고 일본

---

7 최병성, 《대한민국 쓰레기시멘트의 비밀》(이상북스, 2015).

에서 수입하는 식품은 허용기준치가 100베크렐이다. 그러나 우리 식품보다 허용기준치가 낮더라도 일본 식품을 안전하다고 판단할 수는 없다. 노벨평화상을 받은 '핵전쟁방지국제의사회'(IPPNW)는 성인은 킬로그램당 8베크렐, 어린이는 4베크렐로 허용치를 제시하는데, 그 이유는 무엇일까? 정보가 원활하게 소통되지 않아 그렇지 일본 해역에서 잡는 수산물은 여전히 일본 기준치를 초과하곤 한다는데, 괜찮을까?

정확한 시계가 있을까? 정밀을 요하는 산업공학 분야가 아닌 일상생활에서는 정확한 시계가 필요하지 않다. 약속시간 5분 전에 도착하면 충분하다. 휴대전화를 가지고 다닌 이후 시계마저 풀어놓았다. 지구의 자전 속도 변화에 맞춰 1초를 더하거나 빼는 윤초까지 자동으로 조정해 표시하는 휴대전화가 아닌가. 그 정도면 일상생활에서 과분할 정도다.

시계의 정확성을 과시하려고 99퍼센트 일치한다고 광고한다면 소비자는 고개를 끄덕여야 할까? 하루는 24시간, 한 시간은 60분, 1분은 60초이므로 하루는 86400초다. 99퍼센트 일치하는 시계는 하루 14.4분 빠르거나 늦고, 99.9퍼센트 일치하는 시계를 한 달 동안 손목에 차고 다니면 40분 이상 다른 시간을 표시할 것이다. 99퍼센트 안전한 물은 어떨까? 부산시 기장군 앞바다, 다시 말해 고리 핵발전소에서 나오는 온배수가 섞인 바다에서 취수해 만든 수돗물은 99퍼센트 안전하다고 했다. 그만큼 방사성물질을 제거했다는 말인가?

젊은 시절 생태조사를 위해 이른 봄에 찾은 도시에서 불현듯 냉면이 먹고 싶었다. 낯선 도시를 돌아다니며 기필코 소원을 풀었는데, 아뿔싸, 오래 두었던 면발이 상했는지 알레르기가 생겨 급히 병원으로 달려야 했다. 같은 냉면을 먹은 후배는 아무렇지 않았는데. 한번 생긴 알레르기 반응은 30년이 지났지만 사라지지 않는다. 하는 수 없이 모든 메밀 메뉴를 피하는 버릇이 생겼다.

상한 메밀을 먹고 알레르기가 생길 확률이 얼마나 될까? 메밀 알레르기가 있는 이를 여태 만난 적 없으니, 모르긴 해도 아주 낮을 것 같다. 냉면을 즐기는 손님 중 상한 메밀에 민감한 체질의 손님을 만날 확률이 1만 명 중 한 명이라고 가정해 보자. 그 불행한 한 명은 사전에 대처할 수 없었지만, 알레르기 고통을 경험한 이후 그간 즐겼던 냉면을 포기해야 한다. 메밀뿐이랴.

방사능 연간 허용기준치 1밀리시버트는 안전을 담보하는 수치가 아니다. 전문가는 1만 명 중 한 사람에게 암이 발생할 확률이라고 풀이한다. 암이 생긴다고 다 죽는 건 아니다. 한국시리즈에 오른 프로야구단의 관계자가 마이크를 들고서 "기쁜 마음으로 축포를 쏘겠습니다. 안심하십시오. 실탄은 딱 세 발만 쏠 테니까요. 맞는다고 뭐 다 죽겠어요?" 하며 총을 겨눈다면, 낮은 확률이므로 3만 관중은 웃으며 맞장구쳐야 할까? 방사능 허용기준치와 견주어보라.

핵 잔치는 종말의 서곡

우후죽순. 비 내린 뒤 대나무는 자신의 뿌리를 사방에 펼치며 지역을 석권한다. 울산 태화강 강변이 그렇다. 대나무 이외에 다른 식물을 찾기 어려울 정도인데, 딱 한 차례 꽃이 핀 뒤 일제히 죽는다. 한 그루의 대나무에서 파생한 죽순과 그 죽순이 커다랗게 자란 대나무가 더불어 죽는 까닭에 대나무 꽃을 개화병(開花病)이라고 하기도 한다. 한 세대 동안 전기를 흥청망청 소비하게 만든 뒤 재활용 없이 관련 시설 대부분을 폐기해야 하는 발전이 무엇일까? 핵발전이다. 그 핵발전은 전기를 흥청망청 사용한 소비자를 죽음으로 몰아갈 태세다. 대나무 꽃 비슷한 핵 잔치를 벌이는 우리는 어떤 내일을 준비하려는가?

2019년 6월 일본 정부는 한국산 수산물에 대한 검사를 강화하겠다고 으름장을 놓았다. 평소 우리나라가 일본에 수출하는 해산물의 품질이 저질이라는 의미가 아니었다. 일본에 수출하려면 엄격한 품질조사를 거쳐야 한다는 것을 모르는 어업 종사자가 없는 현실이므로, 다른 까닭이 있었다. 두 달 전 4월 26일 채택한 세계무역기구의 최종조치에 대한 일본의 억하심정이라는 의심이 생겼다. 후쿠시마 핵발전소 폭발 이후 우리 정부가 후쿠시마 현 인근 8개 현에서 잡은 해산물의 수입을 중단하자 일본 정부는 항의하며 2015년 5월 15일 세계무역기구에 제소했다. 첫 심의에서는 우리 정부가 패소했지만 이후 재심에서 일본이 최종 패소했다. 일본의 때아닌 우리 해산물 품질조사는 그에 대한 보복이었으리라.

우리의 승소를 확인한 대통령은 "치밀한 전략과 젊은 사무관, 공직자들이 중심이 된 소송대응단의 노력이 큰 역할을 했다"며 치하의 뜻을 전했다고 언론은 전했다. 세계보건기구 위생검역협정 분쟁에서 최초 판정이 상소심에서 뒤집힌 전례 없는 사례라는데, 국제통상 전문 송기호 변호사는 일단 "값진 승소"로 평가한 후 "한국은 왜 1심에서 졌을까?"를 깊이 있게 살펴야 한다고 지적했다.

세계무역기구는 폭발사고 이후 일본산 해산물 수입을 금지한 우리의 잠정조치를 양해했지만 이후 보완조치를 요구했다. 구체적이고 합리적인 조사를 추가해 수입규제의 정당성을 제시하도록 규정했는데, 지난 정권에서 특별한 사유 없이 보고서 제출을 미적거리며 등한시한 것이다. 방사성 세슘의 허용치를 국제기준보다 10배나 느슨하게 선정한 일본은 우리 정부에게 자국의 검사결과를 내밀며 '안전!'을 압박했고, 우리 정부는 거기에 순응했다는 소식이 이어졌다. 무거운 방사성 물질의 조사를 위해서는 바닥의 방사능 수치를 조사해야 했는데, 당시 우리 정부는 무슨 겁박을 받았는지 일본이 동의한 바닷물 표면만 조사했다고 한다. 당연히 결과는 일본을 만족시켰고, 우리 조사단은 그대로 철수했다는 어처구니없는 후일담이 우리를 비참하게 했다.

호전적 태도로 전쟁 가능한 국가로 변신하고자 하는 현 일본 정부는 우리의 전 정권에서 "국가의 부재"를 보았을 것이라고 송기호 변호사는 분석했다. 그런데 촛불이 탄생하게 이끈 현 정권은 달랐고, 내심 스스로 형님 국가라고 인식하는 일본 정부는 치졸한 자세를 연출하고 있다. 우리 해산물에 대해 느닷없이 까다로운 품질조사에 나선 건 시작이었다. 한일청구권협정 문제로 일본이 촉발한 무역 갈등을 보면 일본의 태도는 치졸했고 우리의 대응 역시 상대적으로 성숙한 건 아니었다. 이성보다 감정적 측면이 크게 작용했다. 일본 여행 자제와 불매운동에서 머물 수 없는 노릇이 아닌가.

양국의 갈등 상황은 주권자인 국민에게 신뢰받지 못한 정권이 굴욕적으로 체결한 협정과 무관하지 않지만, 더 깊이 들어가면 탐욕이 원인이다. 후쿠시마 폭발사고 역시 탐욕이 원인 아니었나. 이번 기회에 두 나라는 해묵은 갈등의 해결에서 그칠 게 아니었다. 동북아시아 기후변화의 주요 원인인 석유와 석탄, 종말을 부추기는 핵을 외면하는 대안까지 함께 생각하며 향후 양국 관계를 허심탄회하게 논의해야 했다. 부당한 욕심에서 비롯된 양국의 여러 협약은 물론이고 낭비를 부추기는 물건들의 수출입을 반대할 수 있는 기회였다. 이웃 국가에 대한 양국의 감정적 대응은 지구 종말의 위기 상황에 부합하지 않는다.

폭발사고가 났든 핵폐기물을 내놓든 종말을 부추기는 핵발전과 달리 4대강 사업으로 오염된 낙동강은 대형 보 여덟 군데의 수문을 활짝 열면 바로 깨끗해질 것이다. 강물이 다시 흘러 화강암 모래가 흐르게 만들면 자연이 정화가 시작될 테니까. 한꺼번에 수문을 열면 사방에 악취가 진동하며 그나마 남아 있는 가녀린 생태계마저 파괴될 가능성이 있지만 투명하고 합리적인 조사를 통해 수문을 열 방법을 찾으면 피해를 최소화할 수 있으리라. 낡은 화력발전소는 폐쇄하면 그뿐인데, 여태 핵발전소를 품고 있는 우리와 일본 그리고 세계는 스스로 어떤 대응행동에 나서야 할까? 정부보다 민간 차원의 숙제가 남았다.

우리의 현재 상황부터 챙겨야 한다. 일본의 8개 현 소속 어선에서 잡는 물고기만 불안한 건 아니다. 우리가 일본에서 수입하는 물고기의 95퍼센트가 명태, 대구, 고등어라고 하니 우선 그걸 피해야 한다. 원산지 표시를 믿지 못하겠다면? 사후조치가 분명하고 공개적인 검사를 시행하는 생활협동조합을 믿어야겠지. 하지만 그 정도에 머물면 함량미달이다. 점점 흥청거리는 우리의 에너지 소비 자체에 문제의식을 가져야 한다. 종말의 서곡을 조금이라도 뒤로 미루고 싶다면.

방사능 측정기를
사야 하나

2015년 초여름, 아침저녁으로 선선해도 걷다보면 셔츠에 땀이 배었다. 학교에서 뛰어놀 아이들이 걱정되었다. 땀 때문이 아니다. 에어컨 빵빵한 교실은 먼지가 많을 테고 인조잔디 깔린 운동장에는 엉뚱한 물질이 포함된 미세먼지가 일지 않을까? 땀 흘리며 뛰면 호흡이 바빠질 텐데, 인조잔디에 포함된 중금속이나 방사능이 몸에 스며들지 않을까? 입 벌리고 놀다 일본에서 온 새까만 고무알갱이를 삼키지는 않을까?

2015년 녹색당은 학교 운동장에 깔린 인조잔디 문제를 크게 제기했다. 아이들의 발길에 인조잔디가 뜯겨나가지 않도록 뿌려놓은 고무알갱이에서 중금속과 유기화학물질이 기준치보다 높게 검출되었기 때문이다. 중금속과 유기화학물질만이 아니었다. 방사능이 허용기준치의 10배 가까이 검출된 경우도 많았다. 당시 전문가는 고무얼갱이의 원료를 의심했다. 2011년 3월 11일 동일본지진과 쓰나미 이후 후쿠시마 일원의 폐타이어를 수입해 가공했다는 것 아닌가.

후쿠시마 핵발전소 폭발사고는 그곳의 막대한 쓰레기를 재활용할 수 없게 만들었다. 방사능에 오염되었으니 함부로 수출할 수 없을 텐데 어떻게 우리나라로 들어왔을까? 어떤 비양심적인 수입업자가 헐값에 팔아넘기려는 악덕 수출업자와 은밀하게 계약한 건 아닐까? 항간의 의혹처럼, 골머리 앓던 일본 쓰레기 처리업자에게 돈을 받고 반입했을까? 그렇다면 어처구니없다. 참담하게 창피하다. 돈 몇 푼 쥐여주고 손을 턴 일본의 업자들은 한국을 어찌 생각할까?

체르노빌에서 핵발전소가 폭발했을 때, 독일 정부는 바이에른 주 방목지에서 우유가 오염되었다는 걸 알았다. 바다에 버리고 싶었지만 환경단체의 반대로 불가능해지자 분유로 가공해 놓고 이러지도 저러지도 못했다고 한다, 아프리카에 무상 제공하자는 일각의 발상이 여론의 뭇매로 주저앉는 순간 모두 팔렸다고 한다. 한국의 식품기업에서 몽땅 가져갔다는 것 아닌가. 그 소식을 들은 이항규 박사는 귀국해서 한동안 반핵운동의 선봉에 섰다.[8]

방사능 오염 분유를 거침없이 수입한 한국의 기업들은 그것이 어린이들에게 위험하다는 사실을 몰랐을 리 없다. 식품에 대한 방사능 허용기준치가 당시 우리나라에 마련되지 않았다는 기업들의 핑계는 대한민국의 법은 용서했겠지만 소비자는 분노했을 것이다. 그러나 대부

---

8   이항규, 《환경에 관한 오해와 거짓말》(모색, 1998).

분의 소비자들은 수입 사실조차 몰랐다. 오염된 분유를 수입하기로 결정한 기업인은 그것으로 만든 과자를 제 식구에게 내밀 수 있었을까? 한 세대가 지난 현시점의 일본 폐타이어도 비슷한 배짱으로 수입했을 것이다. 2011년 이후 폐타이어 알갱이가 깔린 운동장에서 제 아이는 뛰어놀지 않으리라는 확신이 있었겠지.

2011년 이전에도 수입했을 일본 폐타이어는 지금도 수입해 와 우리나라의 시멘트 공장에 공급한다. 2011년 3월 이후의 후쿠시마 폐타이어도 포함되었을 일본산 폐타이어를 석회석과 섞어 소성로에 넣어 태워 시멘트로 만든다. 그러니 그 시멘트에서 방사능이 나올 가능성은 매우 높다. 그런 시멘트로 지은 아파트에서 방사능이 검출되는 것 또한 당연지사. 돈 몇 푼으로 일본 폐타이어 처리업자의 부담을 떠맡은 덕분에 아파트 분양가는 인하되었을까? 수억을 호가하는 아파트에 들어가는 시멘트 비용은 분양가의 극히 일부에 지나지 않는다. 대신 누군가 막대한 이익을 챙겼을 것이다.

녹색당의 부단한 노력으로 학교 운동장의 인조잔디는 이제 대부분 철거되었다. 그 폐타이어 알갱이는 경주의 방사성 폐기물 처분장으로 들어갔을까? 알 수 없다. 2011년 이후 신축한 아파트는 이제라도 화장실을 수리할 필요가 있을지 모른다. 그 아파트를 지은 시멘트에 반감기가 긴 방사성물질이 포함되었다면 벗은 몸에 더욱 치명적일 것이므로.

방어회를 마다하는 이유

광어 양식장이 많은 제주도는 새로운 시름거리가 생겼다. 방어와 연어 소비가 늘어나며 광어회 판매가 예전 같지 않기 때문이다.

날이 쌀쌀해지면 방어회 계절이 서둘러 돌아온다. 겨울이 되면 모슬포 앞바다는 통통하게 살이 오른 방어를 드물지 않게 맞을 것인데 그때마다 마음이 답답해진다. 2011년 이후 방어회를 찾는 친구들을 말려야 했다. 수도권에서 활어회를 찾으면 과장된 몸짓으로 발길을 돌리게 만들어야 했다.

1980년대 초, 동인천역 주변의 한 주점은 삼치구이를 넉넉히 내놓았다. 그 무렵 삼치구이는 가격도 저렴해 용돈이 궁한 청년들이 즐겨 찾았는데, 요즘 그 골목은 제법 알려진 '삼치거리'가 되었다. 하지만 예전처럼 흔쾌하지 않다. 가격 부담이 없고 맛도 여전하지만 너무 어린 삼치를 내놓는 까닭이다. 석판이 좁을 만큼 넓적했던 구이는 요즘 필통을 펼친 넓이 정도로 줄었다. 알을 낳기 전의 어린 삼치가 분명하다. 거대 선단으로 어린 삼치를 싹쓸이하는 어업은 지속 가능하지 않다. 그래도 삼치거리는 오늘도 북적인다.

주로 고흥 앞바다에서 잡히는 삼치는 여간해서 수도권까지 살려오기 어렵다. 대개 냉동 상태로 가져와 손님상에 구이로 내놓는다. 부드러운 삼치회를 원한다면 고흥의 어촌을 찾아가라고 어부들은 권한다. 고흥에 가도 활어회는 어렵다는데, 등푸른생선이라 그런가? 삼치보다 통통한 방어도 사정이 비슷하다.

몸이 1미터 가까이 자라는 방어를 낚시로 잡아 뱃전에 올려놓으면 몇 번 펄떡이다 이내 조용해지고 마니, 얼음물에 담가놓던가 냉동해야 수도권 식당에서 선어회로 내놓을 수 있다. 후쿠시마 핵발전소가 폭발하기 전부터 양판점에 낮은 가격으로 선보였던 방어회가 그랬다.

그런데 요사이 겨울이 다가오면 수도권 횟집의 커다란 어항은 보란 듯 방어를 전시한다. 길이가 50센티미터 정도? 어리다. 아직 한 번도 알을 낳지 않았을 게 틀림없다. 좁은 어항을 맴도는 어린 방어는 무척 답답하겠지만 도무지 죽지 못한다. 물에 충분히 섞은 항생제가 죽음까지 방해하므로 뒤집힌 몸을 꿈틀댈 때가 더 많다. 덩치가 큰 방어는 항생제를 듬뿍 넣어도 살려오기가 무척 어렵다고 한다.

지속 가능한 어업을 위해 수도권 횟집의 방어 활어회는 피하고 싶지만 다른 이유로도 마다한다. 항생제가 아니다. 그건 다른 활어도 비슷한 실정이 아닌가. 항생제는 어쩌다 한번 눈 질끈 감고 넘어갈 수 있지만 방사성물질은 절대적으로 피해야 하지 않겠나. 플루토늄이라면 특히.

'지옥의 여신'이라는 별명을 가진 플루토늄은 원래 자연에 없었다. 핵발전소의 핵분열 과정에서 형성되는 강력한 방사성물질이다. 핵연료의 97퍼센트 정도를 차지하는 우라늄238은 안정되어 핵분열에 동참하지 않지만 핵에 중성자 하나를 더 받으면 위험해진다. 원자핵이 매우 불안정해져 핵분열하며 막대한 열과 중성자를 내놓는 플루토늄239가 되기 때문이다. 소련이 붕괴되었을 때, 허술하게 보관된 핵물질의 도난을 우려한 서방의 전문가들은 플루토늄 1그램이면 60만 명을 폐암으로 사망하게 만들 정도의 방사능이 방출된다고 경고했다.

사용후핵연료에는 대략 1퍼센트의 플루토늄이 포함되는데, 핵무기를 염두에 두는 세력은 플루토늄을 분리·정제하고 싶어 한다. 500킬로그램 정도의 순수 플루토늄을 확보하고 있다고 추정되는 북한은 핵무기 실험을 강행한 바 있다. 핵확산금지를 천명한 우리나라는 사용후핵연료를 커다란 수조에 하염없이 보관하며 안전을 감시하지만 일본은 자국의 사용후핵연료를 프랑스에 맡겨 정제해 왔다. 대략 50만 톤을 보유한 일본은 플루토늄 일부를 핵연료로 활용하는데, 후쿠시마 3호기가 그랬다.

나가사키에 떨어진 핵폭탄은 플루토늄을 폭발시켰다. 플루토늄을 섞은 핵연료를 사용하던 후쿠시마 3호기 핵발전소도 폭발했다. 1945년 8월의 나가사키처럼 2011년 3월의 후쿠시마도 상당한 방사능을 배출했을 것이다. 나가사키는 폭탄이므로 화력이 순간 막대하더라도 천지사방으로 배출된 방사능은 금세 줄어들었다. 후쿠시마는 다르다. 무거운 플루토늄이 대부분 앞바다에 가라앉아 지금 이 시간에도 방사능을 누출하고 있을 것이다.

후쿠시마 앞바다는 예로부터 풍요로운 어장이었다. 푹신하고 넓은 모랫바닥에 다채로운 어패류가 알을 낳으며 산다. 커다란 어류의 주요 먹이인 까나리가 그중 하나인 까닭에 회유하던 방어는 후쿠시마 앞바다에서 덩치를 키워왔다. 제주도에서 쿠로시오난류를 따라 오호츠크 일원의 태평양으로 회유하는 방어의 많은 개체들이 후쿠시마 앞바다를 경유하며 바닥의 어패류를 먹어치웠을 가능성이 매우 높다. 덩달아 플루토늄까지.

아직은 찬란한 황해

모처럼 1박 2일 회의 일정으로 순천에 갔지만 순천만을 찾지 못했다. 갯벌 위를 뛰어다니는 망둥어의 일종인 짱뚱어를 만날 수 있다는데, 약속이 발목을 잡았다. 사실 짱뚱어는 순천만의 특산종이 아니다. 서해안의 갯벌에 두루 존재했는데 현재는 순천만에서 명맥을 유지하고 있다.

순천의 한 식당은 짱뚱어탕을 손님상에 내놓았다. 맛도 모양도 갈아 먹는 추어탕 같아 보였다. 얼려 둔 짱뚱어가 몇 마리나 들어갔을까? 순천시가 특별히 보호하는 순천만 갯벌에 얼마나 많은 짱뚱어가 남았는지 알 수 없지만, 지역의 오랜 식당에서 이따금 내놓을 정도는 되겠지. 그렇더라도 차라리 미꾸라지를 내놓길 바랐다. 우리 갯벌의 가녀린 진객이므로, 흔쾌히 속아줄 용의가 있으므로.

이튿날 오전 회의를 시작하기 전, 먼동 트는 시골길을 걸었다. 공기가 쌀쌀했어도 이마에 땀이 맺혔다. 하늘이 파랬다. 주변에 공장이 없으니 먼지가 없겠지. 모처럼 중국발 미세먼지도 없는 듯했다. 미세먼지주의보가 휴대폰을 흔드는 날이면 '만보걷기'를 망설였는데, 가슴이 상쾌한 아침이었다.

미세먼지 걱정은 우리에게 최근 닥친 일이지만, 중국은 오래전부터 공포의 대상이었던 모양이다. 미세먼지를 잡겠다며 중국이 내린 결정 중에 핵발전소가 있다. 중국의 대도시는 해안에 모여 있고, 하루가 다르게 늘어나는 전력 수요를 맞추기 위한 화력발전소는 막대한 미세먼지를 배출한다. 미세먼지를 참기 어려운 중국은 전력 생산방식을 전환하려 100기 가까운 핵발전소를 우리 서해안을 바라보는 자국 동해안에 밀집시키려는데, 걱정은 이제 우리 몫이다.

중국의 핵발전소는 젊으니 안심해도 좋을까? 체르노빌 핵발전소는 오래된 시설이 아니었어도 폭발했다. 연구자의 연구 과욕이 원인이었다는데, 중국 핵발전소의 연구 관리자에게는 과욕이 없을까? 중국의 핵발전 설계와 운영은 국제적으로 안전을 공인받지 못했다. 감시하려는 시민단체조차 없는 중국에서 감독기관은 얼마나 독립적일까?

2011년에서 3~4년이 지났을 때 미국과 캐나다는 자국 서해안에서 잡히는 참치를 먹지 말라고 낚시꾼에게 당부했다. 먹이사슬을 거듭할수록 기하급수로 농축되는 방사성물질은 최종 소비자인 사람의 몸에 많은 농도로 축적될 수밖에 없기 때문이다. 부산 앞바다에서는 방사성물질인 삼중수소가 일상적으로 검출된다. 기장군에 위치한 고리 핵발전소 때문인데 중국의 핵발전소는 방사성물질을 내놓지 않을까? 생각하기 싫지만, 폭발한다면?

황해는 태평양과 크게 다르다. 수심이 낮고 폭이 좁은 황해는 태평양과 다르다. 갇힌 바다와 다름없다. 중국 동해안과 우리 서해안의 핵발전소에서 빠져나가는 방사성물질은 밀물과 썰물을 따라 황해의 갯벌에 골고루 내려앉을 것이고, 우리 서해안의 갯벌은 독극물 덩어리가 될 가능성이 매우 높다. 당연히 수많은 어패류에 축적되겠지. 플랑크톤은 먹이사슬을 타고 작은 동물의 몸으로, 작은 동물은 조금 큰 물고기로, 그리고 아주 큰 물고기의 몸으로 들어가 농축되겠지. 황해에서 잡는 수많은 물고기에 차곡차곡 쌓여 결국 사람 몸으로 이어질 가능성이 높다.

아직 우리 서해안은 찬란하다. 정부와 기업이 거듭 매립했어도 순천만처럼 지방자치단체가 적극 보호하는 갯벌에는 짱뚱어가 산다. 갯벌에 알을 낳는 어패류가 해를 거듭하며 줄어들어 어획량이 급감했지만 멸종되지 않고 살아남았다. 갯벌의 생산성과 환경적 가치를 인식하는 사람이 늘어나니 보호되는 갯벌도 늘어날 텐데, 설계수명이 합리성 없게 늘어난 중국과 우리의 핵발전소가 언제까지나 안전해야 한다는 전제가 반드시 필요하다. 그래서 답답하다. 내 나라 핵발전소를 서둘러 폐쇄하도록 만들지 못하는 처지에 중국에 호소할 자격이 없으니 더욱.

아이들에게 된장을 먹이자

언론에 소개된 장흥의 된장 전도사 천정자 여사는 나이보다 무척 젊어 보였다. 된장 덕분이라고 자부했는데, 1988년 담석증 치료차 일본에 가서 본 NHK 방송이 된장 전도사가 되는 계기였다고 천 여사는 소회를 밝혔다. 1945년 8월의 핵폭탄으로 히로시마와 나가사키에서 암으로 죽어간 사람이 부지기수였지만 된장을 꾸준히 먹은 이들은 생명을 유지해 나갔다는 보도였다고 한다. 여느 발효식품보다 항암효과가 탁월하다는 전통 된장은 실험으로 그 효과가 증명되었다고 한다. 암에 걸린 쥐에게 된장을 먹이자 조직이 80퍼센트 정도 회복되었다는 거다. 대한예방협회에서 만든 '암예방수칙'에 된장국을 매일 먹으라는 항목이 들어간 이유가 거기에 있을 것이다.

우라늄을 장착한 핵폭탄이 떨어진 히로시마와 플루토늄 핵폭탄을 맞은 나가사키에서 사망한 일본인과 재일 한국인의 수는 23만 명. 부상자는 훨씬 많을 것인데, 방사능 피폭으로 자식까지 기형으로 낳은 사람도 적지 않았다. 방사선 중 엑스선이나 핵분열 과정에서 발생하는 베타선과 감마선은 우리 몸을 통과하며 유전자를 건드릴 수 있다. 투과력이 낮은 알파선은 종이도 뚫지 못하지만 몸에 흡수될 경우에는 사정이 달라진다. 분출되는 양성자로 심각한 피해를 안길 수 있다. 방사선이 아니라 방사성물질이 호흡이나 음식을 통해 우리 몸에 들어온다면? 조직과 장기의 유전자를 지속적으로 공격할 것이다.

후쿠시마 핵발전소의 폭발사고는 방사성물질의 대량 유출로 생태계가 심각하게 영향을 받는 정도인 사고등급 7단계에 해당한다. 문제가 된 몇 가지 방사성물질은 요오드와 세슘, 제논과 플루토늄 들이다. 반감기가 7일인 요오드도 걱정이지만 30년에 가까운 세슘과 제논이 지속적으로 문제를 일으킬 테고, 플루토늄이 방출된다면 세계는 지독한 비상사태에 영속적으로 직면할 수 있다. 전문가들은 방사성물질이 1천만분의 1로 줄어야 안전하다고 여긴다. 그렇다면 세슘과 제논은 대략 600년을 기다려야 하고 플루토늄은 계산이 불필요할 만큼 요원하다.

2011년 4월 7일에 이어 18일에도 비가 내렸다. 방사성 비를 우려한 당시 경기도교육청은 휴업이 가능하도록 학교장에게 재량권을 주고 야외수업 자제를 부탁했다. 부득이하다면 우비와 우산을 당부했다는데, 지나친 염려였을까? 어떤 정치인은 "불안감을 조성하는 불순세력"으로 매도했다. 당시 정부 관계자는 기준치 이하이므로 안심해도 된다고 되뇌었다. 편서풍 지대의 동쪽에 있는 후쿠시마에서 우리나라로 방사성물질이 직접 날아올 가능성은 없고, 바람 방향이 어쩌다 바뀌어 날아오더라도 무시할 만한 수준이라는 거였다.

그해 4월 6일에 이어 18일, 노르웨이 대기연구소와 독일 기상청은 후쿠시마 핵발전소에서 분출되는 방사성물질이 우리나라 상공을 뒤덮을 것이라고 예측했다. 우리 정부는 여전히 편서풍 타령을 하며 동해를 건너지 못할 것이라고 전망했지만 결과는 달랐다. 우리 상공에서 방사성 요오드와 세슘이 검출된 것이다. 그러자 뜨끔했는지 "가끔 편동풍도 불고 분출된 핵물질이 북극에서 제트기류를 타면 한반도로 내려올 수 있다"고 말을 바꿨다. 이후 우리는 정부를 믿기 어렵게 되었다.

기준치 이하라고? 기준치 이하면 인체에 무해할까? "미국을 비롯한 세계 보건 당국은 아무리 적은 양이라도 방사성물질에 노출되면 될수록 해롭다고 가정한다"고 밝힌 보건의료단체연합의 주장은 달랐다. "비를 맞지 말 것과 야외활동 자제 권고"를 해야 한다면서 "특히 어린이들이 위험하기 때문에 초등학교 휴교령도 고려"하라고 덧붙였다. 오스트리아 기상연구소의 자료를 그 근거로 든 녹색연합은 4월 7일 시간당 0.3마이크로시버트로 검출된 방사능이 누적된다면 우리나라에서 해마다 1만 2천 명의 암환자가 발생할 것으로 추산했다.

전문가들은 일반인이 이해하기 어려운 단위와 수치를 사용하는 버릇이 있다. '허용기준치'라는 게 특히 그렇다. 그런데 국가마다 다르고 경제 사정에 따라 오르내리는 허용기준치는 어떤 근거로 설정하는 것일까? 동물실험? 축적된 경험의 소산? 동물실험으로 얻는 결과는 사람에게 직접 적용할 수 없다는 게 그 방면의 정론이다. 방사성물질에 대한 경험은 신뢰할 만큼 쌓이지 않았다. 핵폭발 실험, 핵무기, 핵발전소가 나온 지 고작 두 세대가 지났을 따름 아닌가. 허용기준치라는 건 차라리 한계치로 이해해야 한다.

몸을 투과하는 외부의 방사선도 어느 부위를 투과하느냐에 따라 치명적일 수 있다. 유전자에 돌연변이를 일으켜 암을 발생시키거나 유전병으로 후손을 괴롭힐 수 있다. 건강하다면 면역력이 상당히 막아주겠지만 노약자와 어린이, 임산부는 위험할 수 있다. 그러므로 공연히 엑스레이 촬영을 할 필요는 없다. 한데 우리는 지금 방사선이 아니라 방사선을 내놓는 방사성물질을 이야기하고 있다. 방사성물질은 일단 몸에 들어가면 극미량이라도 안심할 수 없다.

2011년 4월 15일, 서울대학교 보건대학원에서 개최한 '핵발전과 인류의 건강과 생명'이라는 주제의 토론회에서 한림대 의과대학의 주영수 교수는 "극미량의 방사선이라도 인체에 악영향을 미친다"는 미국 국립과학아카데미(NAS)의 2006년 보고서를 소개했다. "저수준이라도 문제가 되며, 노출량이 많아질수록 문제가 커진다는 것"을 명확하게 지적하면서 "생활권에서 해마다 2.4밀리시버트 정도의 자연방사선을 받는 까닭"에 후쿠시마 핵발전소로 인한 영향은 크지 않을 것으로 둘러댄 한국원자력안전기술원의 주장을 반박한 것이다.

핵발전소는 일본과 우리나라와 중국에 세계 최고로 밀집돼 있는데, 안전하리라 믿고 정부의 대책을 기다리긴 불안하다. 허용기준치로 윤색한 러시안룰렛 같은 확률에 걸려들지 않기를 막연히 기대해야 할까? 사고 이후 핵발전소 가동을 대부분 멈춘 일본이지만 시간이 지나면서 슬금슬금 가동을 재개했다. 사고가 재현되는 걸 원하지 않는 만큼 가동을 승인한 10여 기의 안전에 만전을 기할 것으로 믿자. 우리나라는 현재 25기의 핵발전소를 가동한다. 그중 1978년에 가동이 시작된 고리 1호기는 수명연장을 감행하려다 현 정부에서 폐쇄의 길로 접어들었는데, 나머지는 잘 관리되고 있을까?

중국이 걱정이다. 최근 이례적으로 "원자력안전백서"를 발간한 중국 당국은 2019년 6월 현재 47기를 운영하고 11기를 건설 중이라고 밝혔다. 그중 12기가 우리 서해안을 바라보고 있지만 중국은 자국의 모든 핵발전소가 안전하다고 확신한다. 안전하다면, 언제까지 그 안전이 보장될 수 있을까? 핵발전에 안전이라는 수식은 불가능하다. 수명을 마칠 때까지 사고가 없다고 가정해도 위험이 사라지는 건 아니다. 핵폐기물이 나오기 때문이다. 특히 플루토늄은 안전하게 보관할 방법이 없다. 어느 나라나 그저 사용후핵연료를 냉각시켜 관리할 따름이다. 그래서 핵발전을 브레이크 없이 가속페달을 밟은 자동차, 착륙 장치 없이 이륙한 비행기라고 경고하는 것이다.

가족들, 특히 아이에게 평소 된장을 조금씩이라도 자주 먹이자. 그래야 절대로 있어서는 안 되지만 혹시라도 있을지 모를 핵발전소 폭발 사고에 대비해 조금이라도 우리 몸의 면역력을 강화시킬 수 있다. 사고 이후 방사성물질이 우리 몸에 과다하게 들어오는 확률을 개개인이 낮추기는 어렵다. 천정자 여사가 귀띔했듯, 1945년 일본에서 얻은 경험을 되살리자. 우리나라 전통 된장의 항암효과가 빼어난 모양이다.

한데 핵정책을 옹호한 정권에 철퇴를 가하는 독일 유권자보다 우리

자신이 미덥지 못하다. 에너지 효율화와 소비 절감, 그리고 재생 가능한 에너지원 발굴을 촉구하는 시민행동이 거세게 일어야 하는 상황에서 2011년 여름에 우리는 천일염 사재기에 열을 올리지 않았나. 시간이 지나며 그나마 시들해졌는데, 된장은? 이러다 된장도 사재기 대상으로 등극하게 되는 것 아닐까? 에라, 방사능 측정기를 사야 하나?

폐기가 유일한 대안이다

태초에 생명이 깃들 때, 지구에는 플라스틱만 없는 게 아니었다. 초미세먼지도 매우 드물었겠지만 방사능이 거의 사라진 즈음이었다. 완전히 없어지진 않았지만 개개의 생명이 자손을 낳고 숨질 때까지 건강할 수 있는 수준으로 방사능이 줄었다. 이후 비로소 지구에 다양한 생명이 꽃피우기 시작했다. 그로부터 한참이 지나 지구 생태계에 가장 늦게 인간이라는 생물이 등장했고, 그 생물은 한동안 자연과 조화롭게 살았다. 하지만 지질연대로 볼 때, 지극히 최근에야 방사능을 지구에 쏟아내는 기술을 개발했다. 안타깝게도 인간은 그 기술을 전혀 통제하지 못한다. 가공할 위험을 자초한 것이다.

불과 70년 전에 만든 핵무기로 생태계 붕괴는 물론 수십만 인간을 순식간에 몰살시키고도 인간은 또다시 평화를 앞세우며 핵발전소를 세웠다. 하지만 거대하고 복잡한 설비로 채우는 핵발전소는 인간이 도저히 처리할 수 없는 핵폐기물을 막대하게 배출할 뿐 아니라 치명적인 사고에 아무런 대책이 없다. 이미 여섯 차례 발생한 7등급의 폭발사고만이 아니다. 운 좋게 폭발을 면한 핵발전소도 꽤 있겠지만 그 경위는 꼭꼭 숨긴다. 6등급 아래 사고는 부지기수일 게 틀림없다.

핵발전소는 세계적으로 얼마나 존재할까? 그 방면 전문가에게 문의해도 명확하게 파악하기 어렵다는 말만 돌아온다. 국가마다 현황이 뒤바뀌니 유동적이다. 최근 이례적으로 중국은 자국의 현황을 국제사회에 알렸는데, 얼마나 더 지을지는 밝히지 않았다. 후쿠시마 사고 이후 주춤했지만 자신감이 붙었는지 어느새 중국이 세계 3위의 핵발전소 보유국에 올랐다. 2위로 올라설 날이 멀지 않아 보인다. 후쿠시마 사고 이후 가동을 멈추거나 폐쇄한 핵발전소가 있고 건설 중인 핵발전소도 여전히 있다. 대략 지구촌에 450기 정도는 가동하고 있으려나? 그중 6기가 폭발했다.

450기 핵발전소 중 6기가 폭발했다면, 단순히 계산해 1기당 사고 확률이 1.11퍼센트다. 우리나라에 현재 25기의 핵발전소가 가동되므로 1.11에 25를 곱하면 우리나라에서 핵발전소가 폭발할 확률은 대략 28퍼센트가 된다. 우리 핵발전소는 안전하게 설계되었고 운영관리가 철저할까? 그렇다고 강조하는데, 거짓말이 누차 들통이 났다. 그중 하나, 현재 폐쇄 중인 고리 1호 핵발전소에서 생긴 일이다. 비상발전기가 12분 동안 작동되지 않아 냉각수의 온도가 급상승했지만 그 사실을 보고조차 하지 않았다.

이제까지 발생한 핵발전소 사고는 안전 설계나 철저한 관리와 무관했다. 복잡할 뿐 아니라 거대한 핵발전소는 아무리 안전하게 설계했어도 당시 기술 수준을 반영할 따름이고, 아무리 철저히 관리해도 사람인 이상 실수가 있기 마련이다. 그러나 핵발전소는 작은 실수도 용납하지 않는다. 폭발하면 반경 30킬로미터 내의 주민들은 서둘러 탈출해야 한다. 인구가 밀집한 후쿠시마는 슬그머니 그 기준을 20킬로미터로 줄였다. 미국은 일본 내 자국민에게 80킬로미터 밖으로 대피하라고 당부했고, 독일은 아예 일본을 떠나라고 권했다. 우리는 어떤가?

우리나라는 세계에서 핵발전소 밀도가 가장 높다. 사고가 발생하면 피해자가 그만큼 많을 수밖에 없다는 의미다. 반경 30킬로미터 이내의 재산은 무엇이든 그 순간 가치를 잃는다. 대학도, 초고층 빌딩도, 굴지의 조선소와 제철소도 버려야 한다. 고철도 재활용할 수 없다. 거주민은 직장을 잃는다. 집도 직장도 한순간에 사라진다. 많은 사람들이 안전하게 탈출할 수 있을까? 방사능은 반경 30킬로미터 밖이라도 안전하지 않다. 체르노빌과 스리마일, 그리고 후쿠시마에서 보듯 갑상선암과 백혈병이 급격히 늘어날 것이다.

7등급 사고가 중국 동해안의 핵발전소에서 발생한다면? 우리 서해안은 24시간 이내에 버림받을 것으로 전문가들은 추정한다. 중국 어선들이 불법 조업하는 바다는 물론 너른 갯벌이 오염될 테니, 천혜의 어패류는 독극물로 취급되어 식탁에 오르지 못할 것이다.

핵 재앙 수출이 꿈이라니

현 정부가 건설계획을 취소했지만, 2012년 4월 27일 주민 의견을 묻지 않은 정부와 한국수력원자력은 영덕에 핵발전소를 지으려는 절차를 착착 진행하고 있었다. "영덕원자력발전소 건설사업 예정구역 지정사업 환경성 검토서 초안"의 '주민 공람 및 설명회'(이후 주민설명회)를 강행한 것인데, 주민들의 저항은 처절했다.

"환경정책기본법"의 시행령에 분명히 주민설명회 개최 14일 전까지 중앙일간지와 대상 지역의 일간신문에 1회 이상 공고해야 한다고 규정되었지만, 7일 전에 슬그머니 공고했고, 지역신문에 공지하지 않은 상태에서 주민설명회를 서둘렀다. 그뿐인가. 어떤 사주가 있었는지 불법성에 항의하는 주민에게 소화기를 분무하는 폭행이 백주에 저질러졌다. 하지만 경찰은 폭력 가담자가 아닌 소화기 분말을 뒤집어쓴 주민들을 연행하는 처사를 과시했다.

신규 핵발전소 유치 과정에서 한국수력원자력은 버젓이 법정 절차를 지키지 않은 것으로 드러났다. 울산대학교의 사회과학 전공 교수가 영덕과 삼척 주민을 대상으로 조사해, 주민 의견을 외면한 것으로 밝힌 것이다. 주민 참여에 의한 숙의 과정은 생략하고 관 주도로 절차를 강행했다는 것 아닌가. 사실 새삼스러울 것도 없다. 난데없이 굴업도에 핵폐기장을 만들겠다고 정부와 한국전력공사가 허둥댔던 1994년에도, 안면도를 들끓게 한 1990년에도 비슷했다. 이후 회사 이름을 바꾼 한국수력원자력의 관계자는 2012년 영덕에서 반대하는 주민들을 고발했고 경찰은 주민들의 고통을 철저히 외면했다. 아니 부추겼다.

후쿠시마 사고 후 6개월이 지난 2011년 7월 13일, 핵발전소에 대해 긍정적인 시각으로 일관하던 한국과학기자협회는 보란 듯 퇴행적 행태를 연출했다. 서울 중구 소공동 롯데호텔에서 "한국의 원자력 수출 강국의 꿈 물거품 되나"라는 제목의 토론회를 마련한 것이다. 아랍에미리트에 핵발전소 수출을 계약한 것을 계기로 핵발전소 르네상스를 선도하려 했는데 여기에서 주저앉을 수 없는 일! 위기는 곧 기회가 아닌가. 세계 흐름을 조망해 보고 핵발전소 수출 강국으로 도약하기 위한 전략을 모색하는 '이슈 토론회'를 마련했다고 한국과학기자협회는 취지를 밝혔다. 핵동맹 일색인 발제자들은 반색했다. 침체기 때 더 강력한 추진정책이 필요하므로 턱없이 부족한 핵 연구비를 확보할 수 있어야 한다고 화답했고, 관련 기업과 전문가와 공무원과 정치인과 과학 기자들이 동조했다.

후쿠시마 사고 이후 세상 사람들이 기피하기 시작한 재앙의 기술인 핵발전소를 수출하자고 저토록 부추기다니! 죽음의 상인들의 섬뜩한 애국이 아닐 수 없었다. 해외 시장을 놓고 경쟁을 벌이던 일본이 주춤하는 사이 재빨리 앞서 나가자는 발상에 쌍수를 들고 나선 '핵동맹'의 실체를 새삼 확인할 수 있었다. 일본의 탈핵단체는 핵동맹을 '핵마피아' 또는 '원자력촌'으로 표현하는데, 우리의 핵동맹은 여전히 기고만장했고, 지금도 마찬가지다.

후쿠시마 사고는 대부분의 핵발전소 보유국을 각성하게 했다. 한계가 분명한 인간의 기술로 아무리 철저하게 관리해도 사고가 발생할 수밖에 없다는 걸 깨닫는 국가가 늘었다. 독일은 후쿠시마 사고를 계기로 자국 내 핵발전소를 2022년까지 모두 폐기하기로 결정했다. 독일의 결정은 이웃 나라 오스트리아와 스위스를 거쳐 이탈리아로 번져 핵발전소의 완전 폐기로 이어졌고 중국도 주춤했다고 국제 언론은 전했다. 부끄럽지 않은 선조로 남기 위한 조치였다.

2011년 이후 핵발전의 치명적인 문제를 심도 있게 지적했던 우리의 언론은 시간이 지나자 잠잠해졌다. 핵발전소 홍보에 주력하는 원자력문화재단의 예산이 많은 것과 무관한지는 정확히 진단할 수 없지만, 자식 키우는 시민들도 시간이 지나며 부정적 시각이 많이 무뎌졌다. 핵동맹과 친화력이 큰 우리 과학 기자들이 그런 분위기 조성에 기여한 바가 크다고 생각한다. 감시가 없는 사회에서 사고는 빈발하기 마련인데, 우리는 언론부터 재앙을 수출하지 못해 안달이라니. 후쿠시마 이후 재앙의 근원지는 어디가 될까?

걷기 좋은 계절, 탈핵을 생각하며

아침저녁으로 선선한 계절이 돌아왔다. 걷기 딱 좋다. 차창으로 보이지 않던 풍경이 눈에 들어온다. 이맘때 하늘이 참 파랗다는 걸 느끼며 도시 주변에도 푸른 산이 드리워 있다는 사실이 새삼스레 고마워진다. 푸른 산 사이에 육식동물 송곳니처럼 솟은 고층아파트, 파란 하늘을 좁히며 올라가는 초고층 아파트들이 볼썽사납지만.

걸으며 보는 아파트 꼭대기 주변의 하늘이 파랗더라도 하늘 가장자리는 여전히 뿌옇다. 대기오염이겠지. 자동차와 산업단지에서 정화처리 없이 쏟아내는 대기오염물질만이 아니다. 삐죽삐죽 솟은 아파트단지마다 적잖은 오염물질을 보태겠지만 정화처리가 엄격하다고 자부하는 화력발전소에서 배출하는 절대량은 실로 막대하다. 우리가 석유와 전기를 거침없이 소비하는 한 하늘은 더러울 수밖에 없는데, 핵발전소는 진정 대기오염물질을 배출하지 않을까? 적지 않은 이들이 그렇게 주장하지만 사실과 다르다. 발전소를 짓고 수명 다한 시설을 폐기하는 과정에서 배출되는 오염물질도 무시할 수 없다. 하지만 핵연료를 채굴·정제·가공·폐기하는 과정에서 발생하는 오염물질은 실로 막대하면서 치명적이다.

"이 차들을 소련 서기장과 프랑스 대통령, 영국 총리 그리고 미국 대통령에게 전해 주세요. 만약 핵폭탄 발사 단추를 누르고 싶은 마음이 생긴다면 잠깐만 모든 행동을 멈추고 이 차를 한 잔 마시라고 전해 주세요. 차를 마시는 동안 폭탄 아닌 빵, 죽음 아닌 삶을 원하는 평범한 우리들을 생각할 수 있을 테니까요."

1960년대 청년이던 사티쉬 쿠마르는 핵무기 없는 세상을 꿈꾸며 무일푼으로 인도를 출발해, 2년 8개월 동안 유럽과 러시아를 지나 미국까지 걸었다. 평화를 염원하는 '녹색 순례'였다. 그 과정을 핵무기를 보유한 국가의 권력자들은 애써 모르는 체 했지만 패권보다 생명을 먼저 생각하는 민중은 달랐다. 차를 생산하는 공장에서 일하는 구 소련 연방의 여성들은 사티쉬 쿠마르에게 차 상자를 내주며 평화의 마음을 보탰다.

2017년 5월 3일, 족벌 사학에서 해직된 상태에서도 탈핵운동을 주도해 온 이원영 선생은 광화문에서 고유문을 읽었다. "오늘 저희는

'생명·탈핵의 깃발을 들고 서울에서 바티칸까지 스물여섯 나라, 1만 1000킬로미터를 걷는 도보순례의 장정을 출발하려 하나이다.' 천지신 명께서 "생명존중·탈핵안전의 믿음 하나에 나선 저희 순례단의 한 걸음 한 걸음에 힘과 용기를 주시옵소서." '생명·탈핵 실크로드순례단 생 명헌장제정위원회'가 2018년 12월에 작성한 "지구생명헌장 2018 서 울안"을 들고 동서양의 종교지도자 달라이 라마와 교황을 알현할 마음 을 다졌다.

26개 국가 9000킬로미터를 걸을 '생명탈핵실크로드' 대장정이 2017년 5월 3일 첫발을 떼었다. 같은 마음을 나누는 국가의 지역 주민 과 손을 잡고 인도 다람살라까지 5000킬로미터를 걸은 이원영 선생은 2019년 2월 25일 아침 10시, 이윽고 달라이 라마를 만났다. 친견하며 지구생명헌정을 헌정하고 핵이 사라진 지구촌의 생명과 평화를 기원 했다. 어렵사리 수원대학교에 복직한 이원영 선생은 방학 시간을 활용 해 로마로 걷는다. 교황을 만날 것이다.

핵발전소가 위험천만하게 운전되고 있는 영광에도, 새로 지으려 했 던 삼척에도 탈핵을 희망하는 도보순례는 이어졌다. 다음 세대의 생명 을 위협하는 핵발전소를 이 땅에서 몰아내야 한다는 절박한 마음의 발 로다. 핵발전소가 사라진다고 전기가 사라지는 건 아니다. 온실가스 배출의 주범인 화력발전소까지 일제히 꺼도 전기는 얼마든 사용할 수 있다. "30초 동안 지구에 도달하는 태양광만으로 전 인류가 48시간 사 용할 에너지가 된다"는 한 기업의 광고가 텔레비전 화면을 장식하는 데, 근거가 없지 않을 것이다. 지속 가능한 에너지 연구자들은 우리 국 토의 5퍼센트만 태양광 패널로 덮어도 전기 생산량이 충분하리라고 추산한다.

"가을 하늘 공활한데 높고 구름 없이 밝은 달은 우리 가슴 일편단심일세." 애국가 3절 가사다. 그렇게 높고 깨끗했던 우리 하늘은 지저분해졌다. 화력발전이 줄어들면 그만큼 깨끗해질 테니 태양광 같은 재생 가능한 에너지 자원을 적극 활용해야 한다. 하늘 쾌청한 날이 우리보다 적은 독일도 충분히 가능하지 않나! 우선 우리는 핵발전소 폐기에 나서야 한다. 수명을 다한 핵발전소는 물론 남은 설계수명까지 단축해 폐기를 서둘러야 한다.

하늘이 청명해지면서 결혼식이 많아졌다. 방사능에 오염되고 온난화가 심화된 세상이라도 생명은 태어나겠지. 태어난 생명은 건강하고 행복해야 할 권리가 있고, 조상이 그랬듯 태어날 생명의 권리를 지켜야 할 의무가 우리에게 있다. 후손의 생명을 위협하는 핵발전소와 화력발전소를 없애는 일, 가을하늘이 아직 높을 때 마무리해야 하지 않을까?

에너지 민주주의로
핵발전소를 끄다

2013년 정부는 에너지 절약 '코스프레'에 여념이 없었다. 전력예비율이 바닥이라는 둥, 이러다 블랙아웃으로 산업이 마비된다는 둥, 전국의 전력회사 사무실을 비롯해 관공서의 냉방 기준온도가 상향 조정되었다. 방송 매체가 흐르는 땀을 감내하는 공무원의 모습을 한껏 보여주자 공무원을 자녀로 둔 어버이들은 가슴이 뭉클했는데, 정부는 깨알 같은 으름장도 잊지 않았다. 에어컨 바람을 밖으로 내보내며 손님을 유혹하는 상가를 가만두지 않겠다고 별러 가로수길 상가들을 잠시 뜨끔하게 했다.

요즘 공공장소는 폭염 대피장소가 되었다. 여름이면 공무원들은 겉옷을 준비해야 하는데, 2013년 여름의 기억은 이듬해 얼어붙었다. 이른 여름부터 관공서에서 시원함을 만끽한 시민들은 에어컨 바람이 유혹하는 상점에 들어가 화장품을 골랐고 방학을 앞둔 대학은 무릎을 스웨터로 덮은 여학생들의 불만을 일으켰다. "추워요!" 3기의 핵발전소가 추가 가동된 2015년부터 여름이 추운 풍경은 도처에서 목격된다. 거기에 화력발전소도 한 몫을 하니 전례 없는 전력예비율은 대한민국의 여름을 얼어붙게 만든다.

자국 핵발전소 17기 중 9기를 꺼서 그런가? 우리보다 여름이 덜 더운 독일의 고급 식당은 휘황찬란하지 않았다. 회의하러 식사 시간 전에 들린 2011년 베를린의 최고 한식당은 우리가 앉은 자리만 밝혔을 뿐 주변은 어두웠다. 갑자기 전기 공급이 줄어든 독일의 고육지책이었을까? 식당 측은 우리 질문을 언뜻 이해하지 못했다. 오랜 관습이라면서 손님 없는 시간에 실내등을 환하게 켜놓으면 시민들이 불쾌해할 거라고 대꾸했다. 관습이라. 관습은 강력한 리더십을 가진 권력자의 가부장적 지시로 이루어지는 게 아니다.

명절이나 연휴를 제외하고는 거의 막히지 않는, 아니 차 한 대 보이지 않을 때가 많은 고속도로를 바둑판처럼 금수강산에 수놓은 이는 누구일까? 덕분에 백두대간은 난도질되고 말았는데, 고속도로를 구상하고 시공하는 결정권자들은 운전자들의 의견을 우선해 듣지 않았다. 평소 가깝게 지내는 고속도로 건설업자와 먼저 상의했을 것이다. 주택이 모자란다는 민원의 발상지는 주택업자일 가능성이 높다. 그러니 주택이 남아돌아도 계속 짓고, 소비를 창출하려는 자본은 언론을 동원한다. 화력이나 핵발전소는 어떨까?

윤리위원회가 검토한 핵발전

윤리위원회라고 하면 먼저 배아줄기세포를 연구하는 생명공학이 생각난다. 배아를 복제해 얻은 줄기세포를 연구 재료로 인정할 것인지 아닌지를 놓고 생명공학자는 물론 종교계 인사와 윤리학자 들이 모여 검토하는 생명윤리위원회. 그 위원회가 독일에도 있다고 한다. 하지만 일본에서 7등급 핵발전소 폭발사고가 발생하자 독일은 별도의 윤리위원회를 긴급 소집했다.

왜 윤리위원회였을까? 핵발전소의 안전을 심의하는 위원회도 있을 텐데, 어떤 이유로 윤리위원회라는 명칭을 사용한 걸까? 그 윤리위원회에 참여한 베를린자유대학의 미란다 슈로이어 교수는 "세대 간 형평성"을 중요하게 꼽았다. 핵발전소로 챙길 이익은 현 세대가 누리지만 부담은 후손의 몫이므로 정의 차원의 검토가 필요했다는 거였다. 핵발전으로 얻는 전기는 당대가 누리지만 혜택이 전혀 없는 후손은 위험천만한 핵폐기물 떠맡아야 한다. 17인이 참여한 윤리위원회는 독립적이고 투명했는데, 그 위원회에 여성이 포함된 소비자와 환경운동가는 물론이고, 종교와 법률, 윤리와 인문학 전문가는 초대되었지만 핵발전 관련자는 한 명도 참여할 수 없었다. 생산자, 다시 말해 소비자의 요구에 응해야 하는 사업자이기 때문이다.

유럽에서 산업계의 활동이 가장 큰 국가가 독일이다. 전기가 갑자기 모자라면 혼란을 감당할 수 없다는 걸 모르지 않는 독일 정부는 윤리위원회의 권고를 받아들였다. 2022년까지 전기 생산의 22퍼센트 정도를 담당해 온 17기의 핵발전소는 완전히 퇴출될 것이다. 물론 그 과정이 순탄한 건 아니었다. 전기 부족으로 인한 산업 마비를 가정하며 반대하는 목소리가 거셌지만 생명정의를 먼저 생각한 윤리위원회는 받아들이지 않았다. 다음 세대를 대변하는 인사들이 의견을 주도한 결과였다.

위원회에 참석한 환경운동가는 과학적 근거를 제시하며 핵발전소를 퇴출해도 산업이 마비될 정도로 전기가 부족해지는 일은 없을 것이라는 확신을 윤리위원회에 심어주었을 뿐 아니라 만에 하나 발생할 사고가 후손에게 미칠 영향을 설득력 있게 호소했다. 사실 독일은 대안을 마련해 두고 있었다. 전기 수출을 자제하고 화력발전소의 출력을 높이는 단기 대안을 세웠고, 바람과 태양 같은 재생 가능한 에너지 자원을 적극 활용하는 중장기 정책을 일찌감치 준비했다. 현재 독일은 온실가스 배출이 심각한 화력발전소의 퇴출을 앞당기려 노력한다. 독일 의회는 내연기관을 가진 자동차의 퇴출 시한을 2030년으로 결의한 바 있다.

관리가 가장 철저하다고 믿었던 일본도 사고를 피할 수 없었다면 독일도 예외가 아니라는 데 윤리위원회는 동의했다. 사실 2005년 출범한 메르켈 정부는 전 정권이 줄이려 한 핵발전소를 환원시켜 환경단체와 녹색당의 거센 항의를 받아왔다.

후쿠시마 핵발전소 사고는 메르켈 정권을 흔들었다. 유권자들이 분노하면서 메르켈 지지층이 두터운 독일 남부에서 녹색당에게 참패한 것이다. 지방선거 결과에 크게 놀란 메르켈 정부는 윤리위원회를 긴급 소집했고, 결국 독일 정부는 2022년까지 모든 핵발전소를 폐로하기로 결정했다. 세대 간 형평성에 위배되는 비윤리적 발전 방식이므로 17기

중 9기는 즉각 폐로하고 나머지 8기는 수명이 다하는 대로 폐로하기로 국민에게 약속한 것이다.

윤리위원회가 가동되던 2011년 6월 30일, 독일의 환경단체 회원 100여 명은 국회의사당 앞에서 17기 핵발전소 모두를 당장 폐로하라고 요구하는 집회를 열었다. 현재 독일의 전력 상황에서 핵발전소를 당장 폐로해도 산업에 아무 지장이 없다고 천명했는데, 집회에 모인 100여 명은 독일 시민의 의견을 분명히 반영했다. 회비를 납부하는 수십만 명의 회원을 가진 환경단체들의 주장이므로 독일 정부는 그 목소리에 귀를 기울이지 않을 수 없었다.

핵발전소를 퇴출시키려는 독일 환경단체들의 노력은 실천행동으로 이어졌다. 시민들이 제집과 창고, 교회나 관공서의 넓은 지붕에 태양광 발전 패널을 능동적으로 붙이며 전기를 지역에서 자급하기 위해 적극 행동했다. 독일을 여행해 보라. 태양광 패널이 붙은 지붕과 풍차는 가장 흔한 풍경이다.

에너지 민주주의로 가는 행동

가동 중인 핵발전소 규모가 현재 세계 5위, 핵발전소 주변 인구 밀집이 압도적 1위인 우리나라는 햇빛이 많고 바람도 부족하지 않지만 재생 가능한 에너지의 활용은 형편없는 실정이다.

우리나라의 전기효율은 얼마나 될까? 한국전력공사가 공개한 자료를 바탕으로 인천의 환경운동가 하석용 박사가 계산했다.[9] 국민소득 1달러를 생산하기 위해 사용하는 전기가 일본의 1.8배, 독일의 2.3배, 영국의 무려 3.2배에 달한다고 밝힌 하 박사는 우리의 전력예비율이 터무니없이 부풀려졌다고 지적했다. 전력예비율이 부족한 것처럼 보이게 하려고 발전기의 발전능력수치를 조작한다는 의혹에서 자유롭지 못하다는 거였다. 위기를 조장한 뒤 발전소 추가 건설을 당연시하게 하는 핵동맹은 후손의 안녕을 염두에 두지 않는 것이 분명하다.

대안을 마련한 독일이지만 소비자들이 전기를 거침없이 소비한다면 사정이 달라질 수 있다. 핵발전소 퇴출과 재생 가능한 에너지원의 확보보다 중요한 과제는 에너지의 효율화와 절약이다. 그래서 그럴까? 겨울철 집에서 반소매의 얇은 옷을 입고 지내는 한국인을 이해하지 못하는 독일인들은 웬만하면 에어컨을 켜지 않는다. 1954년 당시 세상을 풍미한 할리우드 영화 〈황태자의 첫사랑〉의 배경이 된 독일 하이델베르크 주민들은 작은 강에서 얻는 수력발전으로 만족하고 받아들인다. 영화를 촬영했다는 맥줏집은 간판에 네온사인이 없고, 안에 들어서면 시간이 지나야 주위가 구별될 정도다.

수백 개의 전력회사가 소비자를 의식하며 경쟁하는 독일에서 주민들은 마을 단위로 전기 공급업체를 선정할 수 있다. 체르노빌 사고 이후 독일인들은 핵발전소의 전력을 되도록 회피한다. 화석연료를 태우는 화력발전도 마뜩잖게 여기는 독일은 2020년이면 온실가스 배출이 1990년 대비 40퍼센트 이하로 줄어들 것으로 전망한다. 과감한 에너

---

9 하석용, "정말로 발전소는 끝도 없이 지어야 하나", 〈녹색평론〉 119호(2011), pp. 158-164.

지 정책은 이웃 오스트리아와 스위스에도 영향을 주어 핵발전소 폐쇄로 이어질 전망이고, 한때 핵발전소 도입을 고려했던 이탈리아는 핵발전소 없는 국가를 재천명했다.

원가 이하로 공급해 산업체마다 전기 소비효율을 등한시하게 만든 우리의 전력요금 체계는 전혀 민주적이지 못하다. 독일과 달리 우리 전력 당국은 산업체의 주장에 먼저 귀를 기울였다. 화력발전소나 핵발전소를 증설하면서 시민의 의견을 도외시했다. 숱한 경험이 뒷받침하듯, 소비자의 감시가 차단되면 온갖 비리와 부정이 판을 친다. 복잡하고 크고 위험한 시설일수록 투명한 운영과 독립된 감시가 없으면 사고 확률은 높아진다. 중국 못지않게 우리 핵발전소를 걱정하는 이유다.

결국 민주주의다. 2025년까지 핵 의존도를 50퍼센트 이내로 낮추기로 결정한 프랑스 마크롱 정부가 상업지구의 모든 옥상에 태양광 발전 장치 부착을 의무화한 이유도, 독일이 핵발전소를 끄고 에너지 자립마을이 늘어나는 이유도 민주주의다. 더글러스 러미스는 "무력감을 느끼면 민주주의가 아니"라고 말했다.[10] 발전 사업자와 산업체의 기득권을 우선시하는 전력 당국에 대해 우리는 어떤 행동을 보여주어야 할까? 독일보다 화창한 날이 많은 우리는 에너지 민주주의를 어떻게 이뤄야 할까?

---

10 더글러스 러미스, 《경제성장이 안 되면 우리는 풍요롭지 못할 것인가》, 김종철 역(녹색평론사, 2009).

제4장

전대미문의 거대과학

편의를 강요하는
과학기술

참 편리한 세상이다. 은행에 가지 않아도 입출금이 가능하고 매장에 가지 않아도 마음에 드는 물건을 얼마든 주문할 수 있는 세상. 지금은 당연하게 생각하지만 한 세대 전엔 상상도 하지 못한 일들이다. 지갑을 두고 왔다며 회식비 면제를 요청하는 얌체는 보기 어려워졌지만 이젠 통장 잔액이 부족하면 아예 참여를 포기할 수밖에 없는 야속한 세상이 되고 말았다.

인터넷 연결 없는 개인 컴퓨터는 혼이 없는 듯한데, 양방향 통신이 가능해도 폐쇄 공간이 많은 게 또 인터넷이다. 게다가 혹시 모를 해커의 침입에 대비해 주기적으로 비밀번호를 바꿔야 하지만 자칫 부주의했다는 비밀번호의 지뢰밭에서 허우적거릴 수 있다. 어쨌든 편의를 앞세우는 전자결제는 불안감을 준다. 보이스피싱과 스미싱만이 아니다. 오랜만에 보내온 친구의 이메일도 조심해야 한다. 매사에 의심이 필요해진 세상, 첨단기술의 역설적 덫이다.

부족의 역사를 줄줄이 읊조리는 아프리카인의 다큐멘터리를 본 적 있는데, 문자를 발명한 이래 인간은 기억력을 잃어왔다고 한다. 계산기를 사용하며 암산능력을 잃었고, 노래방이 보편화되며 '십팔번'의 가사를 기억하지 못한다. 내비게이션은 길눈을 어둡게 만들었다. 휴대전화의 단축번호는 가족과 집 전화번호까지 아리송하게 만들더니 늦은 시각 흐느적거리며 내 집 현관 앞에서 머쓱해질 때가 생기기도 한다. 번호키가 자물쇠를 대신한 이후의 일이다.

비밀번호를 잊는 실수는 애교에 불과하다. 인터넷으로 자잘한 물건을 주문하고 결제하는 사람들은 사고를 일으킬 방법조차 모르지만, 특별한 의도를 가진 어떤 조직이 중앙전산망에 개입하는 순간 주어진 편의에 몸을 맡긴 개개인의 일상에는 크나큰 지장이 생긴다. 2011년 4월에 발생한 농협 전산망 마비는 잔액 확인이 불가능한 고객들을 느닷없이 빈털터리로 만들었다.

전자주민증 랩소디

1980년대 중반 경기도 화성 일대에서 빨간 옷 입은 여성들이 연이어 피살되는 사건이 발생했다. 2019년 칸 영화제 황금종려상의 주인공 봉준호 감독이 2003년 〈살인의 추억〉으로 영화화하기도 했지만 결국 범인은 단죄받지 않았다. 정교해진 DNA 분석기술로 25년 전 살인 현장의 혈흔을 확인해 교도소 수형자를 당시의 연쇄살인자로 특정하는 데 성공하고 자백까지 받았지만 공소시효가 끝난 뒤였다. 장기간의 비상근무로 지쳤을 경찰관들의 노고와 오랜 세월 슬픔과 두려움을 견딘 희생자 가족의 안타까움은 첨단기술로도 위로하지 못할 것이다.

컴퓨터 연결망은 범죄 용의자와 같은 버스를 타고 내린 자들을 쉽게 파악할 수 있다. 교통카드 기능이 있는 신용카드를 사용했다면 꼼짝없을 텐데, 임의동행 후 횡설수설한다면 가해자로 의심받을 수 있다. 18세기 공리주의자 제러미 벤담의 '파놉티콘'이 실현된 셈인데, 전자 파놉티콘 사회에서 다수는 자신이 감시된다는 사실을 인식하지 못한다. 범죄자만 감시받는 게 아니다. 대형 서점에 회원 가입해 특정 주제의 책을 몇 차례 구입해 보라. 고객 편의를 앞세우는 서점은 비슷한 주제의 책이 발간될 때마다 안내 메일을 보낼 것이다. 대리운전은 또 어떤가?

1997년 시민단체들은 전자주민등록증 도입을 반대하느라 여념이 없었다. 당시 정부는 카드 한 장으로 온갖 일상이 간편해진다는 걸 장점으로 내세웠지만 시민단체는 국가의 무작위 감시를 경계하며 반대 목소리를 높였다. 전자주민등록증의 IC칩에 인감과 개인정보는 물론 은행거래 및 의료 기록을 포함해 수십여 가지 정보를 담으려 했던 정부는 선의를 강조했지만, 군사정권 정보부서의 폭력을 기억하는 시민단체는 양해하기 어려웠다. 전자주민등록증이 채택된다면 국가권력은 대상자도 모르게 금전거래와 건강 상황까지 임의로 파악할 수 있을 것이다. 그렇게 되면 반대 세력의 운명은 어떻게 될까?

조지 오웰이 《1984》에서 독재 권력의 상징으로 표현한 '빅브라더'가 개인의 행동과 사상을 감시·통제한다면, 파놉티콘은 빅브라더를 은밀하게 돕는다. 김대중 정권이 공식 폐기한 전자주민등록증도 빅브라더의 도구로 활용될 수 있었다. 2011년 10월 행정안전부는 공청회를 열어 국민의 의견을 먼저 듣겠다면서 전자주민등록증을 다시 추진했지만 무산되었다. 전자주민등록증 표면에 성명, 생년월일, 성별, 사진, 유효기간, 발행번호와 같은 기본사항만 기재하고 민감한 정보는 내장 IC칩에 암호화해 저장하므로 피해를 차단할 거라 장담했지만 누가 믿겠는가?

예전의 주민등록증은 종이 소재였다. 그 위에 비닐로 두툼하게 코팅했어도 마음만 먹으면 내용을 수정하는 일도 가능했다. 현재의 플라스틱 주민등록증은 일반인이 수정하기에 불가능해 보이지만 실상은 어떨지 모른다. 그렇다면 전자주민등록증은 위·변조가 절대 불가능할까? 첩보영화는 가능하다고 귀띔한다. 누군가 은밀하게 위·변조한다면 전문가도 식별하기 어려울 것이다. 여기에 빅브라더가 개입한다면 일반 시민들의 삶이 어떻게 감시당하고 조절당할지 아무도 예측할 수 없다.

요즘 대학생들은 신용카드와 교통카드를 겸한 학생증을 사용한다. 머지않아 유비쿼터스 강의실에서 출석이 자동 확인되고 수강 태도가 학교의 중앙컴퓨터에 입력될 것이다. 그 자료는 취직할 때 기업들이 은밀히 활용할 여지가 있겠다. 현금보다 신용카드가 편리한 학생들은 전자주민등록증에 거부감을 가질까? 전자주민등록증의 편의에 중독되면서 일거수일투족 빅브라더에 노출되는 건 아닐까? 요즘 정보통신은 빅데이터를 이용하는 딥러닝으로 고객에게 최선의 해법을 제시한다. 빅브라더가 대중의 행동방식을 수집·분류하는 수준에서 그치지 않는다면? 빅브라더의 의지로 특정인의 알리바이를 멋대로 창출한다면 개인의 인권은 어떻게 될까?

순찰차가 다가오는 상황에서 건널목을 무단으로 건너보라. 자존심 상한 경찰이 득달같이 다가와 주민등록증을 요구할 것이다. 마뜩잖아도 제시해 보라. 순찰차 안의 단말기에 주민등록번호를 입력할 테고, 모니터에서 경범이든 중범이든 전과기록이 나오는지 주시할 것이다. 나오는 게 없다면? 무단횡단자의 태도를 참고해 주의를 주든 벌금을 고지하든 하겠지. 경찰을 믿고 안심하고 길을 건넜다고 둘러대도 소용없을 것이다.

플라스틱 주민등록증에 이어 전자주민등록증을 DNA칩이 이어가는 상상도 가능하다. 한 미래학자는 개인의 DNA칩을 피부에 삽입하는 장밋빛 내일을 예상했다. 은행과 병원의 컴퓨터와 연계된 DNA칩을 몸에 삽입한다면 일상이 아주 편리해지리라 장담했다. 따로 '하이패스'를 설치하지 않아도 고속도로 톨게이트를 지나면 통행료가 자동 인출되고 극장 입장권도 제시할 필요가 없다고 했다. 그저 단말기에 삽입 부위를 가까이 대거나 지나가면 그뿐이라는 건데, 한술 더 뜬다. 휴대전화가 실시간으로 측정한 혈압과 맥박수가 주치의에 전송돼 처방전이 그때그때 발부되고, 필요한 약을 가까운 약국에서 받으면 된다는 것 아닌가. 참 끔찍하게 편리한 세상이 도래할 모양인데, 시민들은 마냥 좋을까?

디지털 치매

"아직도 안 받으셨나요?" 국민건강보험공단이 대장암 검진 대상자라는 사실을 다시 알려주었다. 서구식 식생활에 익숙하다면 꼭 조기 진단을 받으라고 당부하며 비용의 90퍼센트를 공단에서 지원한다는 말까지 덧붙였다. 그런데 그다지 흔쾌하지 않았다. 가부장적이거나 상업적 친절의 냄새를 느꼈다면 좀 지나친 걸까?

국내 굴지의 종합병원에서 원장으로 은퇴한 어떤 의사가 사석에서 자신은 건강검진을 한 번도 받지 않았다고 자랑처럼 고백했다고 한다. 까닭을 묻자 "무서워서!"라며 너스레를 떨었다고 그 의사의 친구인 선배는 실소했는데, 정년을 앞둔 선배는 회사가 베푸는 가부장적 선의를 이야기했다. 선물처럼 건강검진 비용과 시간을 제공하는데 마음이 불편하다고 했다. 몸이 예전 같지 않은 거야 당연하지만, 진단 결과를 본 의사가 약을 상시복용하지 않으면 큰일이라도 치를 것처럼 겁을 준다는 게 아닌가. 선배는 '모를 권리'가 존중될 필요가 있다고 토로했지만 회사는 원하는 게 따로 있을지 모른다. 회사가 어려울 때 먼저 정리할 사원이 누구인지 사전에 파악할 필요가 있을 수 있겠다.

특별한 배려라도 되는 것처럼 약정기간이 지나면 휴대전화를 최신 제품으로 바꿔주겠다는 전화가 주기적으로 걸려온다. 신상품이 출시될 때마다 어김없다. 사용하는 데 아무 불편이 없는데, 낯선 대리점에서 불특정 고객에게 전화기 교환을 유혹하는 이유는 따로 있을 것이다. 이권이 있을 텐데, 그이들은 어떻게 개개인의 전화번호와 전화기 사용기간을 훤히 아는 걸까?

최근 소셜네트워크서비스(SNS)에서 탈퇴하는 이들이 늘었다고 한다. 개인정보 유출로 진저리를 친 경험이 쌓이면서 나타난 현상이라는데, 진저리 칠 일은 소셜네트워크서비스에서 그치지 않는다. 이른바 '신상털기'라는 관음증으로 정치인이나 연예인의 사생활이 인터넷에 소상히 드러나는 세상이 아닌가. 대중의 관심사에서 떨어져 사는 것이 얼마나 다행인지 모른다.

"건강 이상을 실시간으로 감시하는 '전자피부'가 나온다!"며 사람들에게 가슴 벅찰 준비를 하라고 요구하는 언론 보도가 나온 적이 있다. 잘 휘어질 뿐 아니라 작고 견고한 전자피부를 문신처럼 심장 가까이에 붙이면 심박수와 체온은 물론 근육의 움직임과 뇌파 변화까지 24시간 감지하며 주치의에게 연결한다고 하면서 "지속적인 관찰이 필요한 환자에게 도움을 줄 수 있다고 생각해서 개발을 시작했다"는 과학자의 선의를 무용담처럼 소개했다.

전자피부의 가능성을 타진한 과학자의 순진한 의도는 머지않아 실현될 것이다. 스마트폰 기술, 위성항법장치(GPS)와 연계한다면 개개인의 생체신호가 주치의는 물론 빅브라더의 모니터에 실시간으로 전달될 시기가 멀지 않았으리라. DNA를 기반으로 개개인 맞춤의학이 가능한 세상에서 환자가 처방받은 약을 제대로 먹는지 확인하는 선의가 주치의에게 의무화될 것이다. 독한 술을 어디에서 누구와 얼마만큼 마시는지 실시간으로 파악해 아내나 남편 또는 보호자에게 일러바칠 수도 있겠지.

집 잃은 개를 속히 찾아줄 뿐 아니라 키우던 개를 무책임하게 유기한 주인을 밝혀내고, 또 사람을 문 개의 광견병 예방접종 여부를 파악할 수 있는 전자칩은 개에 한정하지 않을 것이다. 첩보영화는 머지않은 내일을 묵시록처럼 안내한다. 안전하고 효율이 높은 DNA전자피부가 전하는 정보는 주치의와 환자의 스마트폰 사이에서만 맴돌지 않을 것이다. 수가를 상향 조정하고 싶은 보험회사에서 반색하며 가입거부 명단을 작성할지 모른다. 중앙컴퓨터와 연계한다면 생활은 또 무지막지하게 편해질 것이다. 출입국 수속이 간단해지겠지만 내 의도와 다르게 출입이 차단될 수도 있을 것이다.

전자 파놉티콘 사회에서 나이 든 이는 '디지털 치매'에 접어든다. 현관문의 번호를 바로 떠올리지 못하는 차원은 애교에 불과하다. 전자신호 체계에 소외되면서 '디지털 학대'의 대상에서 벗어나지 못할 것이다.

첨단기술의 덫

북한과 관계가 날카로웠던 2011년 3월, 우리 정부 관계자는 북한이 경기도 서북부 위성항법장치의 전파를 교란했다고 발표했다. 2만 킬로미터 상공의 위성에서 발사되는 GPS 신호는 지상에 도달하면 휴대전화의 100분의 1 정도로 미약해 간단한 장비로 쉽게 교란할 수 있다고 덧붙였는데, '오빠 믿지' 앱을 휴대전화에 설치한 젊은이들의 혼선과 오해보다 자칫 북방한계선을 넘어가 나포될 뻔한 우리 어선이 떠올랐다. 그뿐인가. 훈련 중이던 아군의 포탄이 엉뚱한 곳으로 떨어질 수 있었다.

아무리 철두철미하게 관리해도 자연재해에 속수무책이 되는 최첨단도 적지 않다. 후쿠시마 핵발전소 폭발 이후에 벌어지는 혼란을 보라. 유기농업을 정착시키려 평생을 애써 힘겹게 살려낸 농토가 치명적으로 오염되자 농부가 스스로 목숨을 끊었다. 이 사건은 보는 이들을 안타깝게 했지만 최첨단과 관계없는 일이었다. 일본에서 생산하는 플래시메모리 공급이 중단된 사건은 어떤가? 미국 애플의 아이폰과 아이패드의 생산량이 잇달아 위축되는 현상이 이어졌다. 우리 기업은 반사이익을 얻었을까? 미국의 토네이도는 일본 완성차 공장의 지붕만 뜯어내는 게 아닌데.

1995년 1월 일본 고베를 흔든 한신대지진은 톱니바퀴 물리듯 돌아가던 세계 물류를 한동안 뒤죽박죽 헝클어뜨렸고, 어디에서 날아왔는지 모르는 드론의 사우디아라비아 원유시설에 대한 공격은 2019년 여름 국제석유가격을 요동치게 했다. 지구온난화에 이은 기상이변이 2010년 러시아 곡창지대에 화재를 불렀고 난데없이 세네갈에서 폭동이 일어났다. 심화하는 기상이변은 상상 이상의 폭염과 폭한으로 세계 구석구석을 고통으로 몰아넣는다. 기후변화 시대에 최첨단은 어떤 기여를 할 수 있을까?

디지털을 지배하는 빅브라더 앞에 예외가 없으니 개인은 당하기만 해야 하나. 기술이 첨단화될수록 소외를 양산하는데, 빅브라더가 아니라면 파놉티콘을 불러올 최첨단에 저항할 필요가 있다. 되도록 현금을 사용하자. 갈수록 첨단으로 치닫는 휴대전화를 외면하고, 현관에 자물쇠를 달거나 아예 열어놓는 아날로그 행동은 어떨까? 다소 귀찮아지더라도 중앙이 제공하는 편의를 사양해 보자. 생각하기에 따라 불편함을 즐기게 될 수도 있다. 일부러 전기와 전화 없이 살아가는 사람도 있지 않은가. 초미세먼지로 하늘이 뿌연 세상에서 조금이라도 자연스러운 삶으로 돌이켜보자는 거다.

히키코모리를
부추기는 최첨단

며칠 전 주말, 인천 연수구의 한 마을단체에서 개최하는 행사에 다녀왔다. 가을이면 그 단체는 수령 500년이 넘은 느티나무 아래에서 전통혼례를 재현했는데, 명색이 자문위원이라 이따금 얼굴을 비치고 빠져나오곤 했다. 이번엔 어려웠다. 혼례의 신랑을 맡은 선배의 당부로 점심을 먹어야 했다. 마을의 작은학교에서 교장을 오래 맡은 선배와 별도의 방에서 국수를 기다리는데, 주방 안팎이 몹시 분주했다. 모여드는 주민들에게 잔치국수를 일일이 끓여 대접하는 일이 여간 고되 보이는 게 아니었다.

결혼 40주년을 전통혼례로 기념한 선배 부부와 마을단체 자문위원들이 인절미와 절편을 먹으며 이야기를 나누는데 주방 쪽에서 소란이 벌어졌다. 잔치국수를 기다리다 지친 노인 한 분이 지팡이를 휘두르며 역정을 내는 게 아닌가. 미리 내놓은 막걸리에 취한 게 분명해 보였다. "저자들은 뭔데 편안하게 앉아 먼저 국수를 처먹는가?" 절편 몇 조각 입에 넣었지만 미안했다. 실무를 맡은 젊은이가 얼른 노인을 자리로 모시고 우리는 국수를 양보했는데, 따뜻한 잔치국수로 술기운이 빠진 노인은 자리를 뜨면서 무척 계면쩍어했다.

하마터면 휘두르는 지팡이에 다칠 뻔했지만 배식을 마칠 때까지 요기를 하지 못한 주최측과 자원봉사 젊은이들은 험악한 상황을 슬기롭게 풀어냈다. 행사를 망치고 싶지 않아서라기보다 기다리다 노여워진 노인의 편에서 이해했기 때문이다. 별도의 비용을 부담하고 이벤트회사에 행사를 맡겼다면 사전에 불상사를 막을 수 있었겠지만, 주민들은 서로 마음을 나누기 어려웠을 것이다. 겉보기 번듯해도 속이 공허한 행사는 공동체를 지향하는 마을과 어울리지 않는다.

예매를 위해 버스터미널에 가면 대개 버스표 자동발급기 앞에 선다. 줄이 긴 창구보다 속 편하기 때문인데, 치킨 프랜차이즈 식당도 그게 대센가? 어느 날 저녁 늦게까지 지루하게 이어진 회의를 마치고 참석자 일부와 시원한 맥주를 마시고 싶어졌다. 40여 년 만에 왕십리역 근처로 갔다. 회의 장소와 가까웠기 때문인데, 예전 분위기는 찾기 어려웠다. 깔끔해진 역 광장 근처의 치킨 프랜차이즈 식당에서 맥주를 팔기에 들어갔다. 그런데 바삐 돌아가는 주방의 젊은이들은 주문을 일체 받지 않았다. 손님이 모니터로 해결해야 했는데, 처음이라 그런지 성가셨다. 주문을 마치고 주위를 살피니 이런! 자리를 차지한 손님들은 대개 젊었고 혼자였다. 이 시간에 '혼밥'이거나 '혼술'이라니.

시내버스에서 차비를 걷던 차장은 꽤 오래전에 자취를 감췄다. 그 시절의 기억은 중년 이상의 추억이 되었는데, 요즘 대중교통은 교통카드나 신용카드로 요금을 지불, 아니 결제한다. 그러고 보니 거스름돈을 준비하지 않는 택시가 많다. 요금을 둘러싼 사소한 말다툼도 사라졌으니 산뜻해진 걸까? 택시와 시내버스에 얽힌 이야기는 그만큼 줄었겠지. 대학가 식당은 현금이면 500원을 깎아준다고 방을 붙였던데, 요즘 젊은이들은 적은 금액도 카드로 결제하나? 아니란다. 카드도 불편한지 손에 늘 붙어 있는 휴대전화가 해결한단다. 하나 같이 통신 관련 대기업이 주도하는 이른바 무슨 무슨 '페이'다. 간편할까? 일거수일투족이 감시될 텐데.

최첨단 접근성의 쓸쓸함

공연히 아침 첫 손님으로 서점에 들어섰나 보다. 입구에 늘어선 종업원들이 일제히 90도 인사를 한다. 엉겁결에 받은 표정 없는 인사. 낭패감이 인다. 가끔 들르는 대형서점의 수많은 손님 중 하나인 나를 종업원들이 기억할 리 없다. 온종일 서서 일하는 그들의 처지에서 첫 손님이라도 딱히 반가운 존재는 아닐 텐데, 민망하다. 지금은 중고자동차단지로 둔갑한 인천 송도유원지 입구에서 입장객에게 허리를 숙이는 마네킹을 보는 듯했다.

세계 최대의 가전박람회(Consumer Electronic Show, CES)가 2017년 정초 미국 라스베이거스에서 열렸다. 150여 국가에서 3800개 이상의 기업이 참여하는 50년 역사의 CES는 16만 명 이상의 관광객을 예상한다는데, 주제는 '접근성'이라고 했다. CES에서 내세운 접근성이란 무엇인가? 이세돌 9단을 물리친 '알파고'가 유행시킨 딥러닝이 대세란다. 빅데이터를 동원한 컴퓨터의 딥러닝은 자율주행 자동차를 출범하게 했다. 자동차 자율주행만이 아니다. 와이파이를 이용해 집안의 가전제품을 켜고 끄거나 제어할 수 있게 해주는 '최첨단 미래상'이 CES에서 화려하게 펼쳐진 모양이다.

대부분의 뉴스를 최순실 국정농단 사건과 대통령 탄핵 심판이 빨아들이던 2017년 1월의 상황에도 우리 언론들은 CES의 주제, 자율주행 자동차의 '접근성'을 적극 보도했다. 운전석에 앉아서 손끝 하나 움직이지 않아도 목표 지점까지 알아서 주행하는 자동차는 돌발상황도 믿음직스럽게 대응하는 모습을 보여주었는데, 그 기술이 더욱 진전돼 안전이 검증되면 널리 보급한다는 예고였을 것이다. 현실화된다면 탑승자의 안전과 편의를 위해 사람의 운전을 제한하는 제도가 뒤따를지 모르겠다. 그런 환경을 충족하기 위한 도로 상하좌우의 각종 첨단 시설들은 교통상황은 물론 시시각각 변하는 날씨를 축적·분석·예측하면서 수많은 자동차의 흐름을 딥러닝하고 최상의 교통 환경으로 유도하겠지. 충돌과 추돌사고는 물론 뺑소니도 사라지겠다.

지금도 가전제품을 집 밖에서 조정할 수 있는 세상이다. 무선통신 광고는 늦잠 자는 남편을 깨우고 자동차 실내온도를 맞추는 데 그치지 않는다. 텔레비전과 조명의 전원을 끄는 걸 넘어 전기레인지에 준비된 찌개를 끓이거나 세탁기를 돌릴 수 있다. CES 2017의 접근성은 그 정도를 훨씬 넘었다. 감성을 표현하는 로봇은 홀로 남은 애완견에게 주인의 표정을 모니터로 전하며 먹이를 건넬 것이고 출장 중인 아빠의 목소리로 보채는 아이에게 동화책을 읽어줄지 모른다.

지능형 냉장고는 계절에 맞는 식단만 권하지 않을 것이다. 주부의 눈높이에 장착된 모니터는 저녁 식단에 들어갈 음식 재료의 재고 현황을 알려주면서 거래하는 슈퍼마켓에 주문을 넣고 결제까지 자청할지 모른다. 이제 슈퍼마켓에 갈 일이 없어지겠다. 슈퍼마켓 주인과 부딪힐 일이 없으니 가격 흥정할 일도 없겠다. 주인 입장에서는 도난사고 예방은 물론이고 에누리를 요구하는 '진상고객'도 사라질 테지.

정보통신 관련 기술의 눈부신 성과로 산업 사이의 경계가 모호해지며 새로운 시장이 융합·창출될 것으로 예견하는 전문가들은 소비자는 물론 기자도 이해하기 어려운 용어를 장황하게 구사하며 장밋빛 내일을 펼치지만, 일찍이 소비자의 의견은 묻지 않았다. 스마트폰 보급으로 와이파이와 블루투스를 겨우 이해한 소비자는 차려놓은 떡이나 집어야 한다. 구닥다리를 재고 처리한 다음 지능형 냉장고만 판매하는 세상이 되면 어떤 풍경이 벌어질까? 냉장고가 요구하는 '접근성'에 응답할 수 없는 작은 점포들은 문을 닫고, 디지털 접근성에서 소외된 소비자들은 더욱 쓸쓸해질 것이다.

멋진 신세계의 '혼밥'

'디지털 원주민'은 인터넷으로 쇼핑해서 택배로 물건을 받는다. 새삼스러울 게 없는 세상이지만 여전히 어색해하는 사람도 있다. 비밀번호의 지뢰를 피하지 못하는 '인터넷 이주민'이 그들이다. 방대하게 수집·분류한 자료를 딥러닝하는 기업은 지능형 냉장고를 소유한 디지털 원주민의 변덕스러운 식성까지 만족시킬 테니 찬란한 편의의 벅찬 순간인가? 식당이든 집이든 '혼밥'이 대세로 자리 잡을 날이 멀지 않았나 보다.

가마를 탄 사람은 가마를 멘 사람의 마음을 이해하지 못한다고 했던가? 디지털 원주민은 택배기사의 고충을 일일이 헤아리지 못한다. 헤아릴 이유를 찾지 않는다. 냉장고가 클수록 음식쓰레기가 늘어나듯, 손가락만 까딱하면 그뿐인 세상에서 반품하는 물건도 많을 것이다. 사놓고 한 차례 입었을 뿐인 패스트패션은 계절용이다. 이듬해 수거함에 쏟아져 들어가겠지. 재단하고 봉제하는 이의 고충은 패스트패션 디자인에 담기지 않는다. 중앙아시아에 면화가 대거 재배되면서 아랄해가 바싹 말랐다는 소식은 전혀 궁금하지 않다.

로버트 퍼트넘는 《나 홀로 볼링》에서 외톨이가 늘어나는 미국의 사회현상을 분석했다. 개개인이 파편화되는 현상은 신자유주의 물결과 무관하지 않다. 그들은 볼링장이라도 나가는데, 인공지능이 주도하는 편의는 파편화를 더욱 부추길 것이다. 집에 은둔해도 아무 불편 없는 세상으로 안내하지 않겠나. '히키코모리'의 일반화다. 자청해서 집 안에 꽁꽁 묶여도 즐거움을 잃지 않는 세상에 인공지능은 가상커뮤니티의 나래를 한껏 창출한다. 할머니에게 옛날이야기를 청할 이유가 없다. 그래도 가끔 밖에 나갈 일이 생긴다면? 자율주행 승용차가 대기하겠지.

세계적 대기업의 인공지능은 이세돌 9단을 4대 1로 제압하는 데 그칠 리 없다. 히키코모리족이 만족할 식단은 물론이고 욜로족의 일상과 커리어우먼의 화장 패턴도 그때그때 제안할 것이다. 13억 중국인의 인상을 기억하는 인공지능은 공연장 출입구에서 벌금 미납자를 색출하는 능력을 과시하던데, 앞으로 75억 세계인구의 행동과 사상을 예의주시할지 모른다.

2018년 10월, 이스탄불의 사우디아라비아 총영사관이 세계의 주목을 받았다. 터키로 망명한 사우디아라비아 출신의 언론인 자말 카슈끄지 기자가 전자감시망을 비웃는 자들에게 무참하게 살해된 현장이기 때문이었다. 자국에 비판적인 언론인을 살해하기 위해 사우디아라비아 정보관계자는 카슈끄지의 행적을 추적하면서 어떤 최첨단 기기를 활용했을까? 딥러닝까지 필요하지 않았을지 모르지만 속속 드러나는 혐의를 감추려면 필요할지도 모르겠다.

탈세 혐의가 있던 중국의 영화배우 판빙빙은 2018년 어느 날 실종되었다. 세간의 관심이 집중되자 초췌한 모습으로 다시 나타났지만 실종의 전모는 드러나지 않았다. 실종은 이어졌다. 송환법에 저항하는 홍콩인에게 우호적이던 변호사가 중국에서 실종되는 과정에 누가 어떻게 개입했는지 알 수 없다. 마스크를 착용하면 범법자로 몰고가는 홍콩 시위현장에서 개개인은 불안하다. 실종자를 만들어내는 실체를 알아내려고 누군가 나선다면 빅브라더의 딥러닝이 가로막을지 모른다. '혼밥'이나 먹자. 1932년 올더스 헉슬리가 구상한 《멋진 신세계》가 비로소 구현된 세상이니.

최첨단이 만든 낯선 접근성

2017년 3월, 고급 아파트로 가득한 인천 연수구에서 엽기적 살인 사건이 발생했다. 고교 과정을 중단한 16세 소녀는 학력이 높은 자신의 부모보다 휴대전화와 깊은 유대관계를 맺었다. 휴대전화가 창출하는 가상공간, 그들만의 '커뮤니티'의 명령은 사냥이었다. 청소년이 어린이를 사냥하기 위해 고급 아파트단지 내 놀이터를 기웃거리는 일은 휴대전화가 일상화되기 이전, 마을과 이웃이 살아 있던 시절, 그리 멀지 않은 과거에 없었다. 야심한 시간 장독대에서 소리 지르며 친구를 소집할 수 있던 시절에는 가상커뮤니티라는 개념을 상상할 수 없었지만 요즈음의 최첨단 편의는 히키코모리를 부추긴다. 가상커뮤니티 공간에 마음을 빼앗긴 사람은 집 밖에서 만나는 이웃이 달갑지 않다. 낯선 이의 눈을 바라보는 일이 어렵거나 두렵고, 다정다감한 친절이 성가실지 모른다. 자신의 생각과 행동에 조금이라도 방해가 되는 이에게는 강한 반감을 가질 수도 있다.

요사이 언론은 불길한 바깥세상을 보도하기 바쁘다. "불친절했다"며 PC방에서 또래의 알바생을 살해한 청년은 기자의 분석처럼 우울증을 앓고 있었을까? "콤플렉스를 건드렸다"며 낯선 여인의 목을 조르는 자는 징역이 두렵지 않은 것 같다. "임금을 못 받아서" 엉뚱한 행인을 흉기로 위협하는 행위는 이 시대 자화상과 무관하지 않은데, 불길한 바깥세상은 어떤 내일을 안내하는 걸까? 낯설기보다 두렵다. 자멸을 암시하는 자화상인데, 그 자화상에서 벗어나는 접근성은 있을까? 있다면 무엇일까?

시간에는 매듭이 없지만 정초 달력이 바뀌면 만나는 사람마다 의무처럼 불쑥 인사를 건넨다. "새해 복 많이 받으세요." 고맙지만 어색하다. 사람마다 하는 일이 다르고 개성도 다양할 텐데, 천편일률이 아닌가. 반가운 표정의 진심 어린 격려와 안부 묻기가 아쉽다. 정치인이 지역구의 불특정다수에게 한꺼번에 보내는 연하장은 아무 감동도 전하지 못한다. 이 시대의 부족한 접근성은 오히려 첨단이 양산한다. 최첨단 소외가 아닐 수 없는데, 기억이 베푸는 반가운 마음은 편의와 거리가 멀다.

스마트폰을 단말기에 가져다 대면서 결제하는 모습이 세련돼 보이는가? 자신감 넘치는 젊은이들을 앞세우는 무슨 무슨 페이 광고는 세심하게 연출한 자본의 기호에 불과하다. 은행의 잔액이 모자란 사실이 드러나는 순간 차갑게 외면하는 최첨단 '접근성'은 고객의 취향을 자동으로 분석해 분류하고 감시에 들어갈 것이다. 냉장고의 모니터는 주부가 아니라 자본의 요구에 충성하며 접근할 따름이겠지.

직접 요리를 해야 농부의 고충까지 이해할 수 있다는데, 요리하기 전 냉장고 문을 열고 살펴보며 무엇을 어떻게 요리해 가족과 마주 앉을지 상상해 보면 어떨까? 가까운 시장이나 슈퍼마켓에 나가 자주 만나는 상인과 잘 흥정하면 에누리는 물론 급할 땐 외상도 가능하다. 가끔 얼굴 붉히며 싸워도 상대를 이해하면 양보가 흔쾌해진다. 그러나 초미세먼지가 가슴 답답하게 하는 바깥세상에서는 석유위기와 지구온난화가 심화되고 있다. 접근성? 인류와 지구의 위기를 염두에 두지 않는 자율주행 자동차보다 자동차가 필요 없는 세상이 더 급한 것 아닐까?

가상공간으로 인도하는
과학기술

학교에서 돌아온 초등학생은 가방을 바꿔 들고 냉큼 학원으로 달려간다. 집에 돌아와 학습지를 채워야 하고 저녁식사 뒤 학원 숙제를 마쳐야 한다. 친구들과 놀고 싶어 입술을 삐죽 내밀어도 소용없다. 꾸뻑꾸뻑 졸며 숙제다 일기다 애쓰는 아이에게 아빠는 점잖게 한마디, "숙제는 미리 해놓고 신나게 놀면 되지 않니!" 한데 그 아빠는 어렸을 때 어땠을까?

1960년대, 인천 변두리의 아이들은 학원이 뭔지 몰랐고 알량한 숙제를 마치고 노는 법도 없었다. 집 안으로 책가방을 휙 집어던지면 몸은 어느덧 바깥이었다. 자치기와 구슬치기가 심드렁해지면 논두렁에서 잠자리를 잡고 잠자리채로 웅덩이를 뒤졌다. 운 좋으면 미꾸라지 한 양푼을 잡을 수 있었다. 더우면 바닷가로 나가 망둥이를 잡고 지루하면 염전 저수지에서 개헤엄을 쳤다. 얼굴이 새까매져도 재미가 그만이었다.

어쩌다 집에서 뭉그적거리면 친구들이 어김없이 불러댔다. "노올자, 뭐하니, 나와라…." 어머니의 성화를 뒤에 하고 튕겨 나갔던 시절에서 한 세대가 훌쩍 지나 태어난 아이는 어느덧 결혼 연령이 되었다. 그 아이는 초등학교 때 집밖에 거의 나가지 않았다. 모두 학원에 있으니 부르는 친구도 없었다. 가끔 잠자리채 들고 근린공원에 나갔지만 신바람 나게 어울릴 친구는 만나지 못했다. 이따금 친구 집에 놀러가거나 친구를 집에 데려오지만 "늦기 전에 집에 가야지" 하는 한마디에 군말 없이 일어섰다. 생경할 정도였다. 친구에 대한 애착이 달라진 걸까?

공부 부담에서 잠시라도 자유로워지면 요즘 아이들은 제 방에서 놀이를 찾는다. 부모의 성화는 물론 친구와 형제도, 심지어 밥 먹는 일도 귀찮게 여겨지게 만드는 자기만의 가상공간, 바로 컴퓨터! 컴퓨터가 선사하는 게임과 가상공간이다. 모니터가 펼치는 변화무쌍한 가상공간은 최첨단이 기준이다. 친구 사이의 진지한 대화는 컴퓨터 모델과 주변기기, 그리고 게임 프로그램이 차지하겠지. 취미와 특기, 독특한 개성과 의리에 따라 몰려다니던 시대는 까마득한 옛날이다.

중·고등학교로 진학한 아이가 모니터 속 교사의 지시에 따라 문제 풀기에 여념 없는 모습이 익숙해진 요즘, 어른들은 택배회사를 살찌게 하는 인터넷 쇼핑에 사로잡혔다. 점점 더 정보의 바다에서 허우적거리는 군상이 늘어난다. 정보의 바다에서 발생하는 부작용도 녹록잖다. 화상회의와 화상진료 뉴스에 식상한 언론은 인터넷 강국이라는 우리나라에 악성 댓글이 많고 불법 다운로드가 극성이라고 개탄한다. 때때로 청소년 자살률이 치솟고 이웃에 대한 끔찍한 범죄가 늘어나는 현상을 보도하며 소통 없는 사회의 익명성에 진저리치지만, 언론은 소통이 낯설어진 이유에는 도무지 주목하지 않는다.

이웃을 살피지 않는 가상현실

예전엔 노래 가사를 공책에 적어 두고 외웠는데 요즘은 노래방 기계가 그런 수고를 앗아갔다. 휴대전화기에 저장된 전화번호를 쉽게 찾을 수 있으니 친지는 물론이고 집 전화번호도 깜빡깜빡 잊는다. 기억을 대신할 기계를 손에 넣자 나타난 현상이다. 워드프로세서가 없으면 한 줄의 글도 자신 있게 쓸 수 없고, 타정총을 사용하는 젊은 목수는 망치질도 제대로 못한다. 기계가 근처에 없으면 불안해지는 시절이 되었다.

언젠가 가상현실체험으로 결혼식을 올린 교포가 뉴스 화면을 장식했다. 쌍안경 비슷한 기계로 눈을 가린 신랑이 두 팔 벌려 허공과 포옹하고 입 맞추는 바로 그 시각, 다른 장소에 있던 신부도 같은 동작을 연출한 화면이었다. 과학기술의 총아인 컴퓨터의 도움으로 만들어 낸 가상의 현실에서 백년해로를 약속한 그들은 입술의 촉감을 가상으로 느꼈을지 모르나 신혼여행까지 가상으로 떠났는지는 알지 못한다. "바쁠 땐 전화가 효자"인 세상은 부부에게 사랑을 나눌 시간과 공간조차 허락하지 않는다. 그것을 위로하려고 과학기술이 가상현실을 권하는 걸까? 가상현실을 누리는 자는 행복할까? 가상현실은 입맞춤을 넘어 섹스도 가능하게 한다는데, 가상현실 출산은 어떨지.

컴퓨터와 인공위성의 도움으로 먼 나라의 전쟁도 생중계 받고, 지구 반대편 연예인의 시시콜콜한 일상까지 구경하는 시대에 가상현실은 획기적인 기술이 아니다. 장거리 여행을 하지 않고도 외국 지사 사람들과 화상으로 회의할 수 있고 조건이 까다로운 계약도 원거리에서 성사시킬 수 있다. 뿐만 아니라 안방 침대에 누워 권위 있는 의사의 명쾌한 진단도 받을 수 있고 유명 강사의 족집게 과외수업도 받는 세상이 아닌가. 하지만 상대에게 눈을 맞추고 예의를 표하지 않아도 무방한 익명의 가상공간이다. 가상공간의 처방전만으로 몸은 회복되지 않는다. 나으려면 밖에 나가 약을 사 먹어야 한다.

가상공간은 현실 공간의 이웃을 불필요한 존재로 승인한다. 조이스틱과 모니터가 앞에 있으면 친구도 식구도 할머니의 옛이야기도 성가실 따름이다. 모니터 이외의 대상에는 눈을 돌리지 않게 만드는 가상공간은 이웃의 희로애락에 대한 관심을 몰수한다. 컴퓨터가 앞에 있으면 그걸로 충분한데, 컴퓨터 게임에 빠진 아이는 폐쇄적이 될 수 있다고 전문가들은 지적한다. 가상놀이에 빠져 잠도 안 자고 밥도 안 먹어 사망에 이르거나 아이를 굶긴 사례는 이제 새삼스럽지 않다. 현실의 기반을 잃은 가상은 대체로 공허하고 위험할 수도 있다. 그러나 이를 걱정하는 전문가들은 대안 제시에는 인색하다.

정상을 비정상으로 규정하는 과학기술

어떤 산모가 신문 독자 투고란을 조그맣게 노크했다. 제 힘으로 낳아보겠다고 이를 악물고 고통을 감내하는데 슬며시 다가온 의사는 "통증 없이 수술해 드릴까요?" "안전하게 수술하시죠." "자, 이제 준비할까요?" 귓전에서 거푸 권유하는 바람에 자기도 모르게 고개를 끄떡이고 말았다며, 제왕절개를 유도한 산부인과 의사에게 분노를 표하는 내용이었다.

20세기 말의 남성클리닉 원장은 쓸쓸히 돌아가는 머리 희끗희끗한 '환자'를 측은하게 바라보았다. 발기 유전자를 주입할 수 있는 21세기의 어느 시점이면 100대 노구에도 젊은 기운을 누리는 이른바 '페니스 천국'이 도래할 텐데, 세계 임포텐스학회에서 발기부전의 유전자 치료 가능성이 발표되었는데… 하며 안타깝게 여겼다. 발기 유전자만이 아니다. 치매 유전자와 니코틴중독 유전자를 분리한 생명공학은 머리 좋게 만드는 유전자와 모성애 유전자도 찾아내겠다고 으스댔다. 21세기 중반으로 치닫는 이제, 가슴이 벅찬가? 인간의 성장호르몬을 양산하게 된 덕분에 작은 키를 발본색원할 계기를 마련한 21세기의 생명공학은 기왕에 분리해 낸 유전자를 사장시키지 않을 것이다. 가능성 있는 상품으로 개발하는 건 시간문제다.

어떤 불임클리닉은 무통분만 시대가 활짝 열릴 거라며 가상 좌판을 펼쳤다. 당장은 마취와 제왕절개 시술로 출산의 고통을 잠시 잊게 하는 방법에 의존할 수밖에 없지만, 인공자궁이 개발되는 날이면 출산이라는 개념 자체가 사라질지 모른다고 호들갑 떨었다. 시험관에서 인공수정한 뒤 인공자궁에 착상시켜 세포분열을 유도하다가 적당한 시점에 자궁을 응용한 인큐베이터로 옮기면 고통 하나 없이 아이를 안을 수 있는 시대가 다가온다는 건데, 이를 위해 의료 선진국에서 맹렬히 연구 중이라고 설레발쳤다.

조산원이 퇴출당하자 일개 환자로 전락한 산모는 제왕절개를 권유받고, 60대 노인은 발기부전 환자로 새롭게 조명된다. 기억력 유전자나 치매 유전자와 같은 기능성 유전자는 환자의 범위를 더욱 확장시킬 것이다. 명주실을 묶어 흔들리는 젖니를 빼던 시절에 비해 치과를 찾는 횟수가 늘어난 것은 과학기술이 가공식품 산업과 더불어 발전하며 치아가 약해졌기 때문만은 아닐 것이다. 의료와 비의료 행위의 구분이 사회나 경험이 아니라 제약회사와 의사에 의해 규정된 이후 나타난 현상은 아닐지.

생명공학이 시장에 내놓을 최첨단 무통분만 시술로 태어나 정자와 난자를 위탁한 부모에게 인계될 21세기의 어떤 인류는 우선 모성애 유전자부터 주입받아야 할 차라리 환자일 것이다. 의료과학의 권고로 때마다 최첨단 유전자로 교환하고 낡은 장기를 갈아 끼워야 하는, 자신의 몸에 아무 주권도 없는 환자가 한 명 더 등록되는 것이리라. 상대적으로 가난한 이, 남성보다 여성, 어른 대신 어린이를 수혜자 대상에서 먼저 제외할 과학기술은 급기야 정상인마저 비정상으로 규정하고 말았다. 최후의 정상인은 누구일까?

어디든 살 수 있어도 아무 데에도 살 수 없는 인간

억센 피부와 곰 발바닥으로 단련시키겠다는 지휘관의 단호함으로 반바지와 맨발로 군영을 뒤뚱거려야 했던 시절, 어깨 화상으로 고생했던 기억이 있다. 군의관의 염려를 부릅뜬 눈으로 외면하던 연대장도 발바닥과 어깨에 상처 깊은 병사가 속출하자 의지를 거둘 수밖에 없었는데, 태어나자마자 신발과 옷에 숨기는 인간의 피부는 자연 앞에서 무력하다는 걸 그 연대장은 비로소 인식했을까?

저녁 먹고 베란다에 나와 건너 아파트를 보면서 저쪽 집 식구들은 지금 무얼 하고 있을지 가만히 생각해 본다. 텔레비전을 보거나 밥 먹는 이, 씻거나 잠자리에 든 이, 웃는 이, 싸우는 이…. 콘크리트 구조물을 치우면 수많은 이웃이 허공에서 움직이고 있다는 걸 문득 깨닫는다. 사람은 하늘 아래 못 사는 곳이 없다. 도시와 시골이 다가 아니다. 산꼭대기, 열대우림, 극지방, 사막을 가리지 않는다. 땅 위와 속에도, 바다 위와 속에도 산다. 하늘에 떠올라 살고 심지어 우주에도 두둥실 산다. 그런데 극지방이나 열대지방 구별 없이 석유와 전기, 자동차와 쇼핑센터, 전화와 컴퓨터 없이 못 산다. 냉난방 없이는 추위와 더위를 한 시간도 견디지 못한다.

잘 꾸며놓은 아파트는 농촌의 전통 주택에 비해 여러모로 편리하다. 수도꼭지만 돌리면 따뜻한 물 찬물이 원 없이 나왔다 사라지는 상하수도 시스템, 중앙에서 공급하는 난방, 전기, 가스, 전화, 텔레비전에 인터넷망까지 완비돼 있다. 아궁이에서 온돌 달구며 밥해 먹던 시절, 비데는 물론이고 세탁기가 뭔지 몰랐던 대가족 시절, 한밤중에 변소에 가는 일과 겨울철 목욕이 여간 고역이 아니었지만, 요즘 그런 기억은 전설이 되었다. 세탁기에서 건조기와 식기세척기까지 구비해 이제 빨래나 설거지는 고된 일이 아니다.

내는 돈만큼 주어지는 편의는 과학기술에 힘입은 바 크다. 신발 없이 걸을 수 없고 서너 겹의 옷을 걸치지 않고선 행동이 자유롭지 못한 인간은 과학기술이 매개한 중앙집중의 가부장적 편의에 길들여졌다. 그런만큼 자신의 문제를 스스로 해결하기 어려워졌다. 중앙의 빅브라더가 베푸는 선의와 과학기술의 의지에 구속되고 만 것이다. 길들여진 몸과 마음은 더욱 까다로운 편의를 구체적으로 요구하고 과학기술은 그런 편의를 거듭 충족시키지만, 노력해 터득하려는 의지와 타고난 능력은 그만 무기력해졌다.

두뇌가 명석하다고 뻐기는 인간도 생태계의 일원이다. 약이 아니라 생태계에 기대 살 때 비로소 건강해진다. 자연 앞에 완벽한 과학기술이란 없거늘, 과학기술을 무기 삼는 인간은 자연 앞에 방자하기 이를 데 없다. 타고난 생존의 한계를 과학기술로 극복했노라 오만하지만 중앙에서 주어지던 편의가 중단되는 순간 생기를 잃는다. 가상공간 기술은 어떤가?

세계 곳곳에서 거듭되는 지진은 많은 사상자를 낳았고, 살아남은 자에게 심리적 공포를 안겨주었다. 세계 각국에서 지원한 최첨단 구조 장비로 위로할 수 없었다. 과학기술이 안내하는 편의가 언제까지 인간의 삶을 지탱할까? 가상은 현실의 대안이 아니다. 신기루 같은 가상공간에 안주한다고 현실을 회피할 수 있는 것도 아니다. 인간이 살기에 가장 안전한 현실공간은 어디일까?

사고가 없을 것이라는 가정

수도권에 첫눈이 내리던 어느 날, 우리는 세월호 참사 미수습자 다섯 영혼을 보냈다. 사고 발생 1316일이 지나도록 가족을 수습할 수 없었던 유가족은 애써 의연했지만 얼마나 슬프고 허탈했을까. 당하지 않은 처지에 감히 상상할 수 없는 노릇이다. 1316일 전, 세월호에 탑승한 승객은 물론 선박의 구조를 무리하게 변경하고 과적한 화물을 제대로 고박하지 않은 회사도 사고가 발생할 거라는 생각은 조금도 하지 않았을 것이다. 다시 활동을 시작한 제2기 세월호참사특별조사위원회는 사고 원인을 속 시원히 밝혀낼까?

인천 부두에서 출발하는 요즘의 연안 여객선들은 세월호 사고 이전과 달리 승선 명부를 꼼꼼히 살핀다. 명부가 있으니 사고 이후 발생할 혼선은 줄어들 텐데, 대형 화물은 이제 제대로 고박하고 있는지 궁금하다. 풍랑이 비교적 약하고 거리가 가깝기에 방심해 왔을 텐데, 사고가 발생하지 않을 거라는 생각이 지배할수록 선박회사나 화물주는 고박을 귀찮게 여길 것이다. 선박만이 아니다. 고속도로를 질주하는 버스에서는 안전띠를 매는 승객이 많지만 일반도로에서는 드물다. 사고와 부상 가능성이 낮다고 보는 까닭이겠지.

핵발전소 사고를 대비해 이중 삼중으로 설치하는 시설들은 불필요한 중복일까? 사고가 발생하지 않는다면 사용할 일이 없으니 관리가 소홀했고, 설계수명이 지났어도 가동시한을 연장하자 후쿠시마 핵발전소는 여지없이 폭발했다. 우리 핵발전소의 안전시설은 제대로 관리되고 있을까? 사고가 일어날 리 없다고 믿는다면 안전관리는 귀찮은 일일 텐데.

활성단층에 핵발전소를 지어도 무방한가? 눈부신 과학기술이 설비의 안전을 수시로 진단했고 운전 중에 발전소가 폭발할 정도의 지진이 발생할 확률은 대단히 낮다고 계산했으니 방심했겠지만 일본은 폭발 10년이 지나가는 지금도 고통을 끌어안고 산다. 일본 정부가 진실을 왜곡하거나 외면하는 바와 관계없이, 그 고통은 언제 사라질지 아무도 점치지 못한다. 지진이 거의 없는 우리나라는 괜찮을까? 지진 안전지대라면서 활성단층 지대에 핵발전소와 핵폐기물 처리장을 세웠다. 그런데 2016년 9월 12일 핵폐기장이 있는 경주에 이어 이듬해 수능 하루 전날 포항에서 건물이 무너지는 강진이 발생했다. 경주 여진은 600차례가 넘었다. 포항 여진은 해를 넘기며 계속되었다.

지난 정권과 달리 행정안전부의 긴급재난문자가 지진 발생 직후 전국 핸드폰 소지자들에게 전송되었지만 진앙에서 멀리 떨어진 지역의 주민들은 특별하게 대처할 일이 없었다. 다만 핵발전소가 안전할지를 염려했는데, 한국수력원자력주식회사는 안전하게 운전하고 있다고 잽싸게 발표했다. 믿어도 될까? 현재 가동 중인 25기 핵발전소의 안전을 그처럼 빨리 점검할 수 있는 걸까? 이상 징후가 없다고 주장해도 우리는 믿지 못한다. 핵발전소 관리·운영에 관한 정보를 투명하게 공개하지 않으니 어떤 일이 벌어지는지 알 수 없다.

인천 송도신도시 인근 2킬로미터 지점에 세계 2위 규모의 LNG기지가 위치해 있다. 고도의 안전을 요구하므로 주택가와 충분히 떨어진 해양에 기지를 건설한다고 애초 강조했지만 송도신도시가 확장하면서 바싹 붙었다. 물론 여전히 안전을 강조한다. 연약지반인 갯벌을 매립한 자리지만 암반까지 파서 지었으니 공연한 걱정은 불필요하다며 불안감을 조성하는 시민단체에 으름장을 놓았다. 하지만 가스가 새어나가는 사고가 2005년에 이어 2017년 다시 발생했다. 액화천연가스를 이미 채운 탱크에 다시 넣으려 시도하다 그만 누출되었다고 해명했다. 작업자의 실수였으니 넘어갈까? 하지만 단순한 실수도 걷잡을 수 없는 사고로 이어질 수 있는 시설이 아닌가. 시민들은 불안할 수밖에 없다. 거대한 시설이어서 폐쇄나 철수가 불가능하다면 철저한 시민감시가 중요한데, 과학기술을 앞세우는 거대 자본은 안전만 되뇔 따름이다.

1995년 6월에 발생한 삼풍백화점 붕괴는 조짐이 있어도 무시됐다. 고객이 몰려드니 물건을 파는 시간을 조금이라도 연장하려고 비상조치를 미적거렸다. 붕괴가 시작되자 경영진이 황급히 탈출했고 고객은 날벼락을 맞았는데, 지진대비 없는 우리 지하철은 어떤가? 출퇴근 시간이면 모여든 환승객으로 발 디딜 공간마저 부족해지는 서울 강남 일대 지하철 2호선은 속수무책이 아닌가? 암반 많은 강북보다 위험하다는데, 그저 그 시간 큰 지진이 없으리라 믿을 뿐이다. 활성단층이 지나가는 경상남·북도와 달리 수도권은 안전할 것이라고 생각하면서.

그리워지는 따스한 현실 공간

거실에서 텔레비전을 보아야 하는 부모가 아이 방에 새 컴퓨터를 들여놓자 학원 다녀온 아이는 제 방에서 통 나오지 않는다. 입시공부에 충분히 고문당했으니 잠들기 전까지 모니터의 가상공간에 정신 빠질 권리가 있다고 여긴다. 컴퓨터에 빠진 아이는 언제 부모가 잠들었는지, 누가 밖에 나갔다 들어왔는지 알지 못한다. 아니 관심이 없다. 가상공간은 차갑다. 얼굴을 마주 대할 수 있는 현실 공간과 체온이 다르다. 다정한 이웃과 따뜻한 가족마저 불필요한 존재로 '딜리트'했고, 할머니 할아버지의 옛이야기는 삭제한 지 오래다. 컴퓨터 게임에 몰두한 아이가 현관문을 연 아빠를 바라보지 않고 "다녀오셨어요?" 하고 인사하는 모습의 공익광고 포스터는 요즘 지하철에서 보이지 않는다. 경각심조차 일으키지 못하는 탓일 게다.

4대강의 대형 보는 어느 정도의 강우까지 버틸 수 있을까? 새만금 간척지를 둘러막은 제방은 지구온난화가 이끄는 해일을 막아낼 수 있을까? 휘황찬란한 송도신도시와 인천공항은 기상이변과 해수면 상승을 능히 견딜까? 지구온난화는 지구촌을 가혹한 기상이변의 소용돌이로 몰아넣는데, 자본의 압박에 굴종하는 거대 과학기술은 안전부터 되넨다. 포항 지진은 서막이 아닐까? 대부분의 핵발전소는 설계수명이 30년이거늘, 활성단층 위에 짓고 있는 신고리 5호기와 6호기의 설계수명은 무슨 근거로 60년인가?

일명 '묻지마' 범죄와 사이코패스가 만연한 이때, 우리에게 부족한 것이 나만의 가상공간일까? 현실 공간은 어두워지는 내일을 거듭 경고하는데 언제까지 가상공간에 머물러 앉아 있어야 하나. 내 처지와 개성을 이해하는 이웃과 따뜻한 체온을 나눌 현실 공간으로 나와야 하지 않겠나? 두툼한 아랫목의 이불로 아버지의 밥사발을 덮어두던 따뜻한 온돌방이 새삼 그립다.

스마트팜은
스마트하지 않다

4월 중순 절정인 벚꽃이 꽃봉오리를 서둘러 펼치자 상춘객들의 맘이 급해졌다. 유난히 혹독했던 겨울에서 벗어나자마자 따뜻해지니 벚나무와 산수유가 꽃봉오리를 황급히 펼쳤는데, 아뿔싸, 눈이 내린다. 태양 입사각(入射角, 어떤 물체에 빛이 닿는 점에 그 물체와 수직으로 선을 세웠다고 할 때, 이 직선과 입사 광선이 이루는 각)이 커진 만큼 때아닌 눈이야 금방 녹았지만, 봄을 기대했던 몸이 으스스하다. 당황한 상춘객은 패딩점퍼를 꺼내야 했다.

4월이니 날씨가 금세 다시 따사로워져도 여름을 느낄 정도는 아닌데, 딸기는 끝물이 되었다. 방울토마토에 자리를 내주고 구석으로 밀린 과일 상점의 딸기는 떨이용이다. 그렇다고 딸기가 시장에서 사라지는 건 아니다. 정밀한 냉동기술이 널리 보급된 요즘엔 사시사철 맛볼 수 있다. 기상이변과 과학기술은 계절을 종잡을 수 없게 만들고, 딸기는 철모르는 과일이 되었다. 딸기뿐인가? 방울토마토도 마찬가지다.

남은 딸기를 먹어치우는 현충일의 농촌 답사여행을 이젠 대학가에서 찾아볼 수 없다. 딸기를 걷어내고 포도 농사에 들어가는 농부도 요즘 없다. 딸기가 비닐하우스로 들어가면서 포도 농사와 분리되었기 때문이다. 비닐하우스의 딸기는 대부분 흙을 버렸다. 전문가가 '양액재배'라 칭하는 수경재배에 의존한다. 선택한 우량 종자에 최적의 온기와 빛을 공급하며 뿌리 적시는 물에 적량의 영양분을 적시에 제공하는 양액재배 장치에 식물성장촉진제를 추가한다면? 농부는 달걀만큼 큰 딸기를 수확할 수 있다. 그런 딸기는 참외처럼 속이 텅 비었는데, 농부들의 경쟁 때문인지 가격은 의외로 싼 편이다.

식물성장촉진제가 자극하는 성장 속도를 따르지 못하는 딸기는 그만 속이 텅 비었다. 내실이 없어진 걸까? 양액재배 딸기는 성장하는 과정에서 미생물도 지렁이도 지렁이를 먹는 두더지도 제외시킨다. 햇빛과 농민의 땀방울도 배제할 뿐 아니라 딸기에 얽힌 이야기마저 없애버렸다. 비닐하우스에 격리해 재배해도 화학비료와 농약을 살포하지 않는다면 유기농일까? 유기적으로 연결된 생태계가 없는데.

유기농산물이란 무엇인가? 안전한 것? 맛있는 것? 농약과 화학비료를 사용하지 않는 농산물? 모두 맞다. 유기농산물은 안전하면서 맛있다. 농산물 고유의 맛을 잃지 않았기에 맛있고 제초제나 살충제와 같은 성분이 없으니 안전하다. 하지만 유기농업은 힘겹다. 살충제 없이 같이 먹자고 덤벼드는 곤충과 곰팡이들을 물리쳐야 하고 유기질 비료를 탐하고 모여드는 풀을 일일이 뽑아내야 한다.

유기농산물은 비싸다. 살충제나 제초제 같은 농약 비용이 들어가지 않아도 적지 않은 인건비가 포함되기 때문이다. 화학비료보다 유기질 비료가 고가인 까닭은 아니다. 유기질 비료를 직접 마련하는 농부라면 몸이 더욱 고달플 것이다. 그 노고가 포함되는 만큼 값은 올라가겠지. 찾는 사람에 비해 물건이 적으면 가격은 오른다고 경제학 교과서는 주장하지만 유기농산물은 그 법칙과 일치하지 않는다. 소비자들이 생산자의 노고를 비용으로 배려하기 때문이다.

유기적 연결을 차단하는 농업

바둑계에 나타나 세상을 놀라게 한 인공지능이 가전제품을 넘어 농업까지 파고들려나 보다. 인공지능 기술을 탑재한 농업을 취재하는 언론이 '스마트팜'을 소개한다. '팜'이라. 최첨단 산업으로 떠올라야 하는 만큼 '농업'이라는 단어는 촌스럽게 여겨졌나 본데, 최첨단 기계항공공학의 센서를 농작물에 부착하는 스마트팜은 삽이나 호미를 배제한다. 햇볕에 그을린 농부도 퇴출시킬지 모른다. 시장에 출하해도 좋을 만큼 잘 익은 딸기를 자동으로 잘라 크기별로 분리해 포장하는 기술이라고 하니, 아무래도 손길 투박한 농부보다 날렵한 종업원이 어울릴 법하다.

다가오는 4차 산업혁명 시대의 총아로 등극할 스마트팜은 낭비를 줄일 수 있다고 관련 과학자는 자부한다. 불필요한 자원은 물론이고 인건비까지 줄여 생산성을 획기적으로 높일 것이라고 덧붙이는데, 스마트팜이 창출할 인력은 농민과 거리가 멀 것이다. 최첨단 농업이 지향하는 몇 안 되는 인력은 빅데이터 분석과 정밀산업 분야겠지. 개개 농민이 주도할 수 없는 4차 산업혁명은 농업마저 대기업에 종속시킬 텐데, 스마트팜에 투자가 지속된다면 농산물도 공산물처럼 경쟁으로 치달을 것이 틀림없다. 자본의 경쟁으로 신선한 농산물을 지금보다 더욱 싼 값에 공급받을 소비자는 마냥 반겨야 할까?

유럽의 소비자들은 신선한 채소와 과일의 절반 이상을 스페인 알메리아의 비닐하우스에서 공급받는다. 신선할 뿐 아니라 가격도 저렴하니 같은 농산물을 생산하던 자국 농민들이 시장에서 퇴출되는 걸 나머지 국가들은 속절없이 지켜보았을 것이다. 경쟁에서 밀린 자국의 농업 기반이 허물어진 이후 유럽의 소비자들은 선택의 폭이 좁아졌다. 넓은 도로나 비행기로 대규모 투하되는 농산물에 싫든 좋든 의존해야 한다. 소규모로 다양하게 재배하던 고유 품종이 사라졌으니 맛과 요리 방법이 단순화된다. 지방 특유의 향취와 식단은 잊힌다.

아프리카와 유럽을 직선거리 5킬로미터로 잇는 지브롤터해협은 수심이 깊고 물살이 거세다. 목숨을 걸고 그 해협을 건너 스페인으로 들어온 아프리카인은 수확을 앞둔 알메리아 비닐하우스에서 운 좋게 일자리를 구할 수 있다지만 일이 단순한 만큼 보잘것없는 수입이다. 정해진 온도와 습도, 일정한 영양분에 최적인 유전자를 가진 농산물로 가득한 비닐하우스는 그 끝이 보이지 않을 정도인데, 열매는 일제히 열린다. 신선도를 유지한 상태로 경쟁 농장보다 먼저 수확해 유럽 전역으로 공급하려면 농부 아니 삯일꾼은 끓는다. 알메리아의 농산물이 무차별로 공급되는 지역의 농민들이 뒤를 이어 굶주린다.

2011년 5월, 독일 함부르크는 어떤 항생제도 완치하지 못하는 '슈퍼박테리아'로 곤욕을 치러야 했다. 함부르크에서 파급된 슈퍼박테리아 공포는 유럽 전역으로 확산되어 1200여 건의 감염 사고가 발생했고 11명이 목숨을 잃었다. 원인은 알메리아에서 수입한 오이, 토마토, 상추 같은 신선 농산물이었다. 물이 문제였다고 나중에 밝혀졌다. 덥고 건조한 알메리아는 지하수에 의존하지만 비닐하우스 면적이 320제곱킬로미터에 달하니 공급에 한계가 있었다. 하는 수없이 하수를 정화해 물을 공급했는데 농장의 일상이 된 경쟁은 타성에 젖은 부주의로 이어졌고 슈퍼박테리아가 번지는 걸 피하지 못한 것이다. 스마트팜은 그럴 리 없을까?

요즘은 전통시장도 냉동한 닭만 취급한다. 살아 있는 닭을 손님 앞에서 패대기친 뒤 털을 벗기고 내놓는 행위는 법으로 금지돼 있다. 죽이는 과정이 혐오스럽고 비위생적이기 때문이라는데, 시골의 시장도 산 닭을 잡아서 팔지 않는다. 살아 있는 닭을 옮기는 과정에서 질병, 특히 조류독감이 번질 수 있기에 엄격하게 제한하는 것이다. 깨끗하게 냉장한 닭보다도 요리된 닭고기에 익숙해진 소비자들도 살아 있는 닭을 외면할 게 분명하다.

스마트화된 상태인 거대 농장의 닭은 어떤가? 충분히 위생적일까? 분명한 건 마당의 닭이 양계장 안으로 들어간 이후 조류독감이 세계적으로 발생했다는 사실이다. 우리나라도 마찬가지다. 하지만 유기적인 방법으로 사육한 작은 규모의 농가는 달랐다. 유기적 축산을 고집하는 미국 폴리페이스 농장의 조엘 샐러틴은 분명히 밝힌다. 다국적기업이 지배하는 거대 농장보다 훨씬 깨끗하다는 사실이 실증되었고, 풍미가 살아 있는 만큼 높은 출하가격이 보장된다고. 먼 길을 마다하지 않고 찾아온 소비자들은 크게 만족했다.[11]

수직농장은 신기루

유기농산물이라도 지나치게 먼 곳에서 수송해야 한다면 바람직하지 않다고 주장하는 사람도 있다. 그들은 '로컬푸드'를 권한다. 지역에서 생산한 유기농산물이어야 온실가스 배출이 적고, 더 신선하며, 농부에게 힘이 된다고 말이다. 맞다. 평소 얼굴을 마주하는 이가 재배한 농작물이라면 믿을 수 있다. 적절한 비용을 흔쾌히 지불한다면 생산자는 소비자에게 고마워할 것이다. 신뢰는 더욱 돈독해지겠지.

도시는 농토를 잠식하며 점점 커진다. 도시에 논이나 밭이 보이면 창피하기라도 한 걸까? 대거 매립해 아파트로 채워나간다. 도시로 이어지는 아스팔트 도로가 넓어지고 자동차들이 빨라지면서 근교 농토는 사라지고 농사 모르는 인구가 넘쳐난다. 도시가 확장될수록 농촌은 멀어진다. 로컬푸드는 만나기 어렵고 제철 농산물이 사라진다. 대신 도시와 가까운 농촌에 온실과 비닐하우스가 늘어나지만 농약과 화학비료만 거부하면 유기농산물로 양해한다. 그렇다면 도심 한복판의 빌

---

11 조엘 샐러틴, 《미친 농부의 순전한 기쁨》, 유영훈 역 (알에이치코리아, 2012).

딩에서 농약과 화학비료 없이 농작물을 재배하면 제고장 유기농산물일까?

30층 높이의 빌딩에 공장처럼 농산물을 재배하는 '수직농장'이 대안이라고 믿는 사람이 있다. 미국 컬럼비아대학교의 딕슨 데스포미어 명예교수의 주장을 실천에 옮기는 사람들이다. 채소 위주의 농작물 재배는 물론이고 새우와 조개, 발이 둘인 닭과 오리까지 사육할 수 있다면서 수직빌딩 농장 하나로 5만 명의 먹을거리를 해결할 수 있다고 주장한다. 수직농장을 장차 다가올 식량위기의 대안으로 전망하는 딕슨은 친환경 유기농 로컬푸드라고 덧붙인다.

도심에서 재배하거나 사육하면 운송 거리가 짧으니 석유 소비를 그만큼 줄일 수 있다. 그렇더라도 친환경이라고 주장할 수 있는 건 아니다. 30층 높이의 수직빌딩을 짓고 관리하는 데 들어가는 자재와 에너지를 생각해 보라. 태양빛을 충분히 받을 수 없으니 반드시 인공조명이 필요할 텐데 효율이 높은 발광LED를 사용한다고 해도 적지 않은 전기가 필요할 것이다. 농산물이나 축산물로 얻는 열량보다 훨씬 더 많은 에너지를 소비하지 않으면, 그리고 전기료 보조가 없다면, 채산성이 있는 재배와 사육은 불가능할 것이다.

우리의 한 언론은 한때 일본은 대기업의 참여로 수직농장이 붐을 일으킬 분위기라고 넘겨짚었다. 그러나 현재 조용하다. 산업계 전반의 관심사로 수직농장이 떠오르는 일본은 중동국가에 관련 기술을 수출한다며 조바심을 냈지만 기실 학계 일부에서 초보적 연구를 시작한 단계에 불과했다. 2009년 남양주시 세계유기농대회를 앞두고 개최한 수직농장 관련학회에서 "향후 더욱 늘어날 인구의 식량위기를 극복할 대안"이라고 역설한 우리 전문가는 "농작물 재배나 체험학습, 관광 등 다목적으로 활용이 가능할 것"이라고 전망하며 연구비와 투자비 확충을 정부에 요구했다는데, 수직농장, 누구를 위한 대안일까?

멸종 위기에 몰린 바나나

생산하는 농산물과 축산물에 비해 훨씬 많은 에너지를 요구하는 수직빌딩은 유기농업과 무관하다. 농약과 화학비료를 사용하지 않더라도 농촌과 농민 그리고 생태계가 농산물 생산과 유기적으로 연결되지 않으면 유기농업일 수 없다. 바이러스와 병원균, 곰팡이와 해충의 침입을 기술적으로 잘 막아도 주변 생태계와 단절된다면 유기농산물이 아니다. 생산자인 농민, 생산지인 농촌, 그리고 그 주변의 생태계와 유기적으로 연결된 농작물이어야 소비자의 건강과 행복을 도모할 수 있다.

수직농장은 수경재배를 원칙으로 한다. 사용한 물을 아무리 재활용해도 수경재배는 친환경일 수 없다. 유전다양성이 없는 농작물을 공장처럼 대량 재배한다면 약간의 환경변화에도 큰 피해를 입을 수 있다. 상당한 약품과 에너지가 수반되지 않으면 낭패를 볼 수 있다. 식물을 재배할 때 필요한 영양분을 과학적으로 투여하니 생산량이 늘어나겠지만 지속 가능하지 않다. 인간의 지식으로 파악한 몇 가지 영양분에 의존한 농작물인데, 믿을 만할까? 흙 속의 생태계를 배제하며 유기농업을 주장해도 될까?

농업은 기업이 아니라 농촌에서 농민이 주도해야 소비자에게 안전하다. 경험을 소환해 보자. 공장처럼 기업이 축산마저 장악하자 우리는 광우병과 구제역과 조류독감을 만났다. 살모넬라와 리스테리아 균은 미국의 많은 공장식 채소 농장에 흔한데 수직농장은 다를까? 다음 세대의 행복을 생각한다면 분별없는 도시 확장을 슬기롭게 자제하고 좁은 국토에서 제철 제고장 유기농산물로 자급자족할 방안부터 찾아 실현해야 옳다.

조류독감이 빈번한 양계장과 마찬가지로 곰팡이에 취약한 바나나도 과학기술을 접목한 일종의 스마트팜이다. 거대 자본이 경쟁적으로 투자하는 스마트팜은 이윤 추구가 최우선이다. 스마트팜은 농작물과 축산물의 유전자를 극도로 단순화한 상태에서 생산조건을 규격화하고 공정을 자동화하는 까닭에 일자리는 위축될 수밖에 없다.

막대한 이윤을 독점하려는 스마트팜 자본은 미래산업 여부와 관계없이 농민과 농촌을 철저히 배제할 것이다. 거대한 투자와 이윤의 독점을 추구하는 산업은 농업이든 아니든 석유의 지원 없이는 존속이 아예 불가능하다. 스마트팜이 스마트하지 않은 이유가 그러하다.

우주여행은
꿈일 때 아름답다

1969년 7월 20일, 여름방학을 앞둔 전국의 학생들은 일제히 예고 없던 휴일을 맞았다. 아폴로 11호를 탄 닐 암스트롱이 달에 첫발을 내디뎠기 때문이라고 했다. "한 사람의 작은 한 걸음이지만, 인류에게는 위대한 도약"이라고 소회를 밝힌 그는 달에 성조기를 꽂았을 뿐인데 왜 우리나라가 열광해야 했는지, 그땐 그런 걸 따지지 않았다. 학교에 가지 않아도 된다기에 좋아했는데, 이후 40년도 더 지난 시점에 미 우주항공국은 달 착륙이 진실이라는 증거를 새삼 내놓았다. 가짜라는 주장이 많았나보다.

달 착륙 여부는 현실을 살아가는 우리에게 그리 중요한 사건이 아니다. 1969년 무지막지하게 커다란 금속물체가 하늘로 날아간 뒤 닐 암스트롱과 동료들은 작은 우주선에서 나와 달을 밟았고, 지구에 귀환할 땐 더 작은 캡슐에 의존해야 했다. 1969년 이후 세계 부자나라들이 우주로 쏘아 올린 금속 덩어리는 얼마나 될까?

자율주행이라는 신기루

지난겨울, 제주도에 연일 폭설이 내리자 도로는 일제히 몸살을 앓았다. 쏟아지는 눈이 아스팔트에 얼어붙자 대형버스도 감당하지 못했다. 경사가 완만한 도로에서 미끄러진 버스는 한가운데에서 겨우 멈췄는데 제동장치와 핸들이 말을 듣지 않는 승용차들이 거푸 들이받으며 엉키는 모습을 방송 뉴스는 적나라하게 보여주었다. 겨울에도 눈이 드문 제주도에서 운전자들은 빙판에 익숙하지 않았을 터. 장차 등장할 자율주행차라면 눈길 사고를 미연에 방지할까?

교통사고의 95퍼센트는 운전자의 부주의나 보복운전이 원인이라고 한다. 2040년이면 자율주행차가 전체 자동차의 4분의 3을 차지할 것으로 전문가가 예상하니 사고로 인한 인명피해는 확연히 줄어들 것이다. 차의 앞뒤는 물론 도로 곳곳에 설치된 고성능 카메라들이 전송하는 정보를 입체적으로 주고받을 자율주행차는 충돌방지장치가 필수라고 한다. 강력한 바람과 눈비에 대한 정보를 실시간으로 파악하며 노면 상태에 즉각 반응하는 자율자동차는 어느 상황이든 사고를 능히 피할 게 틀림없을 텐데, 이용자 만족도 역시 그만큼 높을까?

자동차 등록 대수가 2014년에 2000만을 넘은 우리나라는 2040년

엔 몇 대나 도로를 누빌까? 2011년 전 세계의 자동차 보유는 10억 대를 돌파했다. 1970년 이후 도로를 누비는 자동차는 15년마다 두 배로 늘어난다는데, 2035년이면 전 세계의 도로는 17억 대의 자동차에 뒤덮힐 것이라고 전문가는 예상한다. 2040년에는 20억 대쯤 되려나? 그중 15억 대가 자율주행을 한다고 상상하니, 도로 확충은 그에 바로바로 비례하기 어려울 것이다. 차간거리를 정확히 지킬 자율자동차의 이용자는 얼마나 답답할까? 날씨 관계없이 엉금거리는 자동차 안에서 조바심내다 운전대를 잡으려 들지 않을까?

미국의 도로교통안전국은 자율주행차의 기술을 4단계로 구별하는 모양인데, 우리도 따를 그 1단계는 운전자가 다루기 어려운 순간을 선택적으로 자동화하는 정도다. 차선을 유지하게 하는 주행기술은 우리 자동차도 현재 채용하고 있다. 2단계는 핸들과 페달을 직접 제어하지 않아도 운전자의 시선에 따라 자동차가 움직이는 단계다. 3단계는 교통 신호와 흐름을 자동차 스스로 판단해 주행하므로 특별한 상황이 전개되지 않는다면 운전석에 앉은 운전자는 책을 읽어도 된다. 마지막 4단계는 운전자의 개입이 전혀 필요 없는 완전 자율주행으로, 그때 출시하는 자동차는 아예 운전석을 없앨지 모르겠다.

자율주행차가 일반화된다면 택시기사는 사라질까? 줄어드는 건 분명할 텐데, 그렇다고 일자리가 위축되는 건 아니라고 그 방면 전문가는 아리송한 이유를 들며 주장한다. 택시기사를 대신할 일자리, 자율주행과 관련해 새로운 일자리가 창출될 것이라고 기대한다. 고성능 카메라를 연구하고 자동차와 주변 관측장치의 정보를 처리하는 직종이 늘어난다는 말인가? 충돌이 없을 테니 자동차와 자율시스템을 수리하는 단순 기술직은 아닐 테고, 새로운 기술을 연구·개발해 보급하는 직업일까? 그러자면 새로운 교육과정이 필요하겠군. 대학에 그 방면의 전공이 늘어나고 교수도 증원될 것인가?

2017년 토머스 프레이라는 미래학자가 앞으로 20년 안에 현재 대학의 절반이 사라질 것이라고 예측했다는데, 그 방면 문외한이므로 함부로 예단할 수 없지만, 자율주행 기술이 연구직 증가로 이어질 것 같지는 않다. 자율주행차 생산라인이야 늘겠지만 그게 일자리로 이어지리란 보장도 없다. 독일 폭스바겐 자동차의 생산라인이 라이프치히에 증설되었을 때, 지자체의 기대와 달리 일자리 증가는 이어지지 않았다. 철두철미하게 자동화했기 때문인데, 자율주행은 아니 그럴까? 거기에 인공지능 기술이 첨가되면 기존 일자리마저 위협할 텐데, 극히 일부의 고학력 전문가로 충당할 최첨단 분야의 일자리 증가를 누가 왜 반겨야 하나?

평창 동계올림픽을 앞두고 "세계 굴지의 기업들끼리 경쟁이 치열한 가운데 우리나라 기업도 수소전기차로 서울에서 평창까지 190킬로미터를 자율주행으로 달리는 데 성공"했다고 자랑하는 보도가 나왔다. 남은 과제가 많더라도 성공사례로 평가한 언론은 생경한 화면을 중계했다. 잡지를 보던 운전자가 차창을 열어 사진을 찍는데 자동차 스스로 차간거리를 지키며 트럭을 안전하게 추월하는 게 아닌가. 뉴스에 출현한 학자는 정부의 제도적 뒷받침과 연구비 지원이 충분하다면 상용화를 앞당길 것으로 확신했지만, 자율주행차 증가로 누구의 행복이 증진될지는 아무도 예견하지 않았다.

우주여행은 꿈일 때 아름답다

2003년 유인 우주선을 발사한 중국은 2007년 달 탐사 위성을 발사한 데 이어 우주정거장 운영을 꿈꾸고 있다. 톈궁 1호를 띄운 상태에서 우주인이 탑승한 우주선을 연이어 발사, 2020년 우주정거장을 독자 운영하겠다고 다짐했다. 러시아와 미국에 이어 유인 우주선을 성공적으로 발사하자 많은 중국인들이 환호했다고 외신은 전했고 우리 언론은 상상력을 얹었다. 2020년에 완성을 예고한 우주정거장은 고도의 훈련을 받은 자 중에서 엄선한 우주인을 교대로 상주시킬 뿐인데 김칫국부터 마셨다. 머지않아 일반인의 우주관광 시대가 열릴 것으로 전망한 것이다.

늦어도 2년 안에 민간인의 우주여행이 가능해질 것이라고 확신하는 여행사가 영국에 문을 열었다고 한다. 이미 450명이 비용을 지불하고 예약까지 마쳤다는데, 손님 중엔 영국의 물리학자 스티븐 호킹과 가이아 이론의 창시자 제임스 러브록이 포함되었다고 외신은 전했다. 2010년 이야기다. 티켓 한 장이 20만 달러로, 수백만 달러가 들었던 러시아의 우주여행보다 저렴하다는 걸 강조한 여행사는 "민간 우주여행이라는 새로운 산업을 개척하는 데 일조"한다는 자부심을 과시했다고 한다. 여행 참가자는 우주정거장에 며칠 머물지 않을 예정이란다. 모선에서 분리·발사된 로켓에 몇 분 동안 탑승해 지구를 감상하는 정도라는데, 20만 달러를 기꺼이 지불한 고객에는 한국인도 포함돼 있다고 홍보했다.

우주여행으로 얼마나 많은 쓰레기가 우주에 남을까? 실패를 거듭한 나로호의 쓰레기는 대기권으로 떨어지며 산화돼 사라졌지만, 미국을 비롯해 많은 국가에서 발사해 온 인공위성은 우주에 수십만 개의 쓰레기를 쏟아낸 것으로 전문가는 예측한다. 1957년 스푸트니크 1호 이후 6000기의 인공위성이 우주에 올라갔다고 하니 수많은 발사체가 대기권 밖에서 폐기되었을 것이다. 인공위성을 실은 거대한 발사체는 몇 단계를 거치며 분리되는데, 모두 지구 중력에 이끌려 대기의 마찰로 불타 없어지는 건 아니다.

우주에 남은 쓰레기는 아무리 작아도 위험하다. 군사용 통신위성끼리 충돌하거나 수명을 다한 위성을 폐기하기 위해 요격하면 더 많은 잔해가 발생한다. 총알보다 빠른 속도로 날아다니는 우주 쓰레기가 여행자에게 치명상을 입힐 가능성을 배제할 수 없다. 우주 공간만이 아니다. 2011년 9월, 수명 다한 미국의 5.7톤짜리 위성이 태평양과 캐나다의 빙원에 떨어졌다. 당시 특별한 재난이 발생하진 않았지만 추락이 계속 이어진다면 결코 안전하지 않을 것이다. 우주선 발사가 현재와 같은 추세로 늘어난다면 30년 뒤 지구 궤도는 쓰레기로 뒤덮일 것이라고 예상하는 과학자들은 쓰레기를 처리할 우주선의 발사를 고려한다는데, 가능할까? 비용도 상당하지만 효과도 거의 없을 것이라고 비판하는 목소리가 크다. 쓰레기를 치우려고 더 많은 쓰레기를 발생시키겠지.

우주여행 예약객의 한 사람이었던 고 스티븐 호킹은 장차 인간은 생존을 위해 지구가 방사능 오염에서 회복될 때까지 우주에 나가 기다려야 한다고 주장한 적이 있다. 앞으로 지구에서 생존하기가 어려워질 것이라 믿고 우울했던 걸까? 한데 얼마나 많은 인간이 어떤 수준의 시설을 갖춘 우주공간에서 하 세월을 기다려야 지구가 자정될지 생전의 스티븐 호킹은 예측하지 않았다. 할리우드 영화에서처럼 대를 이으며 생존할 수 있는 자급자족 도시를 우주공간에 거대하게 건설하지 않는다면 그의 기대는 무너질 수밖에 없다. 고작 몇 사람이 머무는 우주정거장을 국가 차원에서 운영하기도 벅찬데 우주에서 대안을 찾다니. 지구 복원을 연구하는 대학까지 갖춘 우주 시설도 필요할 텐데, 얼마나 많은 우주선을 쏘아 올려야 할까? 스티븐 호킹의 절박한 호소와 달리 수명 다한 위성을 대기권으로 유도하는 기술도 아직 실현되지 못했는데.

몬트리올협정으로 프레온가스를 자제하면서 남극과 북극에 커다랗게 열렸던 오존층이 정상화되었다고 믿고 싶었는데, 다시 열린다는 소식이 나오니 불안하다. 성층권의 오존층이 뚫리면 생명체에 치명적인 자외선이 쏟아져 피부암이 급증할 것이라고 과학자들은 일찌감치 예견했다. 바다에 머물던 생물들이 지구의 표면에 올라설 수 있었던 건 오존층이 자외선을 차단해 준 덕분이었다. 대기권과 성층권을 돌파하는 인공위성이 파괴하는 오존층도 무시할 수 없다는데, 부자들의 짧은 여행을 위해 오존층을 휘저어도 우린 그저 부러워만 해야 하나? 미증유의 방사능과 초미세먼지와 마이크로플라스틱이 지구 생태계의 생존을 위협하는 가혹한 현실에서 허공만 바라보아야 하나?

허공에서 내려와 현실로

군사적 패권을 배타적으로 노리려는 의도가 아니라면 인공위성은 이미 충분하다. GPS용 인공위성을 미국에 의존하지 않으려고 중국도 관련 인공위성을 충분히 발사하겠다는데, 미국과 중국에 의존하지 않으려는 국가는 어떻게 하나? 저마다 인공위성을 띄워야 할까? 몬트리올협정의 경험을 살려 기왕 사용하는 인공위성의 기능을 국제사회가 공유하는 대안이 훨씬 바람직하지 않을까? 삼치의 주산지인 나로도에 수천억 원을 들여 우주센터를 마련한 우리나라도 마찬가지다. 대기와 성층권을 위협하며 우주에 막대한 쓰레기를 남길 인공위성과 발사체의 성공적 발사에 국가의 자존심을 내세우는 일은 허망하다.

지금까지 시험 운행된 자율자동차는 여러 차례 실패를 극복해 왔다. 센서가 부실했거나 자동차에 내장된 컴퓨터가 교통의 흐름을 잘못 판단해 발생한 사고는 집중 연구로 대책을 세우겠지만, 완벽하기는 어렵다. 입력한 빅데이터를 인공지능이 학습해 유사한 사고를 방지하겠다지만, 그런다고 안전을 확신할 수 있는 건 아니다. 자료는 사람이 입력한다. 슈퍼컴퓨터 여럿을 동원해도 정확한 예측이 불가능한 기상 정보는 사전에 입력하지 못한다. 심화되는 지구온난화가 일으키는 기상이변이 불러올 환경변화는 일찍이 경험한 적 없다. 입력하지 않은 자료는 예기치 못한 사고를 부를 수 있다.

문제는 자동장치의 고장이나 해킹이다. 해킹으로 절도하는 사건이 자율자동차라고 예외이겠는가? 해커가 운영프로그램을 교란한다면 도시의 교통은 일거에 마비될 수 있다고 전문가들은 염려한다. 더욱 정교해질 블록체인으로 좀도둑이나 치기 어린 해킹을 어느 정도 예방할 수 있을지는 모르지만 경쟁적인 기업이나 적대 세력의 조직적 해킹은 통제하기 어려울 것이다. 자율주행의 범위가 커져 발생할 사회 혼란은 일시적 혼란으로 그치지 않을 수 있다. 모든 걸 자율에 맡기는 사회는 전문가의 영향력에 구속될 수밖에 없다.

자율주행이나 인공지능처럼 전문가의 영역에 철두철미하게 맡겨야 하는 산업은 개개인의 자율을 심각하게 침해한다. 일자리마저 위태로워지는 개개인의 삶은 보잘것없어지겠지. 에너지 소비와 전자파는 넘치지만 수많은 센서의 감시 아래 개인은 소외될 텐데, 왜 우리는 자율주행에 열광해야 하나.

달에 성조기를 꽂았더라도 하루에 두 번 밀고 당기는 조수는 변하지 않았다. 1969년 이후 달이 미국의 식민지가 된 것도 아니다. 화성이나 금성에 발자국을 남겨도 마찬가지일 게다. 우주여행은 꿈일 때 아름답다. 닐 암스트롱이 발자국을 남긴 뒤, 우리는 달나라에서 계수나무와 토끼를 잃었다. 의문의 사고로 젊은 나이에 숨진 세계 최초의 우주인 유리 가가린은 지구는 푸른빛이라고 가슴 벅차게 말했다. 조상이 그랬듯, 우리는 현재 푸른 지구에서 아이를 낳고 산다. 신기루 같은 허공에서 내려와 위기에 놓인 현실을 보아야 한다. 막대한 비용을 허공에 날리기보다 오염된 지구를 복원하기 위해 노력하는 편이 후손을 위해 훨씬 절박한 일이 아닐까.

거대과학에서
중간기술로

갑자기 쌀쌀해져 그런가. 낙엽마저 사라진 거리가 한산해졌다. 월요일로 접어드는 새벽이면 단풍놀이 다녀오는 승용차가 이따금 작은 소음을 내놓을 만한데 대도시 아파트단지의 가을밤도 고요하게 깊어간다. 식구가 잠든 이 시간, 책을 들여다보며 조용히 원고를 쓴다.

책상의 작은 전구에 의지해도 돋보기와 컴퓨터 모니터의 빛이면 책 읽고 자판 토닥거리는 데 아무 문제가 없다. 컴퓨터가 없으면 원고 한 줄 제대로 쓰지 못하게 되면서 원고지는 책상을 떠난 지 오래다. 긴 머릿결이 고왔던 어떤 학생은 무인도에도 헤어드라이어는 꼭 가져가야 한다고 답했는데, 컴퓨터 없는 무인도에 가면 하루하루가 무료할까.

내일은 무척 추울 거라고 일기예보는 엄포를 놓는다. 조끼 한 벌 챙겨야겠다. 지하철 서너 정거장을 일부러 걸을 때 등덜미로 스미는 땀은 줄어들겠지만 땀이 식은 뒤 추울지 모르겠다. 보일러 온도를 높인 집 안은 물론 지하철도 따뜻할 테니 큰 걱정은 하지 않지만, 강의 마치고 나올 도시의 밤은 제법 쌀쌀할 터. 바람도 거셀 거로 예고하니 조끼가 요긴하겠지. 지난 겨울은 참기 어려웠는데, 올겨울은 예년보다 더 추울까?

자본에 순응하는 거대 과학기술

18세기 귀족 맬서스는 "식량은 산술급수적으로 늘지만 인구가 기하급수적으로 증가"한다며 걱정했다. 당시 영국 정부는 가난한 자들을 먹여 살리느라 골머리를 앓았지만 지금은 아니라고 경제나 과학자들은 어깨를 한번 들썩인다. 녹색혁명이라는 과학기술이 식량문제를 해결한 지금은 아니라는 거다. 그런가? 수긍하기 어렵다. 20세기 초, 암모니아가스를 냉매로 사용하던 원양어선은 배관에 이상이 생기면 수리하는 선원이 생명을 잃을 수 있었다. 그것을 프레온가스로 대체하면서 그런 위험에서 자유로워졌다. 과학기술 덕분이라고 한다.

과학기술 덕분이라는 확신은 경제의 영역으로 이어진다. 아니 자신이 선도했다고 경제가 큰소리친다. 부족한 식량을 증산하는 기술과 안전한 냉매는 과학자가 개발했더라도 그런 개발을 요구한 측이 경제라는 거다. 그러므로 최종 이권은 경제의 몫이라고 단정하는데, 경제를 선도하는 요즘 주역은 다국적기업이다. 물론 기술을 개발한 과학자는 명성과 부를 조금 챙겼을 것이다. 녹색혁명을 이끈 미국의 과학자 노먼 볼로그는 1970년에 노벨평화상을 받았다. 모르긴 해도 돈도 꽤 벌었을 텐데, 프레온가스 특허를 가진 과학자도 돈방석에 앉았을 게 틀림없다. 하지만 프레온가스 생산업자와 그 냉매를 넣는 냉장기기를 만드는 자본은 상상을 초월하는 돈을 벌어들였다. 농업 관련 다국적기업의 성장은 얼마나 막대한가.

주지하다시피 프레온가스는 오존층을 파괴한다. 부랴부랴 과학자들은 대체 냉매를 개발했지만 오존층을 건드리지 않는 새 냉매는 프레온가스 이상 지구온난화를 촉진한다. 프레온가스는 이산화탄소의 2만 배 가까운 온실효과를 만들어낸다고 한다. 앞으로 오존층도 건드리지 않고 온실효과도 피하는 냉매를 개발해야 할 테지. 특허까지 출원한다면 과학자는 잠시 큰돈을 벌어들일지 모르는데, 새로 나올 냉매는 부작용이 없을까? 프레온가스로 열광할 때 세상 사람들은 오존층이 무엇인지 몰랐다.

노먼 볼로그는 기아를 걱정해 다수확 곡식을 개발했을지 모르지만, 농작물이 상품으로 바뀌자 식량은 기아가 만연한 지역으로 순조롭게 전달되지 않는다. 배고픈 지역에도 옥토가 있다. 그 땅을 다국적기업이 차지해 서양에 공급하는 플랜트농업에 주력하면서 지역의 기아가 극심해졌을 뿐이다. 게다가 과다한 농약 사용으로 미생물과 지렁이를 잃은 땅은 황폐하고 말았다.

당면 문제를 해결한 듯 자본이 홍보하는 과학기술은 점점 거대해지고 자본에 독점되면서 더 큰 문제를 만들어낸다. 이익은 자본이 챙기지만 피해는 생태계와 소비자 그리고 후손에게 전가된다. 후쿠시마 핵발전소 폭발은 주변 지역을 항구적으로 오염시켰고 태평양의 해양 생태계를 망쳐놓았다. 지구온난화와 석유위기로 식량가격은 급등할 테고 식량자급률이 형편없는 우리나라는 직격탄을 맞을 것이다. 거대과학의 폐해가 현실이 되었다.

과학기술이라는 모아이

보일러와 에어컨이 겨울을 여름답게, 여름을 겨울답게 실내온도를 조정하는 세상에서 거위와 오리는 인간을 위해 집단 사육되며 주기적으로 가슴깃털을 뜯긴다. 공포에 질린 다른 오리들 앞에서 얼마나 고통스러울까? 털을 빼앗기던 호주와 뉴질랜드의 양은 가죽이 벗겨지면서 생명을 잃는다. 한 마리씩 격리해 사육하는 은여우와 밍크는 먼저 죽은 개체의 몸통을 뜯으며 몸집을 키우다 전기충격으로 죽는다. 가죽이 벗겨진 몸통은 재활용되겠지.

간장독과 아이들은 겨울에 내놓아도 얼지 않는다고 했건만, 간장독이 사라진 요즘 아이들은 조금만 추워도 감기에 걸린다. 아니 걸린다고 부모들이 성화다. 그래서 외투에 털모자, 털장갑과 목도리로 휘감겨 밖에 내보내고, 집안에서는 보일러를 펑펑 돌린다. 요즘 감기는 어른이라고 예외가 아니다. 다만 독감백신이 준비돼 있을 뿐이다.

공장식 산업축산이라는 과학, 발전소라는 과학이 우리네 삶의 '비빌 언덕'이 되는 한, 한두 주 서둘러 다가오는 추위나 더위쯤이야 문제 될

게 없는 세상이 되었다. 일기예보가 아무리 호들갑을 떨어도 놀라지 않는데, 앞으로는 어떨까? 거대한 과학기술일수록 석유가 없으면 작동이 불가능한데, 피크오일은 이미 지났다.

할리우드 영화 〈투모로우〉는 급속한 빙하로 바다가 얼어붙는 내일을 실감 나게 보여주었는데, 영화 속 과학기술은 출연 인물 일부를 살려주었다. 1986년 폭발한 구 소련의 체르노빌은 아직도 방사선을 내뿜는다. 서유럽의 지원을 받은 우크라이나는 3만 6천 톤에 달하는 거대한 철판으로 발전소를 뒤덮는 공사를 2010년에 시작해 지난 2018년 완공했지만, 그 철판은 방사성물질을 100년 이상 가두지 못할 것이라고 전문가는 예측했다. 이후 더 커다란 철판으로 덮어야 할까?

태평양의 외로운 섬, 흔히 '이스터섬'이라고 하는 라파누이는 '모아이'라는 거대한 석상으로 유명하지만 나무 한 그루 없이 황량하다. 18세기에 그곳을 처음 방문한 유럽인들은 불가사의라며 고개를 갸웃거렸지만, 한계를 넘은 개발이 빚은 처참한 결과라는 걸 지금 우리는 안다. 이스터섬 사람들은 울울창창한 야자나무로 카누를 만들어 고래도 잡아먹으며 번성했다. 그러나 늘어나는 인구와 씀씀이가 감당할 수 없게 커졌고, 난폭한 개발로 섬의 생태계가 황폐화한 이후 공포에 휩쓸린 주민들은 신에게 매달렸다고 한다.

부족이 둘로 나뉘어 경쟁하던 라파누이 주민들은 개발 속도를 늦추기보다 상대 부족보다 더 큰 모아이를 더 많이 세우려는 경쟁에 돌입했다고 전문가는 분석한다. 100톤으로 늘어난 모아이를 제단까지 운반하는 굴대와 밧줄을 위해 야자수를 마구 잘라냈다. 나무뿌리가 사라지면서 농사지을 토양마저 바람에 날려 잃었다. 1722년 부활절에 그 모습을 본 네덜란드 군인은 언어마저 빈약한 주민들이 비참하게 사라져가고 있었다고 증언했다.

라파누이는 모아이를 세우며 생존하려고 몸부림쳤지만 소용없었다. 신은 풍요로울 때 화답했을 뿐인데, 21세기는 거대해진 과학기술이 신이다. 과학기술은 석유 없는 내일을 어떻게 이끌어갈까? 식량의 4분의 3을 수입에 의존하는 대한민국이라는 라파누이는 대책을 세우고 있는가? 대책은 유전자 조작 농산물이나 핵발전소일 수 없다.

맹추위를 보일러로 대비할 수 있는 시대는 머지않아 끝난다. 모피동물과 거위도 석유 없이는 지금처럼 덩치를 키우지 못한다. 석유를 들이부어야 생산이 가능한 곡물을 사료로 먹이거나 곡물을 잔뜩 먹인 가축의 내장을 초식동물에게 먹이는 과학기술은 한계에 부딪혔다. 수억 년 전에 고인 석유는 200년 만에 막을 내릴 판국인데, 우리는 여전히 과학기술을 들먹인다. 지구라는 라파누이는 과학기술이라는 모아이로 위기를 극복하지 못하는데.

진정한 비빌 언덕, 땅

많은 이들은 여전히 과학기술을 기대한다. 지구온난화도 에너지와 식량 부족도 해결할 것이라고 막연히 믿는다. 생산하는 농작물보다 훨씬 많은 에너지를 사용해야 하는 수직농장을 땅 위로 올리고, 필요한 에너지는 핵에서 얻으면 된다고 경제학자는 낙관하지만, 우리는 아직도 핵폐기물을 안전하게 처리하는 방법을 모른다. 핵융합으로 해결하면 될까? 과학기술은 친환경 콘크리트를 오래 사용하도록 개발해 낼까?

큰돈 들여 개발할수록 가난한 이들은 그 혜택에서 가장 먼저 제외될 텐데, 기다리면 떡고물이 떨어질까? 몸 조아리며 기다린다면 기회가 간헐적으로 주어지겠지만, 철 지난 떡고물이다. 그나마 떡고물이 전해질 때면 부작용은 더 커지고, 그 피해는 약자나 소외된 자에게 예외 없이 전가된다. 탐욕스러운 경제가 과학기술을 지배한 탓인데, 자본이 지배하는 과학기술은 거대해지기만 한다. 거대과학은 지불능력이 없는 자를 외면하기 일쑤다. 거대 자본이 주도하는 핵발전과 화력발전이 그렇다. 녹색혁명이 그랬고, 유전자 조작과 유전자가위 기술이 그럴 것이다.

수렵채취로 돌아갈 수 없다면 의식주 없이 생존할 수 없는 인간은 어느 정도의 기술을 사용해야 한다. 콜롬비아 가비오따스에서 가능성을 보았듯, 지역에서 나누며 자급하는 기술이 필요하다.[12] 식량과 에너지의 자급에 필요한 도구는 거대할 필요가 없다. 지역에서 이웃이 서로 도우며 만들고 고칠 수 있다. 자연과 다음 세대에 영향을 주지 않는 '중간기술'이다.

에른스트 슈마허는 《작은 것이 아름답다》에서 기술 없이는 생존이 불가능한 인간에게 '중간기술'을 권한다. 야심한 시간의 촛불이나 노안을 보완하는 돋보기 정도의 기술이다. 기후변화를 일으키지 않는 지속

12　앨런 와이즈먼,《가비오따스: 세상을 다시 창조하는 마을》, 황대권 역(랜덤하우스 코리아, 2008).

가능한 기술이다. 영화 〈바람과 함께 사라지다〉의 마지막 장면에서 주인공은 주먹을 움켜쥐며 자신에게 '타라'가 있다고 말한다. 타라는 시골의 땅이다. 농사지으며 살아갈 수 있는 어쩌면 마지막 대안, 진정한 비빌 언덕이다.

수백만 원을 호가하는 외투를 화려하게 전시하는 백화점이라도 좌판에서는 몇만 원짜리 외투를 판다. 밍크나 양가죽이 아니라도 충분히 따뜻한 옷이다. 먼 조상이 털가죽을 벗었으니 겨울엔 외투가 필요하지만 값비싼 외투보다 한 벌 더 끼어 입는 옷이 아름답다. 생태계를 황폐하게 만든 모아이가 비빌 언덕이 아니듯, 석유 펑펑 소비하는 거대과학도 비빌 언덕이 아니다. 우리에게 남은 시간은 별로 없다. 대안을 찾아야 한다면 중간기술이어야 한다. 컴퓨터는 중간기술이 아니다. 그러니 더 늦기 전에 컴퓨터 없는 글쓰기를 연습해야겠다. 원고가 필요 없는 세상이 되면 더욱 좋을 테지만.

"다 너 잘되라고 그러는 거야!"

많이 듣던 소리다. 아이를 방구석에 가둬놓고 공부를 강요하는 부모도 비슷한 논리를 펼 것이다. 좋은 대학에 입학한 뒤 좋은 회사에 취직해 돈 많이 벌면 너에게 좋은 일이니 지금 열심히 공부하라고. 좋다는 건 행복하다는 의미일 텐데, 돈을 많이 벌수록 더 행복할까? 돈이 있어야 의식주가 보장되고 물과 공기마저 구매해야 안심할 수 있는 세상이니 그럴지 모르는데, 월급이 많은 회사에 취직한 젊은이는 그렇지 않은 젊은이보다 행복할까?

많은 월급에 행복해 보였던 젊은이가 회사를 그만두는 일을 종종 목격한다. 월급의 크기가 행복을 좌우하는 건 아닌 모양인데, 회사에 인생을 바쳤을 때의 행복이 퇴사 이후에도 이어지는 사람은 많지 않다. 능동적으로 돈을 쓸 수 없는 처지인 탓이 아니다. 벌어들이는 돈의 크기와 관계없이 행복한 이도 있다. 그들은 대개 나이에 관계 없이 자신의 일에 창의적으로 몰두한다. 자신의 일이 다른 이의 행복에 기여한다면 더욱 기쁘겠지.

우리는 에너지 노예를 부리고 있다는 주장이 있다. 채찍 맞으며 면화를 땄던 노예가 요즘은 옆집에서 발전용 자전거를 돌리며 나를 위해 전기를 만든다고 생각해 보자. 나는 지금 얼마나 많은 수의 노예를 부리고 있을까? 참고로, 미국인 한 사람은 평균 250명의 노예를 부린다고 《에너지 노예》의 저자는 추산했다. 미국식 문화에 포섭된 우리는 냉난방이 자동 조절되는 실내에서 식구 수만큼 승용차를 모는 걸 삶의 목표로 삼는다. 기후변화에 대한 교토협약을 부정한 미국 대통령은 미국식 삶은 협상 대상이 아니라고 천명했다. 머지않아 강제 퇴출될 삶의 모습이다.

툰베리가 다니는 스웨덴의 학교는 1인 시위를 배려해 금요일 수업을 빼준다고 한다. 우리의 학교는 그럴 용의가 있을까? 취업에 관심이 집중된 우리의 대학에도 기후위기에 민감하게 행동하는 청년이 있다. 그나마 다행인데, 우리 기업은 멸종 저항에 나선 경험을 중요하게 여겨 그런 젊은이를 선뜻 채용할까? 기득권은 시끄러운 자를 몹시 귀찮아한다. 자신이 죽은 뒤에 벌어질 파국을 미리 걱정하지 않는다. 다음 세대에 공감할 시간과 성의가 없다.

우리나라의 가구당 평균출생률이 1.0 이하로 곤두박질쳤다. 한 명의 아이도 낳지 않으려는 가임기 부부가 늘어나는 모양이다. 파국을 앞둔 세상에서 자연스러운 현상인지도 모르겠다. 아이를 낳지 않겠다는 의지를 양가 부모에게 당돌하게 선언하고, 결혼식을 올린 젊은이는 내일의 대책을 세운 걸까? 결혼한 첫 아이는 아이 낳을 생각이 없고 둘째는 결혼 자체를 거부한다고 한숨을 쉬던 한 선배는 내일을 걱정할 필요가 없어졌다고 쓸쓸해했다. 마음이 맞는 사람과 결혼해 아이를 낳고 살면 삶에 진정성이 깊어지고 이웃과 생태계를 바라보는 눈이 달라질 것이라고 설득해 보았지만 소용없었다는 그 선배, 가슴은 아리지만 머리로 이해하기로 했다며 술잔을 기울였다.

내일 세상이 무너지더라도 한 그루의 사과나무를 심어야 하기에 환경운동을 멈출 수 없다는 선배를 이해하면서, 현장보다 책상머리에 앉아 시간을 보내는 처지에 환경운동에 공허하지 않은 힘을 보태려고 노력한다. 졸업하고 사회에 나가도 소신을 펼칠 기회가 주어지지 않는 세상이다. 이럴 때 행동이 필요하다. 주어진 체제에 순응하기보다 자신의 행복을 스스로 만드는 거다.

어느새 무르익은 기성세대가 되었지만 이론보다 선동을 유도하려는 마음으로 글을 모았다. 생물학을 전공한 과학자의 일원으로 말랑말랑한 생명현상을 이해하려 노력해 왔지만, 생물학은 이제 말랑말랑하지 않다. 그래서 말랑말랑한 생물학보다 생태주의에 물들어 과학기술을 비판적으로 바라본다. 이번 책도 그 소산이다. 험난한 세상 속 책상머리 환경운동이지만 멈출 생각은 없다. 인류세가 마감되지 않았으니 사과나무를 심을 수 있다. 그런 마음을 언제나 이해해 주는 아내와 아이들, 다정한 이웃, 선후배와 친구, 그리고 이상북스에 감사를 드린다.

강양구, 《세 바퀴로 가는 과학자전거 2》(뿌리와이파리, 2014).

고이데 히로아키, 《원자력의 거짓말》, 고노 다이스케 역(녹색평론사, 2012).

권정생, 《우리들의 하느님》(녹색평론사, 2016).

김은진, 《유전자 조작 밥상을 치워라》(도솔, 2009).

나오미 클라인, 《이것이 모든 것을 바꾼다》, 이순희 역(열린책들, 2016).

더글러스 러미스, 《경제성장이 안 되면 우리는 풍요롭지 못할 것인가》, 김종철 역(녹색평론사, 2011).

데이비드 몽고메리, 《발밑의 혁명》, 이수영 역(삼천리, 2018).

_____, 《흙 문명이 앗아간 지구의 살갗》, 이수영 역(삼천

리, 2010).

도로시 넬킨, 《셀링 사이언스》, 김명진 역(궁리, 2010).

딘 쾨펠, 《바나나》, 김세진 역(이마고, 2010).

레스터 브라운, 《중국을 누가 먹여살릴 것인가》, 지기환 역(따님, 1998).

로버트 D. 퍼트넘, 《나 홀로 볼링》, 정승현 역(페이퍼로드, 2016).

로완 제이콥슨, 《꿀벌 없는 세상 결실 없는 가을》, 노태복 역(에코리브르, 2009).

롭 던, 《바나나 제국의 몰락》, 노승영 역(반니, 2018).

리 실버, 《리메이킹 에덴》, 하영미 외 역(한승, 1998).

리처드 로즈, 《죽음의 향연》, 안정희 역(사이언스북스, 2006).

리처드 하인버그, 《파티는 끝났다》, 신형승 역(시공사, 2006).

마리 모니크, 《몬산토》, 이선혜 역(이레, 2009).

마이크 데이비스, 《조류독감》, 정병선 역(돌베개, 2008).

마이클 캐롤런, 《값싼 음식의 실제 가격》, 배현 역(열린책들, 2016).

매완 호, 《나쁜 과학》, 이혜경 역(당대, 2005).

박병상, 《내일을 거세하는 생명공학》(책세상, 2008).

_____, 《어쩌면 가장 중요한 이야기》(이상북스, 2017).

_____, 《파우스트의 선택》(녹색평론사, 2004).

박승옥, 《잔치가 끝나면 무엇을 먹고 살까》(녹색평론사, 2007).

반다나 시바, 《누가 세계를 약탈하는가》, 류지한 역(울력, 2003).

브라이언 핼웨일, 《로컬푸드》, 김종덕 외 역(시울, 2006).

셸던 크림스키, 《부정한 동맹》, 김동광 역(궁리, 2010).

스베틀라나 알렉시예비치, 《체르노빌의 목소리》, 김은혜 역(새잎, 2011).

앤드류 니키포룩, 《에너지 노예 그 반란의 시작》, 김지현 역(황소자리, 2013).

앨런 와이즈먼, 《가비오따스》, 황대권 역(랜덤하우스코리아, 2008).

_____, 《인간 없는 세상》, 이항중 역(랜덤하우스코리아, 2007).

에른스트 슈마허, 《작은 것이 아름답다》, 이상호 역(문예출판사, 2002).

엘렌 레펠 셸, 《완벽한 가격》, 정준희 역(알에이치코리아, 2010).

염광희, 《잘 가라 원자력》(한울아카데미, 2012).

오로지, 《한국의 GMO 재앙을 보고 통곡한다》(명지사, 2015).

올더스 헉슬리, 《멋진 신세계》, 이덕형 역(문예출판사, 2018).

이대철, 《살둔 에너지제로하우스》(시골생활, 2012).

이반 일리히, 《병원이 병을 만든다》, 박홍규 역(형성사, 1993).

이항규, 《환경에 관한 오해와 거짓말》(모색, 1998).

장재연, 《공기를 파는 사회에 반대한다》(동아시아, 2019).

재레드 다이아몬드, 《문명의 붕괴》, 강주헌 역(김영사, 2005).

전방욱, 《DNA 혁명 크리스퍼 유전자가위》(이상북스, 2017).

____, 《수상한 과학》(풀빛, 2004).

____, 《크리스퍼 베이비》(이상북스, 2019).

제래드 다이아몬드, 《총·균·쇠》, 김진준 역(문학사상사, 2013).

제레미 리프킨, 《바이오테크 시대》, 전영택 역(민음사, 1999).

제인 구달, 《희망의 이유》, 박순영 역(궁리, 2000).

제임스 러브록, 《가이아》, 홍욱희 역(갈라파고스, 2004).

조엘 샐러틴, 《미친 농부의 순전한 기쁨》, 유영훈 역(알에이치코리아, 2012).

조지 오웰, 《1984》, 이종인 역(연암서가, 2019).

조천호, 《파란 하늘 빨간 지구》(동아시아, 2019).

존 플렌리 외, 《이스터섬의 수수께끼》, 유정화 역(아침이슬, 2005).

청년유니온, 《레알 청춘: 일하고 꿈꾸고 저항하는 청년들의 고군분투 생존기》(삶이보이는창, 2011).

최병성, 《대한민국 쓰레기 시멘트의 비밀》(이상북스, 2015).

최형선, 《홀로세의 공룡》(현암사, 1991).

캐아툴란 셰털리, 《슬픈 옥수수》, 김은영 역(풀빛, 2018).

콤 켈러허, 《얼굴 없는 공포》, 김상윤 역(고려원북스, 2007).

크리스토퍼 스타이너, 《석유 종말 시계》, 박산호 역(시공사, 2010).

클라이브 헤밀턴, 《인류세: 거대한 전환 앞에 선 인간과 지구 시스템》, 정서진 역(이상북스, 2018).

폴 길딩, 《대붕괴》, 홍수원 역(두레, 2014).

피터 괴체, 《위험한 제약회사》, 윤소하 역(공존, 2017).

피터 브래넌, 《대멸종 연대기》, 김미선 역(흐름출판, 2019).

피터 콘래드, 《어쩌다 우리는 환자가 되었나》, 정준호 역(후마니타스, 2018).

헬렌 칼디코트, 《원자력은 아니다》, 이영수 역(양문, 2007).